Gerhard Mall

Laufend loslassen

Auf dem Jakobsweg von Taizé
nach Santiago de Compostela

Projekte-Verlag
Cornelius GmbH

Impressum

1. Auflage

Mitglied im Börsenverein des Deutschen Buchhandels

Satz und Druck: Buchfabrik Halle • www.buchfabrik-halle.de

ISBN 978-3-86634-654-3
Preis: 14,90 EURO

Montag, 23. Mai

Letzte Woche vor der Pilgerreise. Auto abgemeldet, Bücher zurückgegeben. Ein komisches Gefühl: Erstmals seit 37 Jahren ist kein Auto auf meinen Namen angemeldet. Insgesamt eine Stimmung von Abschied, die ich sonst vor einer Urlaubsreise nicht kenne. Ich genieße am Abend mein gemütliches Bett und denke an harte Nächte im Zelt. Auch das ein ganz ungewöhnlicher Gedanke, der mich selbst überrascht. Momentan überwiegt das „Was mute ich mir da eigentlich zu?" die Vorfreude auf den Weg deutlich. Das irritiert mich. Das kenne ich beim Reisen nicht von mir.

Freitag, 25. Mai

Gestern eine Hiobsbotschaft. Ein wichtiger Kurs im Herbst ist abgesagt worden. Habe mal wieder das Gefühl, dass mir meine berufliche Basis unter den Füßen wegbricht. Aber umso nötiger wird der Weg. Ich hoffe, dass er mir auch in diesem Bereich neue Perspektiven bringt. Es geht weiter mit letzten Erledigungen. Heute wieder einmal Rucksack wiegen. Fast 15 Kilo. Da muss noch mehr raus. Die Abschiedsstimmung wird deutlicher. Die offenen Lebensmittel werden aufgebraucht, die Pflanzen stehen an neuen Orten, kühler. Die Gießdienste sind organisiert. Heute ist ein schwüler Tag. Ich schwitze schon beim Hochheben des Rucksacks. Nachmittags Gewitter und starker Regen. Gut für die Bambusse im Garten und für die Balkonpflanzen. Ob sie die drei Monate überleben?

Pfingstsonntag, 27. Mai

Gestern war Martina, meine Tochter, da. Wir haben auf dem „Wilde Rose"-Keller, einem Biergarten oberhalb der Stadt, für längere Zeit Abschied genommen. Wenn ich zurückkomme, ist sie schon in Schweden. Sie ist von Heidelberg gekommen, wo sie studiert. Ich habe mich gefreut, sie noch einmal zu sehen. Ein wenig haben wir uns auch über den Stress unterhalten und wie er wesentlich auch durch die innere Einstellung entsteht. Ich kann mir auch auf dem Weg Stress machen, wenn ich die ganze Strecke im Kopf behalte und das täglich notwendige Pensum. Ich kann es aber auch ganz anders angehen, wie bei „Momo" der Straßenkehrer Beppo: Besenstrich für Besenstrich, offen für das, was im Moment geschieht und was gerade dran ist. Der Rucksack ist gepackt, 14 Kilo. Zu viel, aber ich habe es aufgegeben, noch optimaler zu packen. Ich tröste mich damit, dass ich einiges zurückschicken werde, was ich nicht brauche.

Aufräumen geht weiter in der Wohnung. Manches wird erledigt, was wochenlang nicht vorwärtskam. Dazwischen lese ich noch ein bisschen in den zwei Santiago-Zeitschriften, die ich von der Fränkischen Jakobusgesellschaft erhalten habe. Das stärkt in mir den Gedanken, dass ich nicht allein bin auf dem Weg.
Heute ist schönes Wanderwetter draußen, leicht bewölkt und nicht so heiß und schwül wie in den letzten Tagen. So wünsche ich es mir für meinen Start in Taizé. Das „Credencial de Peregrino", also der Pilgerpass, in dem täglich ein Stempel den gegangenen Weg nachweisen wird, ist eingepackt in einer Plastikhülle in meiner Bauchtasche. Edith, meine von mir getrennt lebende Frau, hat mir noch eine Jakobsmuschel geschenkt. Sie hat einen Platz an meinem Rucksack bekommen. Einen Stein, um ihn am Cruz de Ferro auf dem Monte Irago abzulegen, habe ich auch dabei. Er ist aus Ziegel, ähnelt in der Form einem verletzten Herzen. Durch ein Loch ist ein Faden gezogen, mit dem er am Rucksack hängt.

Pfingstmontag, 28. Mai

Fahrt nach Taizé. Ich bin um fünf Uhr aufgestanden. Letzte Aufräumarbeiten in der Wohnung. Müsli zum Frühstück, wie immer. Wahrscheinlich das letzte für mehrere Wochen. Edith bringt mich nach Miltenberg, von dort aus nehmen mich Dorothee und Heinrich, zwei Freunde, nach Frankreich mit. Mit Edith im Gespräch wird mir klar, dass es für mich um das Thema Loslassen und Vertrauen gehen wird. Was mich im Alltag fesselt, ist mein Sicherheitsbedürfnis und mein Verhaftetsein an die Gefühle Angst und Ärger.
Ankunft in Taizé am späten Nachmittag. Frère Wolfgang, der Bruder von Dorothee, empfängt uns. Ich bin sehr froh darüber, hier einen Tag bleiben zu können. Auf dem Gelände der Kommunität typisches Treiben für einen Ankunftstag. Trauben von Jugendlichen quellen aus Bussen, beladen mit dicken Rucksäcken, Schlafsäcken und Liegeunterlagen, und suchen ihr Quartier auf. Überall noch die Unruhe des Anfangs. Ich mache einen kleinen Rundgang und tauche in die vertraute, lebendige Atmosphäre des Ortes ein.
Nach dem Abendessen erste Begegnung mit Angelo, einem Zimmergenossen aus Italien. Er erzählt, dass er mit dem Fahrrad von Pamplona nach Santiago gefahren ist und an San Fermin beinahe in die Stiere geraten wäre. Er verspricht mir, in Taizé für mich zu beten und bittet

darum, in Santiago für ihn ein Gebet zu sprechen und ihm eine Karte zu schicken.
Mit dem Abendgebet beginnt durch das Singen, die Lesungen und die Stille die innere Zentrierung.

Dienstag, 29. Mai
Gut geschlafen. Bibeleinführung mit Frère Wolfgang: Jesus unterwegs auf dem Weg nach Jerusalem. Er geht mehrmals, das erste Mal als Baby mit seinen Eltern. Für die Eltern gibt es drei Gründe: die vorgeschriebene Reinigung der Mutter, die Segnung des Kindes und die Opfergabe, die hier klein ist. Dahinter steht die Hingabe des Lebens in Liebe und innerer Freiheit. Simeon, den sie im Tempel treffen, lebt in der Erwartung des Messias, der Heilige Geist ruht auf ihm, er spricht zu ihm und er führt ihn in den Tempel zur richtigen Zeit. Denn der Heilige Geist spricht nicht nur, er handelt.
Frère Wolfgang spricht weiter. Am Ende stellt er die Frage: „Was in meinem Leben ist nach vorne gewandt?" Das Einzige, was mir einfällt, ist: Ich will den Chemin St. Jacques und den Camino gehen. Die Frage arbeitet in mir. Meine letzten sechs Jahre war ich rückwärtsgewandt und voller Resignation. Als meine Frau sich vor sechs Jahren von mir trennte, war das für mich, als wäre mir der Boden unter den Füßen weggezogen worden. Für einen objektiven Beobachter war die Trennung nicht überraschend gekommen. Ich aber hatte trotz der immer größer werdenden Schwierigkeiten und Distanz auf die Unverbrüchlichkeit unserer Beziehung gesetzt und die Augen vor der Realität verschlossen. Plötzlich stand ich vor dem Nichts. Dazu kam schiere Existenzangst. Meine Arbeit als freier Referent in der Erwachsenenbildung war seit Jahren ein ständiger Kampf um neue Aufträge, die den Wegfall von vielen anderen Arbeitsfeldern im Bereich der Kirche ausgleichen sollten. Manchmal kam ich mir vor wie auf einer Meeresinsel, wo man auf der einen Seite Land gewinnt, während an anderer Stelle der Sturm die Küste wegreißt. Jahrelang habe ich mich daran geklammert, dass meine Ehe doch noch zu retten sei und mich aufgerieben an dieser vagen Hoffnung. Aus dem letzten Sommerurlaub kam ich zurück wie einer, der in einen leeren Autotank wieder fünf Liter einfüllt, aber weiß, dass er eine weite Reise durch öde Gegenden vorhat. Da war mir dann klar: Entweder ich gehe unter oder ich verordne mir einen radikalen Einschnitt – den Jakobsweg.

Nach der Bibeleinführung hole ich mir meinen ersten Stempel für meinen Pilgerpass am Empfang ab und werde mit guten Wünschen für die Reise versehen. Am Nachmittag begegne ich meinem Sicherheitsbedürfnis und suche den Jakobsweg zum nächsten Ort, Flagy, wo ich morgen auf den Fernwanderweg GR 76 nach Cluny stoßen will. Ich finde ihn leicht. Unterwegs verweile ich kurz am Grab von Frère Roger, dem Gründer der Kommunität von Taizé, bei dessen Trauerfeier ich 2005 in Taizé war. Das Bild des alten weisen Mannes, gebeugt vom Alter, trotzdem mit großer innerer Kraft, der umgeben von einer Schar Kinder am Ende des Gebets in der Kirche langsam durch die Reihen der Brüder nach vorne geht, wird mir immer in Erinnerung bleiben. Ich bin dankbar, vor über zehn Jahren durch die Initiative meiner Frau mit der Familie den Weg hierher gefunden zu haben.
Danach bleibe ich eine Zeit lang in der alten, feierlich dunklen kleinen romanischen Kirche im Ortskern, wo die Communité ihren Anfang genommen hat. In einem stillen Gebet bitte ich für das Gelingen der Pilgerreise und bete für alle, die auf diesem Weg unterwegs sind.
Die erste Postkarte ist weg. Sie ist für Ruth und Lothar bestimmt. Ich kenne die beiden seit Jahren. Irgendwann einmal haben sie aus einem meiner Seminare wichtige Impulse für sich gewonnen und danken es mir immer wieder, in diesem Jahr durch Glück- und Segenswünsche zu meinem runden Geburtstag. Zwei Bändchen, verbunden mit einem wunderbaren Erlebnis, das sie mir schilderten, schmücken meinen Rucksack. Ich habe mich über die guten Wünsche, die auch meinen Pilgerweg einschlossen, sehr gefreut. Eines der Bändchen trägt meine Jakobsmuschel.
Beim Abendessen treffe ich Bernhard. Zufällig bin ich von einem kalten Metallstuhl auf die Holzbank am Podium des Zeltes gewechselt, das als Vortrags- und Esshalle dient. Da sitzen wir dann links und rechts neben einer jungen Französin, mit der wir uns beide unterhalten. So finden sich zwei Pilger unter etwa 3000 Menschen, die in dieser Woche in Taizé sind. Er ist von Esslingen unterwegs nach Santiago, Gärtner von Beruf, und erzählt, wie schön es ist, mit seinem gärtnerischen Blick durch die Natur zu wandern. Er will übermorgen weiter. Ich gebe ihm meine Landkarten zum Kopieren.

Mittwoch, 30. Mai

Um sieben Uhr aufgestanden. Ein herrlicher, sonniger Tag, nur ganz dünne Schleierwolken.

Noch einmal ordentlich geduscht. Bernhard treffe ich wieder, gehe mit ihm ins Morgengebet.
Bibeleinführung mit Frère Wolfgang: Erst spricht er von wirklicher Präsenz. In mir bleibt die Frage hängen: Wann sind wir wirklich präsent oder sind wir nicht ständig anderswo, nicht bei uns und der gegenwärtigen Situation? Auch die Gebete hier und das Singen seien Wege, um zu einer wirklichen Präsenz zu kommen. Unsere Präsenz werde real, wenn wir auch aus uns herausgehen können, auf andere zu.

Jetzt geht es los. Drei Monate Pilgerreise liegen vor mir.

Dann spricht er über die Aussendung. Ausgerechnet heute, wo ich den Jakobsweg beginne, wird über die Aussendung gesprochen. Ein merkwürdiger Zufall: Jesus sendet seine Jünger aus, zu zweit. Zwei sind besser als einer, heißt es beim Prediger Salomo, denn wenn einer hinfällt, hilft ihm der andere auf. Und beim Schlafen wärmt einer den anderen. Jesus spricht auch über die Ausrüstung. Keinen Beutel für viel Geld, keinen Vorrat. „Seid Leute, die auf die Güte anderer angewiesen sind, nicht autark." Ich werde meinen Weg alleine gehen, mit Geld, mit Bankcard und fast 15 Kilo auf dem Rücken, fast einem Kilo in der Bauchtasche und eineinhalb Kilo in der Wasserflasche.
Ich starte kurz vor 12 Uhr mit guten Wünschen von Dorothee und Heinrich. Ich bin noch nicht ganz den Taizé-Hügel hinabgestiegen, da kommt mir ein junger Mann entgegen.
„Jakobspilger?", fragt er. Ich nicke.
„Kann ich Ihnen helfen, kennen Sie den Weg?"
„Nach Flagy ja."
„In Flagy aufpassen", sagt er, „es geht links ziemlich den Berg hinauf." Der junge Mann ist vor zwei Jahren von Taizé aus nach Santiago gegangen, auch nach einem Aufenthaltstag, und hat den Weg geschafft.
„Bis Le Puy bist du allein, ab da triffst du immer mehr Pilger und ab St. Jean Pied de Port ist Pilgerautobahn", kündigt er mir an. „Ultreia!", grüßt er zum Abschied. Der alte Pilgergruß, der so etwas wie vorwärts, immer weiter, bedeutet. Welch eine Ermutigung!

Hinter Flagy wechselt der Weg oft sein Gesicht, manchmal schmal und steinig und zwischen Buchsbaumhecken, die so dicht stehen, dass der Rucksack beiderseits streift. Dann wieder ein Feldweg, mal steinig, mal grasbewachsen, dann geteert als Ortsverbindungsweg. In Colonge nach einer weiteren Stunde Verwirrung über den weiteren Weg. GR 76 und Jakobswegbeschilderung gehen auseinander. Nach meinem Buch müsste es nur ein Weg sein. Ich mache Rast, eine gute halbe Stunde lang. Ich fühle mich erfrischt. Den Füßen hat die Zeit ohne Wanderschuhe gutgetan. Nach der Rast folge ich nicht meiner Intuition, sondern der Faulheit (ich will nicht zurücklaufen), die ich durch die Logik untermauere (mir schien einer der ausgeschilderten Wege in die richtige Himmelsrichtung zu führen). Und prompt habe ich mich verlaufen. Ich komme in einem kleinen Weiler an – wenige Häuser nur –, wo mich eine steinerne Gedenktafel berührt. Sie erzählt, dass hier am 15. Juni 1944 zwei Kämpfer der Résistance von Deutschen erschossen wurden. Ein Mann taucht auf. Ich frage ihn nach dem Weg. Fünf Meter von der Tafel entfernt gibt ein Franzose mittleren Alters einem deutschen Santiagopilger freundlich Auskunft.
Der Rucksack wird schwerer und schwerer, die Füße brennen und es geht steil bergauf. Schließlich der Hügel, Cluny wird sichtbar. Ich gehe die Straße entlang. Ich bin ganz schön fertig, aber mein Konzept in mir sagt, es ist heute noch nicht genug gelaufen. Ich lasse das Konzept los und bin gut zu mir. Ich steuere den Campingplatz von Cluny an, den ich um 18 Uhr nach etwa 12 Kilometern erreiche. In der Hauptstraße von Cluny werde ich als Jakobspilger von manchen gegrüßt, eine neue, unbekannte Erfahrung. Ich hole mir noch den Stempel für den Pilgerpass in der Pfarrei Notre Dame ab. Später, nachdem ich auf dem Campingplatz Pullover und T-Shirt gewaschen habe, kehre ich noch einmal in diese dunkle gotische Kirche zurück und stimme verhalten im leeren Raum ein „Misericordias domini, in aeternum cantabo“ an, eines meiner Lieblingslieder aus Taizé. Ich habe noch nie vorher allein in einer Kirche ein Lied gesungen. Auch eine neue, unbekannte Erfahrung. Wieder draußen, fängt es wenige Minuten später zu regnen an. Vorher war es wärmer und schwüler geworden. Erst will ich im Regen zurück, denke an das Handtuch auf dem Zelt und den Pullover und das T-Shirt auf der Leine, die morgen sicher nicht trocken sein werden. Eventuell ist sogar morgen früh das Zelt nass und ich muss bei Regen los – kurz, ich beginne im Morgen zu leben und mir Sorgen zu machen. Als ich es merke, tue ich mir schon wieder etwas Gutes an diesem Tag. Ich lasse die Sorgen los. Dann setze ich mich

in ein Straßencafé, schreibe meine Tagesnotizen fertig und lausche dem Trommeln des Regens auf der Plane, unter der ich Schutz gesucht habe. Gerade bin ich fertig, da kommt die Bedienung. Ich tue mir noch ein Gutes und bestelle ein Bier. Es regnet Blasen. Mir fällt ein Ausspruch meines Großvaters ein: „Wenn es Blasen regnet, regnet es drei Tage." Wie auch immer. Heute war ein schöner Tag, ich sitze im Trockenen und das Bier schmeckt gut.

Donnerstag, 31. Mai

Unruhig geschlafen, fast gefroren. Meine Hüfte tut weh. Ich hoffe, dass es besser wird. Es ist wolkenverhangen, ein paar Tropfen fallen. Der gewaschene Pullover ist noch klitschnass und entsprechend schwer. Als ich mit dem Zeltabbau fertig bin, entdecke ich einen Wäschetrockner in den Sanitäranlagen und nutze die Gelegenheit. Draußen fängt es kräftig an zu regnen. Während die Wäsche getrocknet wird, lade ich die Batterien meiner Digitalkamera an der Steckdose für die Bügeleisen auf. Als alles fertig ist, hat der Regen aufgehört.

Heute läuft es zäh. Die Schultern tun weh, die Füße auch. Ich habe mir vorgenommen, trotzdem zwei Stunden zu laufen bis zur ersten Rast. Der Chemin de Compostelle führt zunächst über Ortsverbindungsstraßen, dann wird er zum Feldweg. Meist feucht und matschig. Kaum ein Platz, der zum Rasten geeignet wäre. Kurz vor Ablauf der zwei Stunden wieder Asphalt und ein kleiner Abzweig, wo ich mich setzen kann, zur rechten Zeit. Nach einer Dreiviertelstunde fängt es an zu regnen. Ich hole die Regenjacke heraus, spanne die Plastikhülle über den Rucksack und schwitze nach kurzer Zeit wie wild beim Laufen. Nach Überquerung der Hauptstraße Macon–Digoin, die ich auch schon oft gefahren bin, geht es nicht mehr. Der Regen lässt nach, in einem offenen Schuppen ziehe ich die Jacke wieder aus.

Als ich gerade wieder weiterwill, fängt es wieder heftig an. Ich finde einen Stuhl in dem Schuppen und beschließe, erst einmal zu warten. „Wenn ich so weitermache", denke ich belustigt, „komme ich nie nach Santiago de Compostela." Was tun? Regenjacke an und schwitzen oder im T-Shirt laufen und nass werden? Ich entschließe mich zu Letzterem. Als ich schließlich tropfnass bin, finde ich Zuflucht in einem Schuppen für landwirtschaftliche Geräte. Es ist kurz vor vier Uhr und ich schlafe fast auf dem Balken ein, auf dem ich sitze. Die Regenjacke habe ich über das nasse T-Shirt angezogen, weil ich an trockene Kleider jetzt schlecht herankomme.

Als ich nach einer Viertelstunde aufstehe, kann ich kaum mehr gehen. Wo werde ich heute Unterkunft finden? Mein Konzept sagt: „Zelten! Irgendwo, vielleicht in St. Point." Mein Körper und meine Seele sehnen sich nach einer schönen Übernachtungshütte mit einem bequemen Bett, und vor allem trocken. Während ich wieder weitergehe, die Schritte kommen nach und nach besser in Gang, sehe ich ein grünes Schild: „Gite d'etape". Der Weg steigt noch an, aber fast auf der Anhöhe zweigt vom Jakobsweg ein Sträßchen ab nach Champs de Brand – Gite d'etape. Da also geht es zur Wanderherberge. Mein Konzept gibt auf. Ich tue mir wieder etwas Gutes. Ein freundlicher Landwirt empfängt mich, bereitet das Bett vor, macht mir die Heizung an und zeigt mir den Tee. Ich ziehe trockene Sachen an, verteile die nassen auf die Heizungen und freue mich. Ich habe richtig entschieden. Das Häuschen ist gemütlich, ich habe es ganz allein für mich und trinke bald heißen Tee. Draußen gießt es in Strömen. Gegen 20 Uhr taucht plötzlich Bernhard auf. Er hat die Strecke von Taizé bis hier in einem Tag geschafft. Wir haben einen guten Abend miteinander, erzählen einander vom Motiv unseres Pilgerns, genießen Brennnesselsuppe, Ziegenkäse und Wein, die uns unser Gastgeber auftischt.

Freitag, 1. Juni

Aufwachen um sieben Uhr. Draußen regnet es. Duschen, Frühstück bereiten. Draußen gießt es. Wir ziehen das Frühstück in die Länge. Wir packen, räumen auf. Schließlich ist es kurz nach zehn Uhr. Draußen kein Regen mehr. Ich laufe zuerst los und glaube, dass Bernhard mich bald einholen wird. Aber es dauert doch fast eineinhalb Stunden, bis er kommt. Ich bin gerade dabei, einen Fusselknoten an einer Socke wegzuschneiden. Wehret den Anfängen für alles, was Blasen verursachen könnte. Wir laufen zusammen bis Tramages weiter, wo wir einkaufen und auf dem Hauptplatz des Ortes auf einer Bank vor dem Tourismusbüro Rast machen. Kaum sitzen wir und haben Brot, Käse, Wurst, Oliven und Tomaten ausgebreitet, kommen drei Fahrradfahrer auf dem Jakobsweg. Sie stammen aus Bonn, einer von ihnen wird bald 70 und sie kommen gerade aus Taizé. Nach dem Ort trennen wir uns wieder. Bernhard geht schneller voraus, ich quäle mich mit schmerzender Hüfte und Schulter den Berg hinauf, immer wieder getröstet durch prachtvolle Ausblicke. Bernhard ist bald meinen Blicken entschwunden. Wenn es sein soll, sehen wir uns wieder. Am höchsten Punkt – ich mache gerade eine kurze Rast zum Verschnaufen – kommt ein Wandererpaar aus England, er Deutscher,

und fragt mich, ob und wie weit ich den Jakobsweg gehe. „Bis zum Ende“, sage ich.
Sie haben eine Landkarte und es stellt sich heraus, dass der Jakobsweg, dessen Beschilderung wir folgen, vom GR 76 abweicht. Deshalb also schon lange keine rot-weißen Markierungen mehr und nur das Muschelzeichen. Ich gehe weiter und nach einer längeren Zeit kommen mir eine Ordensschwester und ein Priester entgegen, die mich darauf aufmerksam machen, dass sie meinem Freund – sie meinen Bernhard – gesagt haben, dass in ihrem Kloster Pilger willkommen seien und Aufnahme fänden. Erst denke ich mir, dass es noch zu früh zum Schlussmachen sei, aber dann sehe ich am Ortseingang von Cenves, an einem Feldkreuz, Bernhard sitzen und Reisenotizen aufschreiben. Er hat auf mich gewartet und wir beschließen nach kurzem Für und Wider hier Schluss zu machen und in dem Kloster zu übernachten, auf das uns die Ordensschwester unterwegs hingewiesen hat.
Den ganzen Tag war es warm und trocken, sogar sonnig. Jetzt zieht plötzlich eine Regenwand aus dem Tal auf uns zu. Wir sind noch keine Minute im Kloster angekommen, da fängt es draußen an zu schütten. Jeder von uns bekommt ein Zimmer in der wohltuenden Schlichtheit einer Klosterzelle. Alles ist da, was man wirklich braucht, mehr nicht. Das passt zum Weg, wo stündlich an Gelenken und Muskeln, also unmittelbar zu spüren ist, dass Besitz auch Ballast ist. Ansonsten erinnert mich die Gestaltung der Räume – die kleine Gebetsecke, der grobe Sisalteppichboden, die rauverputzten Wände – an die Neumühle, ein ökumenisches Meditationszentrum im Saarland, das ich sehr schätze. Dort habe ich meine ersten Zen-Seshins bei Michael von Brück besucht und mit der Familie mehrmals die Weihnachtstage verbracht. Dort habe ich auch Kum Nye kennengelernt, ein tibetisches Heilyoga, das ich seit 23 Jahren praktiziere. Ich fühle mich wohl und bin dankbar für die Fügung. Der Orden nennt sich „Soeurs contemplatives de St. Jean“. Die Nonnen des Konvents sind meist überraschend jung.

Wir nehmen an ihrem Abendgebet teil, mit einer wunderbaren langen Zeit tiefer Stille. Wie gut diese Ruhe tut! Mir fällt ein Bild ein, das ich einmal erzählt bekommen habe. Wenn es im eigenen Inneren Wirrheit gibt, Unklarheit, Sorgen oder Ängste, dann ist das wie in einem Tümpel, der aufgewühlt wurde. Dann ist nicht Tun angebracht, sondern Nicht-Tun, ruhen lassen, sich setzen lassen. Es dauert, doch so klärt sich das

Wasser des Tümpels von selbst. Dieses Sitzen in Stille hier, das ist Nicht-Tun in diesem Sinn.
Anschließend wird uns ein herrliches Abendessen serviert, mit Suppe, Auflauf, Käse, Salat und Joghurt zum Nachtisch. Dann bald ins Bett und lange geschlafen.

Samstag, 2. Juni
Etwa 10.30 Uhr Aufbruch. Kurz auf dem falschen Weg, aber ich habe meinen Bambus-Wanderstab, der in meinem Garten gewachsen ist, vergessen und kehre zum Kloster zurück. Von dort gehe ich zum letzten Muschelzeichen am Ortsrand zurück und finde den richtigen Weg. Wir beginnen gemeinsam. Aber bald läuft Bernhard schneller weiter. Ich spüre, es ist nicht gut für mich, wenn ich mich selbst antreibe, um mitzuhalten oder mir als Bremsklotz vorzukommen, wenn er sein Tempo reduziert. So läuft jeder seinen Rhythmus.
Der Weg ist mal feucht und grasig, dann wieder Asphalt. Auf einer solchen Asphaltstrecke verpasse ich einen Wegweiser und komme zu einer Kreuzung, an der weit und breit keine Jakobsmuschel zu sehen ist. Ich laufe bergab zurück, finde den Abzweig, steige auf einem nassen Grasweg wieder hügelaufwärts, um schließlich nur 50 Meter unterhalb meines Wendepunktes anzukommen. Eine halbe Stunde umsonst. Immerhin entschädigen eine Bank, ein Tisch und eine schöne Aussicht. Kurzer Stiefelcheck und Auftragen der Blasenschutzcreme. Irgendetwas stimmt mit dem linken Schuh heute nicht. Ich binde ihn fester. Jetzt ist es besser. Bald passiere ich St. Jacques des Arrets, ein verschlafen wirkendes Städtchen. Gerade als ich in der Kirche eine kleine Stille einlege, schlägt die Turmuhr eins.
Heute sind die Schmerzen weniger. Ich fühle mich etwas besser als gestern. Vielleicht hat mir das lange Schlafen gutgetan. Ich sehe eine Landkarte auf einer Tafel. Der Jakobsweg ist nicht verzeichnet. Ich mache mir Vorstellungen, wie er verlaufen könnte. Er verläuft anders, wie ich später merke. Das muss ich noch lernen: Vorstellungen und Konzepte loslassen und ganz offen sein für das, was wirklich ist, sobald es da ist. Alles andere verschwendet Lebensenergie für eine Scheinsicherheit und schafft meist Sorgen oder falsche Hoffnungen und letztlich Enttäuschungen.
Um zwei Uhr brauche ich eine Rast. Links Hecke, in der Mitte Weg, rechts Hecke, und das auf einer langen Strecke. Ich wünsche mir eine

Ich wünsche mir eine schöne Rastmöglichkeit. Fünf Minuten später kommt sie.

schöne Rastmöglichkeit. Fünf Minuten später kommt sie. Geschnitzte Stühle, ein kleiner, geschnitzter runder Tisch und sogar eine Jakobsmuschel. Hier mache ich halt. „Danke", sage ich innerlich. Fast eine Stunde mache ich Pause. Herrlich, nur zu sitzen, zu essen, ein paar Notizen zu machen. Auch die Schmerzen machen Pause.

Weiter geht es entlang eines Pfades, den immer wieder Holzskulpturen und -masken säumen, nach Ouroux. Brombeerhecken rechts und links, ganz dicht und nahe am Pfad.

Einmal hängt mein Rucksack an einer der stacheligen Ranken fest. Mit einem kräftigen Ruck bin ich wieder frei. Ich taste nach hinten und prüfe, ob die Jakobsmuschel noch da ist. Ich finde sie unversehrt.

Ouroux hat eine romanische Kirche mit interessanten Kapitellen auf runden Säulen, wo ich für kurze Zeit innehalte. Ein kurzes Gebet für das Gelingen der Pilgerreise und für alle, die unterwegs sind, vor allem für Bernhard. Danach steigt der Weg an, hier der GR 76 A, und erreicht schließlich den Col de Crie. Obwohl ich schon mehr als sieben Stunden unterwegs bin, zeigt sich keinerlei Übernachtungsmöglichkeit. Ich wünsche mir eine zur rechten Zeit. Mit dem Col de Crie ist sie da. Es ist inzwischen halb sieben abends. Ein Haus für touristische Informationen, daneben ein Gite d'etape. Leider zu. Aber die Sanitäranlagen sind nutzbar. Viele Picknicktische. Neben einem, gerade schon im Wald, baue ich mein Zelt auf. Nachts ist noch ein Gewitter zu hören, aber mich erreichen nur die äußersten Ausläufer und ein paar Tropfen. Ansonsten eine ruhige, aber kalte Nacht. Ich merke, dass meine Ausrüstung zum Schlafen nicht richtig auf Kälte eingerichtet ist. Ich helfe mir mit zwei Pullovern und zwei Hosen im Schlafsack.

Sonntag, 3. Juni

Am Morgen kommt mein selbst gebasteltes Esbit-Kocher-Patent aus einer alten Erdnussdose zum Einsatz. Glücklicherweise braucht mein grüner Tee kein kochendes Wasser. Immerhin etwas Warmes. Ich habe nur noch wenig Brot, dafür noch genug Käse. Also fällt mein Frühstück etwas knapp aus. Aber ich habe auch nicht viel Hunger, was mich angesichts der Anstrengungen erstaunt. Nach dem Packen mache ich noch ein paar Notizen. Ich will bis halb elf warten, da öffnet die Tourist-Information. Ich möchte einen Stempel und vielleicht etwas von den regionalen Produkten, die sie verkaufen. Denn wo kriege ich sonst etwas zu essen her? Immerhin ist heute Sonntag. Ich studiere die Karte, ab hier habe ich endlich eine genaue.

Die Information öffnet kurz vor 10.30 Uhr. Ich bekomme meinen Stempel und frage, ob sie Brot verkaufen. Ich werde auf Monsols verwiesen, mindestens fünf Kilometer weg von der Richtung. Nichtwanderer denken in Autoentfernungen, fällt mir auf. Trops loin. Zu weit. Als ich draußen meinen Rucksack schultere, kommt die Dame aus der Information und bringt mir zwei dicke Scheiben Brot, sorgfältig in Papier gepackt. Merci beaucoup, der Tag ist gerettet.

Der Weg steigt meist an, fast immer durch Wald, eine Zeit lang mächtige alte Maronenbäume. Irgendwann kommt mir eine Herde Quads und Enduro-Motorräder entgegen. Der Auspuffgestank verzieht sich schnell. Einmal überholt mich ein Mountainbikefahrer. Sonst ist Ruhe, ab und zu aus dem Tal die Kirchenglocken. Nach zwei Stunden lege ich eine Verschnaufpause ein. Der Mont St. Rigaud ist unmittelbar vor mir, der Fernwanderweg GR 7 ist erreicht. Abschied vom GR 76, doch die stilisierte Jakobsmuschel begleitet mich weiter.

Am Mont St. Rigaud gibt es eine heilsame Quelle gegen Hals- und Augenleiden und weibliche Unfruchtbarkeit. Die Legende erzählt, dass vor langer Zeit ein Mönch nahe einer Quelle auf dem Berg gelebt habe, der heilende Kräfte besaß und daher viele Pilger anzog, die seine Hilfe suchten. Man erzählt sich, dass er bei seinem Tod das Grundwasser der Quelle zu seinem Grab bestimmte, was den Effekt hatte, dass er dem Wasser seine medizinischen Kräfte übertrug. An jedem 16. August setzen die Pilger, welche die Quelle besuchen, ein hölzernes Kreuz auf den Hügel. Das Wasser schmeckt gut und erfrischend. Es ist drei Uhr, als ich weitergehe.

Nach dem Mont St. Rigaud läuft der Weg lange auf Asphalt. Dort kann ich leicht das Taizé-Lied „Toi, tu nous aimes, source de vie“ als Mantra rezitieren. Es passt gut zu meinem Schrittrhythmus und hilft dabei, den Geist von unnötigen Gedanken zu leeren. Um aus der Quelle des Lebens schöpfen zu können, muss mein inneres Gefäß erst leer werden. Noch ist es voll von den Problemen der Vergangenheit, den Konzepten über meinen Pilgerweg und mit Sorgen vor der Zukunft. „Du, der uns liebt, bist die Quelle des Lebens.“ Ja, geliebt sein, angenommen zu sein mit all der inneren Last, das brauche ich dringend. Dieses Annehmen, das ich mir auch selbst gewähren muss, ist die Voraussetzung für das Loslassen und eine neue Lebendigkeit. Die Botschaft dieses Liedtextes kann ich einschreiben in mein Bewusstsein. In Tibet – habe ich gehört – sagt man, dass ein Mantra, an vierzig aufeinanderfolgenden Tagen 108 Mal mit voller Achtsamkeit rezitiert, das Bewusstsein neu ausrichtet.

Wenn es wie später über steinige Wege oder durch matschiges Terrain geht, braucht der Weg die volle Aufmerksamkeit. Ich merke, dass ich nicht mehr so geschafft bin wie in den ersten drei Tagen, aber der Rucksack scheint stärker an den Schultern zu ziehen. Anscheinend erfüllt der später zu meinem alten Tragegestellrucksack dazugekaufte Beckengurt nicht voll seinen Zweck. Gegen fünf Uhr erreiche ich Les Echarmeaux. Ein heroischer Napoleon ziert einen Kreisverkehr, Geschäfte gibt es keine, einen Gite d'etape auch nicht. Den und sogar einen Campingplatz soll es in Poule geben, aber das liegt drei Kilometer entfernt in der falschen Richtung. Also laufe ich weiter, erreiche den Col des Aillets und folge dem Weg, der jetzt wieder die weiß-roten Streifen der GR-Markierung und die Jakobsmuschel trägt. Ich halte Ausschau nach einer Zeltmöglichkeit, aber überall ist dichtes Unterholz und der Weg führt nur durch Wald. Als er wieder die Straße erreicht, finde ich einen etwas versteckten Grasfleck und beschließe nach kurzem Zögern, zu bleiben. Es ist fast halb acht. Beim Zeltaufbauen stürzen sich Fliegen und Zecken auf mich, aber ich lese sie (hoffentlich) alle ab.

Ich gewöhne mir an, an jedem Wegkreuz – und davon gibt es viele – ein Vaterunser lang Pause zu machen.

Montag, 4. Juni

Gut geschlafen und bald aufgewacht. Ich frühstücke nicht, packe das Zelt zusammen und mache mich auf den Weg. Es geht mühsam, aber es geht. Der Weg ist teilweise sehr steinig, dann wieder von großen Pfützen unterbrochen. Kurz nach zehn erreiche ich den Col de Favardy. Dort mache ich mit dem letzten Brotstückchen Rast. Ich muss unbedingt einkaufen. Deshalb will ich nach St. Bonnet le Froncy. Da der Wanderweg und die Straße bis zur Abzweigung in den Ort parallel laufen, entschließe ich mich, die wenig befahrene Straße zu nehmen, um besser vorwärtszukommen. Kurz nach zwölf bin ich dann in St. Bonnet. Ich kaufe ein Baguette, trinke im Café neben der Bäckerei einen Café au Lait und schreibe einen Brief an Martina. Wie gut es tut, auf einem Stuhl zu sitzen. Kaum bin ich im Café, fängt es heftig zu regnen an. Bisher war der Tag wie auch der vorherige völlig trocken. Der Brief ist fertig, als es wieder aufhört. Es ist halb zwei, als ich den Ort, der schon seit 1200 Jahren Pfarrei ist, wieder verlasse. Jetzt geht es auf einer Nebenstraße aufwärts zum GR 7 zurück. Mit einem Mal ist es schwül geworden, aber ein leichter Wind bringt Kühlung. An der Kreuzung, an der ich den GR 7 wieder erreiche, laufe ich nach Karte, um zügiger voranzukommen. Entweder Asphalt, der mich heute nicht stört, sondern freut, weil es schneller geht als auf matschigen Wegen oder Geröllstrecken, oder Forststraße, auf der es sich auch gut laufen lässt.

Etwas stimmt mit dem linken Fuß nicht. Ich halte gerade noch rechtzeitig an, um eine Rötung davon abzuhalten, zur Blase zu werden. Es helfen Blasenschutzcreme und gute Socken. Obwohl ich noch zwei Stunden weiterlaufe und die Schuhe nass vom Schwitzen sind, ist am Abend die Rötung zurückgegangen.

Heute komme ich gut voran und freue mich. Jetzt wird es für mich realistischer, Santiago zu erreichen. Eine Reihe von Pässen und Wegkreuzen werden passiert, ich gewöhne mir an, an jedem Wegkreuz – und

davon gibt es viele unterwegs – ein Vaterunser lang Pause zu machen. Ein wenig wundere ich mich über mich selbst. Als spirituell interessiert, ja sogar als religiös hätte ich mich auch vor dem Jakobsweg bezeichnet, aber absolut nicht als fromm. Jetzt merke ich, wie ich mit einer gewissen Selbstverständlichkeit Formen der Frömmigkeit nutze und in ihrer Wirkung auf mich erprobe, die sonst eher ungeübt geblieben sind. Meditation war seit Langem mein Weg, Gebet doch eher selten. Ich weiß, ich will auf dem Weg auch Neues ausprobieren. Heute ist auch das Mantra „Toi, tu nous aimes ..." wieder dran. Ich rezitiere es innerlich und summe dazu.
In der Ferne Gewitter, aber ich bleibe davon verschont. Ich erreiche den Col de la Croix de Fourches. Das Gewitter kommt näher. Ich sehe die Blitze, zähle die Zeit bis zum Donner und rechne. Dreieinhalb Kilometer höchstens. Jetzt wird es Zeit, einen trockenen Platz zu finden. Ich habe mir, sobald es nötig wird, eine Unterstellmöglichkeit gewünscht und einen geeigneten Schlafplatz zur rechten Zeit. Ich möchte darauf vertrauen lernen, dass ich geführt und behütet werde auf dem Pilgerweg und dieses Behütetsein auch erbitten. Plötzlich stehe ich vor einem riesigen Holzkreuz zwischen hohen Fichten. Hier ist der Platz, wird mir klar. Es fallen ein paar Tropfen. Das Gewitter zieht vorbei. Die paar Tropfen bleiben die einzigen. Zwei Baumstämme dienen als Tisch und Bank, ich esse von meinem Baguette, dazu gibt es Camembert. Ich habe erstaunlich wenig Hunger für die Anstrengung. Heute habe ich sogar noch Lust zu lesen, hole P. Anselm Grüns Buch der Lebenskunst hervor und lese ein paar Abschnitte. Im Ganzen ein gelungener Tag, stelle ich frohen Herzens fest.

Dienstag, 5. Juni

In der Nacht kam das Gewitter dann doch noch mit voller Wucht – oder genauer: Es waren zwei.
Es schüttete aus Eimern und die Blitzschläge kamen bedrohlich nahe. Der naheste Blitzeinschlag in 150 Metern Entfernung. Das Zelt hielt sich wacker, aber dann hat es doch kapituliert. Das Handtuch musste her, um das eindringende Wasser aufzusaugen. Ich habe erst spät geschlafen. Beim Aufwachen kurz nach acht war alles kalt und klamm, draußen dichter Nebel, der an den Bäumen ums Zelt kondensierte und so einen Dauerregen vortäuschte, den es auf der Lichtung nicht gab. Da draußen alles tropfnass ist, versuche ich den Rucksack in dem niedrigen Zelt zu packen, was entsprechend lange dauert. Es ist halb elf, als ich schließlich aufbreche. Der Col de Pilon ist nach einer halben Stunde erreicht. Aber es geht

eher mühsam heute. Da es nirgends einen trockenen Platz gibt, laufe ich weiter. Der rechte Fuß tut weh, ich binde den Schuh lockerer, dann wird es besser. Unterwegs treffe ich auf eine Jugendgruppe oder kleine Schulklasse, die neben mir auf ein paar feuchten Baumstämmen Picknick macht. Bei mir sind mein altes Baguette und der Rest des Camemberts dran. Es wird Zeit, dass wieder eine Einkaufsmöglichkeit kommt. Ich habe Lust auf etwas Süßes, dauernd denke ich an Honig oder Marmelade. Die Wege sind an vielen Stellen von großen Pfützen unterbrochen. Wenn nicht gerade Steine den Hauptbelag bilden, sind sie völlig aufgeweicht. Aber Steine sind häufig. Ich erinnere mich an das holprige Pflaster auf dem Domplatz in Bamberg, entlang der Neuen Residenz zwischen Staatsbibliothek und Bushaltestelle, das schon manchen Touristen zu Fall gebracht hat. Es ist ein Genuss, dort übers Pflaster zu laufen, im Vergleich.
Um zwei Uhr ist Les Savages erreicht, ein kleiner Ort mit einer Kirche aus dem 13. Jahrhundert. Er wirkt verschlafen, aber die Mairie ist offen und ich hole mir den Stempel für den Pilgerpass, fülle gleich daneben meine völlig leere Wasserflasche wieder mit anderthalb Litern und gehe zum Café am Ortsrand, wo ich mir wieder Café au Lait genehmige. Während ich an einem kleinen Tischchen draußen sitze, steigt das elektronische Thermometer von 22 auf 24 Grad. Ich betrachte den Himmel und beurteile die Lage. Heute sieht es nicht nach Regen aus, finde ich.

Was mir beim Laufen heute aufgefallen ist: Es tauchen Bilder aus meiner Kindheit auf, die mit Freiheit und Einschränkung zu tun haben, Situationen, in denen ich nicht ich sein durfte.
Noch weiß ich nicht, was es mir sagen soll, doch ich registriere diese Bilder mit Interesse und Aufmerksamkeit.

Es ist 15 Uhr, als ich das Café verlasse, rasiert und mit geputzten Zähnen. Ich kaufe noch ein. Ein frisches Baguette, Thunfisch in Tomatensauce für das Abendessen und ein schweres Glas Himbeermarmelade landen im Rucksack. Als Wetterprophet bin ich wenig tauglich. Denn als ich um fünf Uhr die N 7 erreiche und überquere, hat mich ein Schauer erwischt und irgendwo hinter mir donnert es. Ich stelle mich unter einer französischen Eiche am Straßenrand unter, die mich einigermaßen trocken hält. Angesichts des Gewitters fällt mir natürlich der Spruch „Von Eichen sollst du weichen, Buchen sollst du suchen“ ein. Aber was tun, wenn weit und breit keine Buche zu sehen ist? Gott sei Dank dauert dieser Schauer nur zehn Minu-

ten, dann laufe ich weiter. Zwischen Les Sauvages und hier musste ich zweimal meinen linken Fuß verarzten. Inzwischen habe ich zur zweiten Stufe der Mittel gegriffen und ein Schutzpflaster aufgelegt.
Schon zieht ein weiteres Gewitter näher. Ich wünsche mir, dass ich wenigstens schon ganz im Wald bin, bis es mich erreicht. Also wieder Rucksack ab, Regenschutz entrollen, Hut aufsetzen. Das T-Shirt bleibt an, keine Regenjacke, es ist warm genug. Ich sehe ein Reh auf dem Weg. Der wird zunehmend nasser und bildet zeitweise einen kleinen Bach. Wieder spreche ich zwei Wünsche aus: einen trockenen Unterstand, falls es richtig zu gießen anfängt, und einen guten Schlafplatz zur rechten Zeit. Bei wem wünsche ich mir das eigentlich? Beim Universum? Bei Gott? Aber ihn mit solchen Kleinigkeiten behelligen? Mir liegt das Bild näher, dass es mein Schutzengel ist.
Ich laufe weiter, etwa eine Viertelstunde. Der Regen wird stärker. Plötzlich der Waldrand und – eine Hütte auf einem Picknickplatz mit einer großen überdachten Veranda. Das ist der erwünschte Platz. „Danke", sage ich meinem Schutzengel, „gut gemacht!" Auf der Veranda kann ich mein Zelt aufbauen und trocken schlafen. Aber es kommt noch besser, die Hütte ist unverschlossen, die Tür nur angelehnt. Drinnen ein großer Tisch und zwei lange Bänke. Ich bin erleichtert, diesmal nicht wieder durchnässt zu werden und dankbar für die Wunscherfüllung. Während ich noch zögere und mich frage, ob ich auch wirklich die Hütte nutzen darf, bricht ein heftiges Gewitter mit starkem Regen und sogar Hagel los. Ich sitze trocken, baue das Zelt auf dem Betonboden der Hütte auf, damit es trocknet, breite meine Liegeunterlage aus, esse gemütlich zu Abend, studiere die Karten von morgen und schreibe Notizen.
Kurz nach sieben bin ich gekommen, jetzt ist es neun Uhr abends und noch taghell draußen. Der Regen hat aufgehört. Ich schreibe noch einen Nachtrag in mein Notizbuch:
Drei Zecken haben mich erwischt, eine unter der Armbanduhr, eine am Hintern und eine am rechten Fuß. Sie werden mit der Pinzette entfernt, die Bisse mit Desinfektionsmittel eingerieben und eine kleine Desinfektionsmittelkompresse gemacht. Ich hoffe, es hilft. FSME gibt es meines Wissens in Frankreich außerhalb der Vogesen nicht, was Borreliose betrifft, wird man sehen. Es ist aber auch kein Wunder bei dem vielen Wald. Ich habe nie geglaubt, dass es in Frankreich so viel Wald gibt, obwohl ich das Land recht gut kenne. Außerdem ist die Gaze des Zeltes so grobmaschig, dass Zecken bequem hindurchspazieren können. Aber was kann

man für 14,99 Euro schon verlangen. Außerdem sollte das Zelt leicht sein und Zwischenräume sind natürlich leichter als Gazegewebe.

Mittwoch, 6. Juni

Hart, aber gut geschlafen. Endlich trocken, auch das Zelt. Ich nehme die Straße und nicht den GR 7. Da ist es trocken und kein Pfützenslalom und Fakirlaufen über Steine.

Entsprechend komme ich zügig voran. Um neun Uhr bin ich losgelaufen, die ganze Zeit Nebel und kaum Autoverkehr. Nach knapp zwei Stunden treffe ich in Violay ein. Das Thermometer zeigt 14 Grad. Ich falle ins erste Café und bestelle den obligatorischen Café au Lait, schaue mir die Karte an, um zu entscheiden, wie ich weiterlaufe, GR 7 oder Straße. Auch Wasser bekomme ich aufgefüllt, einen Stempel obendrein. Ich laufe zügig weiter, nachdem ich noch einen Brief an Martina eingeworfen habe, meide aber den GR 7, wo er nicht auf der Straße läuft. Es ist ein schönes Gefühl, endlich gut voranzukommen. Der Weg führt durch Croix de Signy, einen Zwei-Häuser-Ort, wo ich Rast mache und Marmeladenbrote esse. Schon nach einer halben Stunde geht es weiter, ich bin richtig im Lauftrott.

Hinter Villeneuve biege ich in Richtung Longessaigne von der Route ab, weil es dort gemäß dem Reiseführer, den ich zuerst so inspirierend fand, einen Campingplatz auf einem Bauernhof geben soll. Erstmals suche ich bewusst einen bestimmten Übernachtungsplatz und lasse mich nicht vom Schicksal leiten. Prompt folgt die Pleite. Ich erfahre in Longessaigne, dass es dort keinen Campingplatz gibt, sondern fünfeinhalb Kilometer südlicher, direkt am GR 7.

Zuerst ärgere ich mich über die Ungenauigkeit des Buches. Das ist die eine Ebene, sich mit der Anstrengung des Umwegs auseinanderzusetzen. Dann aber verlasse ich den Ärger und stelle fest: Übernachtungsplätze besser nicht mit dem Willen anstreben, sondern mit der Intuition, in einer Haltung innerer Offenheit, suchen. Dann lassen sie sich finden. Ein Prinzip, das sich bei der Suche nach „wilden" Zeltplätzen in den Urlauben früherer Jahre immer wieder bewährt hat. Ich merke, dass es noch eine dritte Ebene gibt. Ich wollte Sicherheit, wollte die Lage selbst in die Hand nehmen. Die andere Haltung wäre gewesen, darauf zu vertrauen, dass das Richtige zum rechten Zeitpunkt kommt und bestimmte Vorstellungen loszulassen. Da sind sie also wieder, meine inneren Themen „Loslassen" und „Vertrauen"!

Auf allen Ebenen konstelliert der Weg Situationen, die mich auf meine Themen stoßen.

Also marschiere ich weiter, die Erkenntnis beschwingt mich und ich komme gut voran. Unterwegs ein Gewitter rechts hinten und eins links vorne, die ab und zu durch Donnergrollen kundtun, dass sie noch da sind.
Ich wünsche mir bei meinem Schutzengel, dass es nicht regnen soll, bevor ich im Trockenen bin.
Als ich den Campingplatz erreiche, ist es kurz vor sechs, eine gute Zeit, um aufzuhören. Bis auf ein paar einzelne Tropfen hat es nicht geregnet. Ich versuche, einen Wohnwagen für die Nacht zu bekommen, aber es gelingt nicht, weil die Verantwortlichen in St. Etienne wohnen und telefonisch gerade nicht zu erreichen sind. Ein Ehepaar, das auf dem Platz ist, hat mir seine Hilfe angeboten und für mich dort anzurufen versucht. Mein Handy habe ich bewusst daheimgelassen.
Mein Zelt baue ich auf, als es gerade zu tröpfeln beginnt und habe meinen trockenen Platz beim Regen. Nach einer guten halben Stunde hört es plötzlich auf, obwohl es ringsherum immer donnert, und mir bleibt Zeit, endlich gemütlich heiß zu duschen und meine Fotoakkus wieder aufzuladen, in einer erstaunlich kurzen Zeit, obwohl sie jetzt seit Samstag im Einsatz sind. Während der Zeit wasche ich noch ein T-Shirt in der stillen Hoffnung, dass es trotz der hohen Luftfeuchtigkeit morgen trocken ist.
Im Ganzen habe ich heute gespürt, dass ich viel besser eingelaufen bin als in den ersten Tagen. Das berechtigt zur Hoffnung, dass ich es bis Santiago schaffen werde. Wenn ich bedenke, dass ich praktisch ohne jede Übung losgelaufen bin, kann ich mit mir recht zufrieden sein. Ich beginne, meinen eigenen Rhythmus zu finden, meine Kräfte gut einzuschätzen, auf körperliche Warnsignale zu achten und auch ein wenig darauf zu vertrauen, dass das Leben es gut mit mir meint. Zum Tagesausklang setze ich mich auf einen Felsen am steilen Abhang, von wo der Blick in die immer dunkler werdende Landschaft schweifen kann, und schreibe Notizen. Es weht ein feiner Wind und mich fröstelt ein bisschen, obwohl ich die gute Fleecejacke anhabe.

Donnerstag, 7. Juni
Der Tag fängt nicht gut an. Ich habe schlecht geschlafen, wache erst nach acht Uhr auf, habe Rückenschmerzen und fühle mich schlapp. Alles geht langsam. Dann kommt der Verantwortliche des Camping-

platzes zum Kassieren. Er ist gesprächig und preist seinen Platz, gibt mir eine Visitenkarte, die Homepage, und hält sich und mich eine Viertelstunde auf. Sein Platz ist seine Welt. Für mich ist es nur eine Station auf einem langen Weg.
In mir keimt Ungeduld und Ärger über die verlorene Zeit auf und gleichzeitig fällt mir das Motto ein: „Gib jedem Tag die Chance, der schönste deines Lebens zu werden." Es läuft auf meinem PC als Bildschirmschoner. Meine Tochter hat es einmal für mich dort installiert und hat sich sicher etwas dabei gedacht. Daheim gelingt es mir nicht sehr oft, dieses Motto zu beherzigen. Hier will ich es versuchen. Ich packe langsam ein, verstaue das noch feuchte T-Shirt mit einer Sicherheitsnadel und einer Schnur auf dem Rucksack und verlasse den Platz ohne Bedauern.
Überraschenderweise komme ich gut voran und in wenig mehr als zwei Stunden, also kurz nach eins, komme ich in Les Halles an der Straße D 489 an. Einer verwunderten Angestellten im Bürgermeisteramt kann ich klarmachen, dass ich einen Stempel im Pilgerpass brauche. Ein Café gibt es auch und damit mein schon fast zur Tradition gewordenes Stärkungsmittel. Vorher habe ich mich noch fein gemacht, das verschwitzte T-Shirt aus- und das frisch gewaschene angezogen, das immer noch einen leicht kühlenden Effekt hat. Meine Stimmung hat sich merklich aufgehellt, da es im Ort auch Brot zu kaufen gibt.
Der Tag hat wirklich noch die Chance, der schönste in meinem Leben zu werden. Wenn nur die dauernden Schmerzen in meinem rechten Fußballen nicht wären.

Was ich jetzt merke, wo nicht mehr die ganze Energie auf das Vorwärtskämpfen verwendet werden muss, ist, welche Freude und Anregung es für mich bedeutet, so frei zu sein. Nicht zu wissen, was kommt und wo ich abends sein werde. Ich laufe in einem sehr positiven Sinn „planlos". Natürlich will ich Santiago erreichen. Aber innerhalb dieses großen Planes lasse ich mir völlige Freiheit. Ich schaue mir kein mögliches Tagesziel an, denke nicht im Mindesten daran, ein Quartier vorher festzulegen, schon gar nicht, es telefonisch vorzubestellen, wie es immer wieder in den Führern und Reisebeschreibungen empfohlen wird. Die darin liegende Unsicherheit empfinde ich nicht als belastend, sondern ganz im Gegenteil als ungeheuer befreiend.

Was ich auch lerne: die Dinge zu nutzen, die der Weg bietet. Da hält einmal ein Buswartehäuschen als Umkleidekabine her, ein andermal dient das Waschbecken in der Café-Toilette als Wasch- und Rasiergelegenheit. Ich schmunzele nur noch, wenn ich daran denke, dass ich mir daheim allen Ernstes überlegt habe, ob ich nicht einen kleinen Taschenspiegel zum Kämmen und Rasieren mitnehmen soll. Die Welt wimmelt von Spiegeln. Jedes Auto hat mindestens zwei, jedes Café, viele Läden. Ich lerne, dass ich nicht alles selbst besitzen muss, was ich brauche.

Eine andere Beobachtung mache ich auch: Ich achte auf die Natur, die wechselnden Wildblumen am Weg. Mohn und Kornblumen, Margeriten, Johanniskraut, leuchtend gelb. Im Wald viel Fingerhut. Die Gerstenfelder beginnen sich an günstigen Stellen schon leicht gelblich zu verfärben, während der Mais erst bleistifthoch aus der Erde schaut.

Nach einer Stunde in Les Halles geht es weiter. Ich finde die Fortsetzung des Weges ziemlich leicht, obgleich jede GR-7-Beschilderung fehlt. Jetzt laufe ich eben nach der Karte, und die zeigt den GR 7 genau da, wo ich bin. Ein Bauer, den ich frage, bestätigt es mir auch: „Oui, oui, le GR 7." Als ich dann beim Hof Bravarel in eine Sackgasse laufe, zeigt der Hausherr wort- und hilfreich den richtigen Weg und erzählt, dass immer wieder Wanderer zu ihm kommen, weil die Beschilderung so schlecht sei. „GR 7?", frage ich. „No, GR 8."

Na gut, dann laufe ich eben den GR 8, Hauptsache, er führt dahin, wo ich hinwill.

Gegen fünf Uhr taucht Meys auf. Ich nutze den kleinen Umweg in den Ort, um wieder Wasser aufzufüllen. Früh bin ich zwei Stunden gelaufen, ohne etwas zu trinken, aber nachmittags bei zunehmender Schwüle schwitze ich wie wild und trinke entsprechend mehr. Es tut mir gut, öfter einen Mundvoll Wasser zu nehmen als gleich viel auf einmal. Auch einen Charantekäse nehme ich mit, der sich am Abend als sehr fein und cremig erweisen wird. Auf die Hügel zurückgekehrt – sie erinnern mich ein wenig an die Umgebung von Taizé – versperrt mir ein Viehtrieb den Weg. Ich frage den Bauern nach der Richtung Viricelles und ob es in Chazelles einen Campingplatz gibt. Den Weg beschreibt er mir genau und zutreffend, aber die genaue Lage des Campingplatzes bleibt im Ungewissen, was sowohl an der Beschreibung liegen mag als auch daran, dass ich nur ein Drittel verstehe.

Oh hätte ich doch der französischen Sprache in meiner Schulzeit mehr Liebe entgegengebracht!

Jetzt kommt die späte Strafe.

Viricelles ist ein hübscher Ort und ich wäre gerne dort geblieben, wenn es wenigstens eine Auberge gegeben hätte. Die hätte ich mir heute geleistet, um wenigstens wieder einmal in einem Bett zu schlafen.
Ein Pizza-Verkaufswagen führt mich in große Versuchung; aber es gibt nur ganze Pizzas, und die kann ich beim besten Willen nicht verdrücken. Ich staune selbst. Seit dem Frühstück habe ich nichts mehr gegessen und habe dennoch keinen Hunger, nur ein wenig Appetit.
Als ich nach weiterem Aufstieg Chazelles erreiche, gibt es dort keine gemütliche Auberge, sondern nur ein Hotel, dessen Inanspruchnahme ich mir verkneife. Es ist inzwischen halb acht. Das Tourismusbüro ist seit einer Stunde geschlossen, der Stadtplan zeigt keinen Campingplatz und ein Gewitter lauert weiter auf seine Chance, mich entgegen meinem Wunsch an meinen Schutzengel doch noch zu erwischen. Im Blumenladen neben der Information wird gerade aufgeräumt. Die schwarzhaarige hübsche Floristin bestätigt auf meine Frage: „Ja, es gibt einen Campingplatz, circa vier Kilometer in Richtung St. Symphorien." Als ich seufze: „Une heure en plus", bietet sie mir an, mich gleich hinzufahren. Ich helfe ihr, die Blumenregale vor dem Laden hineinzuschieben. Dann laden wir mein Gepäck in ihren kleinen Geländewagen. Unterwegs fragt sie mich nach dem Woher und dem Wohin und erzählt, dass sie selbst gern wandert, mit ihrem Freund in Korsika den anstrengenden Bergweg gegangen ist, dass sie in Lyon wohnt und in Chazelles sur Lyon arbeitet. Ein paar Minuten später setzt sie mich vor der Schranke des Campingplatzes ab. Ich bedanke mich herzlich und sie wünscht mir „bonnes vacances". „Ferien?", frage ich mich innerlich. Bisher hatte ich da andere Vorstellungen davon.
Ich baue das Zelt auf und obwohl wieder rundherum Gewitter tätig sind, bleibe ich bis zum Schlafengehen vor wirklich heftigem Regen verschont. Ich staune, wie wenig erschöpft ich bin, körperlich zwar wohltuend müde, aber sonst noch recht fit und wach. Es ist wirklich ein guter Tag geworden, auch wenn er so schwierig begonnen hat.

Freitag, 8. Juni

Zwar auch wieder erst um acht Uhr aufgewacht, aber gut ausgeruht. Es war die erste Nacht, in der ich nur eine Trainingshose und einen Pullover anhatte und nicht gefroren habe. Ich packe zusammen. Das gestern Abend gewaschene T-Shirt ist noch nass und kommt außen auf den Rucksack. Es ist schon am Morgen schwül. Die kleine Autofahrt gestern hat mich ein Stück vom GR 7 weggebracht. Da ich den Einstieg in den

Wanderweg nicht finde, laufe ich versehentlich nach St. Denis sur Coise, dessen Name mich an den heiligen Dionysius erinnert, dessen Statue mit dem Kopf in der Hand im Bamberger Dom steht. Im Ort finde ich ein Café, dessen stämmige Wirtin mir nicht nur mein Stärkungsmittel gibt, sondern mir auch mit einem Briefumschlag und einem Klebestift für die Briefmarken aushilft. Die Marken schon im Voraus in Taizé zu kaufen, war zwar eine wohlgemeinte, nichtsdestoweniger aber schlechte Idee, da sie durch die Feuchtigkeit selbst im Brustbeutel alle zusammenkleben, unter Verlusten getrennt werden müssen und eine Klebehilfe brauchen, um überhaupt noch zu halten. Die Wirtin verspricht, den Brief zur Post zu bringen und ich verlasse dankbar den Ort.
Am Ende komme ich an einem Friedhof vorbei, über dessen Eingangsportal die Worte „Heute ich – morgen du" stehen. Es klingt zynisch, aber es stimmt.
Wenn ich auch hoffe, dass dieses „morgen" noch eine geraume Zeit lang auf sich warten lässt.
Beschwingt geht es zunächst durch ein Tal, dann folgt ein schier endloser Aufstieg nach Coise, das ich völlig verschwitzt erreiche. Zum Überfluss kommt auf dem Weg auch noch die Sonne heraus, gleichzeitig häufen sich die blumenkohlähnlichen Gewitterwolken.

Auf solchen langen Anstiegen bewährt sich, was ich schon am dritten Tag gelernt habe. Es ist besser, nicht ans Ende des Weges auf dem Hügel zu schauen, sondern auf den Boden, auf die Strecke der nächsten drei Schritte. So merke ich, dass es vorwärtsgeht. Im Angesicht der ganzen Strecke wirkt selbst das Laufen fast wie Stillstand und ist entmutigend. Ist es nicht auch im Leben so? Tun wir nicht manchmal besser daran, uns auf das Nächstmögliche zu konzentrieren als auf all die Schwierigkeiten, die vor uns liegen? Trotzdem braucht es zum Vorwärtskommen auch ein Ziel. Den Weg nach Coise hätte ich auf der richtigen Strecke auch in der halben Zeit erreichen können. Moral: Man kann sich viel anstrengen und bewegen und doch nur wenig vorankommen. Merkwürdigerweise fällt mir in diesem Zusammenhang kurz meine Arbeit ein.
Auf einer Bank lasse ich mich von einem milden Lüftchen ein wenig abkühlen, dann geht es weiter. Nachdem der Wegverlauf etwas rätselhaft ist, genauer, es stimmt die Markierung nicht mit meiner Karte überein, brauche ich etwas Zeit, um mich zu orientieren. Ich entscheide mich für die Karte und steige und steige. Endlich ist Lamure erreicht, wo ein freund-

licher Bewohner mir die Wasserflasche neu auffüllt und erzählt, dass er auch schon Teile des Jakobsweges gegangen sei, zwischen Le Puy und Conques. Im August will er die Fortsetzung laufen.
Er empfiehlt mir, in Le Puy einen Tag Pause zu machen und mir die Stadt anzusehen. Sie sei es wert. Es geht weiter bergauf, bis kurz unterhalb der höchsten Erhebung, 945 Meter hoch, also Hochrhön-Format. Trotz der Hitze komme ich noch gut voran und staune über mich. Immerhin waren es bis hier fast 450 Meter Höhenunterschied heute. Endlich finde ich die Markierung des GR 7 wieder, der ich bis kurz vor St. Christo en Jarez folge.

Es ist 19 Uhr und Zeit für eine Übernachtungsmöglichkeit. Verschwitzt wie ich bin, möchte ich auf keinen Fall im Zelt ohne Waschmöglichkeit übernachten. Im Ort frage ich nach einer Auberge. Mehrere Männer diskutieren eine Zeit lang, wovon ich so gut wie nichts verstehe, dann werde ich mit einem Jungen losgeschickt, wohl um den Bürgermeister zu suchen. Da er nicht zu finden ist, setzt wieder die Diskussion ein. Eine ältere Frau bittet mich schließlich in ihre Wohnung, bewirtet mich mit Fruchtsaft und Salzgebäck. Wir unterhalten uns über das Wandern und das Pilgern. „Mancher beginnt als Wanderer den Weg“, meint sie, „und endet als Pilger.“ Es ist wahr. Auch ich spüre die transformierende Wirkung des Wegs immer deutlicher, es ist viel mehr als das Sammeln von Eindrücken in einer schönen Landschaft.

Mir wird klar, dass gewartet wird, bis der Bürgermeister kommt. Als er schließlich auftaucht, packt die freundliche Frau mir noch Wurst, Brot, Quark und Schokolade für das Abendessen ein. Verblüfft und dankbar verlasse ich sie und folge dem Bürgermeister einige Straßen weiter zu einem alten Gebäude, das von den Judokas des Ortes als Trainingshalle genutzt wird. Überall Sportmatratzen auf dem Boden und eine dicke Matratze, die mir als Bett dienen soll, so groß wie ein üppiges Doppelbett. Ein Waschbecken und einen Tisch finde ich auch. Das Klo ist um die Halle herum, die früher die Dorfschule war. Der Bürgermeister drückt mir den Schlüssel in die Hand, kündigt an, dass morgen etwa um acht Uhr jemand käme, damit ich in den neuen Sporträumen duschen kann, weist noch darauf hin, dass die Bäckerei, die gleich in der nächsten Straße ist, ab sieben Uhr geöffnet hat und bittet mich, den Schlüssel bei meiner Abreise im Bürgermeisteramt wieder abzugeben. Er verabschiedet sich und so sitze ich alleine in der Halle von den Ausmaßen eines sehr großen Klassenzimmers und bin überwältigt von so viel Hilfsbereitschaft und Vertrauen. Es ist herrlich, auf einem richtigen Stuhl an einem richtigen Tisch zu sitzen, aufrecht gehen zu können und nicht gebeugt in einem kleinen Zelt herumkrabbeln zu müssen. Die kleinen Dinge bekommen einen neuen Wert. Ein Gefühl großer Dankbarkeit füllt mich aus.

Samstag, 9. Juni

Es ist Wochenende. Auch wenn ich es nicht wüsste, die Herden von Quads und Geländemotorrädern, die auf dem Wanderweg die Pfützen in Schlammlöcher umarbeiten und den feuchten Dreck links und rechts an die Hecken spritzen, wären ein sicheres Zeichen. Egal wie man ausweicht, dreckig wird man immer. Es ist ein heißer Tag und entgegen meinem Vorhaben bin ich erst um zehn Uhr weggekommen, nicht ohne mich vorher vom Bürgermeister gehörig zu verabschieden und meinen Stempel zu holen.

Der Weg führt ständig abwärts, die gestern mühsam gewonnene Höhe wird heute wieder verloren. Hinter St. Chamond, das sehe ich trotz des Dunstes, geht es noch höher wieder hinauf. Die Hitze und die Schwüle nehmen zu, es regt sich fast kein Lüftchen. Als ich in der Stadt ankomme, bin ich ziemlich fertig.

Die eineinhalb Liter aus meiner Wasserflasche sind fast weg und ich schleiche dem Stadtzentrum entgegen.

Vorher kreuze ich noch eine Autobahn, die erste auf meiner Pilgerreise. Aus der Perspektive des Wanderers ist es fast komisch, die beiden Verkehrsströme zu sehen. Es wirkt, als seien die einen auf der Flucht vor genau dem, was die anderen magisch anzieht. Eine schattige Bank bietet mir Rast, noch ehe ich das erste Café gefunden habe.

Erschöpft bleibe ich fast eine Stunde dort, bis ein leichter Wind aufkommt und mit der Kühlung die Lebensgeister wieder etwas erwachen. Aber die Rückenschmerzen, die mich heute plagen, bleiben.

Während der Rast wird mir klar: Wenn nichts mehr geht, dann geht eben nichts mehr. Da bringt es auch nichts, sich vorwärtszuplagen. Aber wann ist es so weit? Die eigenen Grenzen anzunehmen ist gut, aber schwierig genug. Außerdem nagt in mir dabei auch noch der Zweifel, ob ich mich nicht zu sehr schone und eigentlich doch noch könnte. Denn ich kenne es von mir, immer noch ein wenig Kraft in der Reserve zu haben, die ich nie angreife. Bei meiner Gestalttherapieausbildung hat Urs, mein Lehrtherapeut, mir einmal gesagt: „Du bist viel stärker, als du glaubst." Dieser Satz ist mir auch nach über 20 Jahren noch gut in Erinnerung und ich habe das Bild der Situation, in der er gesagt wurde, noch lebendig vor Augen. Aber ich habe ihn in wichtigen Bereichen nicht beherzigt. Auch in der Beziehung zu Edith habe ich mich geschwächt, sie hat so mehr und mehr Verantwortung übernommen, was mich noch weiter geschwächt hat, bis es ihr einfach zu viel wurde. Ich will hier lernen, mich nicht schwächer zu machen als ich bin, allerdings auch nicht stärker. Dazu habe ich ein mehr als 1500 Kilometer langes Betätigungsfeld vor mir.

Zwei Straßenecken weiter finde ich ein Café. Dort fällt mein Blick auf die Pharmacie gegenüber. Deren grüne Lichtreklame zeigt 9/6, 16.10 Uhr, 30 Grad Celsius. Es ist also nicht nur gefühlte Hitze. Etwa 20 Minuten später ziehe ich weiter. Die Industrieanlagen der Stadt machen den Eindruck, als hätte sie ihre wirtschaftlich beste Zeit schon hinter sich. Vor allem die Vorstadtstraßen sind fest in maghrebinischer Hand. Es geht schier endlos, bis der Ort langsam aufhört, allerdings kann ich solange die Schattenseite der Straße benutzen. Fast am Ortsschild finde ich noch einen Brunnen, der zwar kein Trinkwasser führt, aber für eine ausführliche Erfrischung gut ist. Ich mache auch meinen Hut nass. Ständig steigend erreiche ich zwei hübsche Stauseen mit einer künstlichen Kaskade, weiter geht es hinauf nach La Valla en Gier. Ich erreiche den Ort um halb acht, finde aber keine Unterkunft.
Da ich merkwürdigerweise wieder recht fit bin bei der einsetzenden Abendkühle, beschließe ich, noch die acht Kilometer zum Croix de Chaubouret hinaufzulaufen, wenn es geht. Es steigt ständig weiter, immerhin gilt es 1201 Meter über Meereshöhe zu erreichen. St. Chamond liegt nur 375 Meter hoch. Unterwegs lädt mich noch eine Vereinsmannschaft ein, die heute bei einem Sportwettbewerb gewonnen hat. Sie haben eine kleine Feier, ich bekomme Schinkenbaguette, Melone und Wein und werde dies und das über meine Pilgerreise gefragt. Die schwierigste Frage ist, warum ich sie überhaupt unternehme. Meine Antwort ist vorsichtig: „Ich weiß, dass ich etwas in meinem Leben ändern muss, und das will ich finden."
Nach einer halben Stunde ziehe ich weiter, die Gruppe fährt mit dem Bus nach St. Etienne. Beim weiteren Aufstieg stoße ich wieder auf einen Gedenkstein für einen Widerstandskämpfer, der von der Gestapo

am 16. Juni 1944 erschossen worden ist. Es begegnet mir immer wieder und bewegt mich, dass ich unweit von Orten, wo mir Menschen Gutes tun, auf solche Gedenksteine stoße.
Es ist praktisch Nacht, als ich das Croix schließlich erreiche. Im allerletzten Dämmerungslicht suche ich mir eine Wiese zum Übernachten, stolz, heute so viel erreicht zu haben. Wie sich ein Tag, der schleppend beginnt, noch zu einem solchen Ergebnis wandelt, wenn ich meine Kraft ernst nehme!

Sonntag, 10. Juni

Der Tag beginnt gut und bei schönem Wetter. Um 9.45 Uhr laufe ich nach Le Bessat, um dort meine Wasserflasche aufzufüllen. Dann führt der GR 7 in den Wald, etwas auf und ab, aber meist auf etwa 1200 Meter. Es ist angenehm kühl und schattig. Dennoch fühle ich mich etwas schlapp. Vielleicht war es gestern doch zu viel. Trotzdem war es gut, in der Abendkühle die Höhe errungen zu haben. Da Sonntag ist, treffe ich auf relativ viele Wanderer. Nach etwa drei Stunden mache ich auf einem Felsbrocken neben dem Weg Rast, zehn Minuten später ist der Col du Grand Bois ou de la République erreicht. Doch plötzlich wird es kühl und ein Gewitterregen fängt an. Anfänglich stelle ich mich unter, aber nachdem es immer nur kurz aufhört und gleich wieder anfängt zu regnen, laufe ich einfach los. Wieder einmal verpasse ich den GR 7, finde ihn schließlich wieder, indem ich einen Holzabfuhrweg, der eher einem Bächlein gleicht, aufwärtssteige. Schuhe und Hose sind nass und dreckig bis zu den Knien, darüber nur nass. Der Weg führt durch eine an sich schöne Waldlandschaft, ab und zu von Lichtungen unterbrochen, aber ich habe heute keinen Geist dafür.

Für mich taucht heute die Frage auf, der auch andere auf dem Weg begegnet sind. Warum tue ich mir das eigentlich an? Warum mute ich mir das zu? Mit der Frage kommt natürlich nicht sogleich die Antwort, aber die Frage bleibt. Ist es Verzweiflung und Aussichtslosigkeit, ist es Hoffnung auf Erlösung, ist es ein einziger Hilfeschrei an Gott? Was ich sicher weiß: Damit, mir oder irgendjemandem etwas beweisen zu wollen, hat es nichts zu tun. Eher mit Metanoia, Umkehr, weg von der totalen Stagnation und Resignation in die Bewegung. Noch etwas ist mir völlig klar: Aufgeben hieße meinen Untergang besiegeln.
Ich kämpfe mich noch bis 18 Uhr vorwärts, aber als ein Schild kommt, das mich enttäuscht und das darauf hinweist, dass ich vielleicht erst die

Hälfte des Weges nach Tracol zurückgelegt habe, verlässt mich für heute jede Motivation. Unter ein paar Bäumen schlage ich mein Zelt auf und will erst mal nur meine Ruhe. Dann sind ein Fischdöschen, Brot und Käse dran und danach will ich nur noch liegen, liegen, liegen ...

Montag, 11. Juni

Sehr lange geschlafen. Als ich aufwache, ist es fast zehn Uhr. Es hat mir gutgetan.

In Ruhe frühstücke ich die letzten Reste, packe ein und ziehe frische Kleidung an. Die erste Hose, immer nur notdürftig gewaschen, kann ich nicht mehr an mir sehen.

Ein Mann kommt vorbei mit zwei großen, aber braven Hunden. Er erzählt mir, dass ich jetzt eine schöne Strecke nach Le Puy vor mir hätte. Schon nach einer Stunde erreiche ich Tracol. Der Ort besteht hauptsächlich aus einem Hotel mit Restaurant und liegt knapp über 1000 Meter hoch. Es ist trüb und kühl. Als ich mir eine zweite Tasse Kaffee genehmige, fängt es zu regnen an. Gegenüber des Restaurants ist eine Tafel, die den Jakobsweg in seinem Verlauf beschreibt. Der GR 7 kreuzt hier bald den GR 65, also den Jakobsweg, der von Genf kommt. An der Wegkreuzung zeigt es sich: Der GR 65 ist breit und bequem, der GR 7 wieder einmal wenig mehr als ein Bachbett. Ich bin froh, dass ich ihn nun verlassen kann. Hier endet gewissermaßen der erste Abschnitt meiner Pilgerreise.

Jetzt geht es gut voran, trotz ständigen Regens. Ich bin guter Laune und froh, auch wieder die Jakobsmuschel als Wegmarkierung zu haben und damit in den Pilgerstrom eingegliedert zu sein, auch wenn ich bisher keinen einzigen Pilger sehe. In den letzten Tagen auf dem GR 7 hatte ich fast das Gefühl, einer von vielen Pilgern zu sein, verloren, und hatte den Eindruck, mich alleine durchkämpfen zu müssen. In Setoux, der ersten Station auf dem neuen Weg, mache ich halt. Es gibt dort einen Gite d'etape, der auch eine Gastwirtschaft hat. Als ich die Gaststube betrete, begegne ich nicht nur ausgesprochen freundlichen Wirtsleuten, die sich um mein leibliches Wohl kümmern und nach dem Woher und Wohin fragen, sondern auch Andreas, einem Schweizer aus Luzern, der von Lausanne nach Le Puy alleine unterwegs ist und dort seine Schwester treffen will, um mit ihr zusammen weiter auf dem Jakobsweg zu wandern. Einen Monat hat er sich Zeit genommen. Um ein bisschen länger plaudern zu können, genehmige ich mir noch einen zweiten Tee, ohne auf die Uhr zu schauen. Denn schließlich kann ich mich zum ersten Mal seit fast zwei Wochen wieder auf Deutsch unterhalten. Um halb drei gehe ich weiter, nicht ohne von den Wirtsleuten noch mit „bon courage“ verabschiedet zu werden. Der Weg fällt ständig, ist breit und bequem und vor allem sehr gut gekennzeichnet. Als es immer weiter abwärtsgeht, kommt mir eine Geschichte von Eulenspiegel in den Sinn. Der hat sich immer schon geärgert, wenn es abwärtsging, weil der anschließende Aufstieg unvermeidlich war.

Dafür hat er sich dann beim Anstieg gefreut. Im Ganzen bin ich heiterer Stimmung heute.

Ich nehme mir vor, mich auch auf dem neuen Weg von meinen Kräften und Intuitionen leiten zu lassen und den präzisen Führer, den ich im Rucksack habe, zwar als Hilfe zu benutzen, ihm aber nicht die Regie zu überlassen. Denn ich habe den Reiz, den es ausmacht, nicht zu wissen, wo man abends ist, deutlich gespürt. So unterwegs zu sein stärkt das Vertrauen, dass das Leben das Richtige für mich bereithält, und Vertrauen, das ist mein Thema.

Etwa fünf Kilometer vor Montfaucon treffe ich einen Mountainbikefahrer, der mir erzählt, dass er den Jakobsweg von hier aus auch schon zu Fuß gemacht hat, mit Etappen, die 30 Kilometer betragen haben. Er läuft mit mir ein Stück, viel zu schnell für meine Verhältnisse. Er fordert mich zwar auf, nach meinem Tempo zu marschieren, aber ich merke, dass ich mich trotzdem anzupassen versuche. Wir unterhalten uns über vielerlei, mir bleibt fast die Puste weg.

Am Ende bleibt die Bilanz: Es war eine interessante Begegnung, aber ich habe auf mich nicht richtig achtgegeben und büße es mit Herzschmerzen. Am Abend passiert mir etwas zum gleichen Thema.

Ich finde in dem Gite d’etape in Montfaucon einen Tunesier, der in der Gemeinde arbeitet und offensichtlich Langeweile hat. Ich bin erschöpft und bräuchte eigentlich meine Ruhe, er will sich unterhalten. Was tue ich? Ich unterhalte mich mit ihm, trinke gegen meine Gewohnheit um zehn Uhr abends noch Kaffee mit ihm und höre mir so manche Geschichte über ihn und die Jugendlichen an, die sich offenbar die Vorhalle des Gite als Freizeittreff erkoren haben und – wenn ich ihm glauben kann – dort einen Teil ihrer erotischen Abenteuer ausleben. Er erzählt davon mit einer seltsamen Mischung von Geilheit und moralischer Entrüstung.

Ich mache fast die ganze Nacht kein Auge zu, wozu auch ein Katzenkonzert in der Nähe beiträgt. Während ich mich unruhig in meinem Herbergsbett hin und her wälze, grüble ich über diese beiden Begegnungen nach. Warum kann ich gut für mich sorgen, wenn ich allein bin, aber nicht gut im Kontakt mit anderen? Ich passe mich den Wünschen der anderen an. Was vermeide ich, was gewinne ich dabei? Bilder kommen, Vermutungen, bis die Gedanken verschwimmen.

Dienstag, 12. Juni

Kurz vor sieben werde ich von dem Tunesier geweckt. Er muss zur Arbeit und soll den Gite abschließen, was er mir gestern Abend nicht gesagt hat. „Los, schnell waschen, ich muss weg!", drängt er mich. Ich nehme meine Hose mit allen Wertgegenständen und dem Geld und auch meine Bauchtasche mit in die Waschkabine. Nur mein teures Batterieladegerät ist im Rucksack, ich habe nachts damit noch meine Kameraakkus aufgeladen. Dann also Katzenwäsche, schnell gepackt und schon stehe ich draußen in der Morgenkühle. Ich komme gar nicht auf die Idee, dass ich mich dagegen auch wehren könnte. Es ist erst kurz nach sieben Uhr. Meine Einsilbigkeit erkläre ich mit einem „Ce n'est pas mon temps" und verabschiede mich ohne Wehmut.

Ich fühle mich zum Steinerweichen. Erst muss mal was zu essen her. Also in die Bäckerei und den Lebensmittelladen. Ich packe meinen Rucksack um, hole den GR-65-Führer heraus, um ihn in meiner Bauchtasche zu deponieren. Ich laufe los.

Nach einer halben Stunde habe ich plötzlich eine Intuition: „Ist mein Batterieladegerät dabei?" Ich setze ab und schaue nach. Es ist nicht da. Ich laufe zurück, überprüfe die Sitzbank in der überdachten Vorhalle der Herberge, kontrolliere im Gite, wozu ich mir im Touristbüro den Schlüssel hole. Nichts! Ich muss sehr an mich halten, meinen einzigen Mitbewohner der vergangenen Nacht nicht sofort unter Verdacht zu nehmen, es gestohlen zu haben, während ich am Morgen kurz beim Waschen war. Unwahrscheinlich!? Aber dass ich die Tüte beim Umpacken auf einer übersichtlichen Sitzbank liegen gelassen habe, ist auch unwahrscheinlich! Jedenfalls ist es weg. Ein gutes, schnelles Ladegerät brauche ich, sonst kann ich bald das Fotografieren vergessen, und Geld dafür ist eigentlich nicht eingeplant. Eine harte Probe für mein Vertrauen und eine schwierige Übung im Loslassen.

Das kostet mich innerlich Kraft und ich merke deutlich, dass die mir beim Laufen fehlt. Dauernd wäge ich ab, ob ich dem Tunesier die Schuld geben muss oder mir selbst. Es sind zähe Gedanken, die ich lange mit mir herumschleppe. Beim nächsten Wegkreuz wie gewohnt ein Vaterunser. „Und vergib uns unsere Schuld, wie auch wir vergeben unseren Schuldigern." Hier bleibe ich hängen. Ich bin nicht gut im Vergeben, weder mir selbst noch anderen, merke ich. Vergeben können setzt loslassen können voraus.

Irgendwann habe ich Hunger und mein Rücken tut weh. Wo ich mich setzen kann, raste ich und esse. Der Hunger ist weg, der Rücken tut immer noch weh. Ich beschließe, nur bis Tence zu laufen und dort auf den Campingplatz zu gehen. Wenigstens heute gut für mich sorgen, wenn es mir schon gestern nicht gelungen ist! Da kann ich schlafen solange ich will und mehr Rückenschmerzen habe ich auch nach einer Nacht im Zelt nicht. So ist es dann auch. Um 16 Uhr mache ich halt und genieße einen halben Ruhetag. Langsam gewinne ich mein inneres Gleichgewicht zurück und die Schuldzuweisungen in beide Richtungen werden schwächer.
Abends gehe ich in Tence noch in eine Bar, schreibe Briefe bei einem Bier.

Mittwoch, 13. Juni
Ich lasse mir Zeit, frühstücke lange, packe langsam ein und kurz vor zwölf mache ich mich auf den Weg. Bald geht es durch Wald, angenehm an diesem sonnigen Tag. Während ich laufe, schmiede ich ernsthaft Pläne, welche Dinge ich schon von Le Puy aus nach Hause schicken könnte. Jedenfalls habe ich keine Lust mehr, 15 Kilo durch halb Frankreich und ganz Spanien zu schleppen. Ich kann es kaum fassen, aber schon nach weniger als zweieinhalb Stunden bin ich in St. Jaures. Mein erster Besuch gilt der kleinen romanischen Kirche aus dem 12. Jahrhundert, in der ich einige Zeit der Stille zubringe und ein „Toi, tu nous aimes ..." anstimme, was ich mir aber nur traue, weil ich alleine bin.
Der zweite Besuch gilt dem Café-Restaurant, wo ich zwar schnell einen Kaffee bekomme, der aber etwas fad schmeckt. Während ich noch sitze, den gestern geschriebenen Brief versandfertig mache und ein paar Notizen schreibe, fängt es vernehmlich zu donnern an.
Heute ist der 15. Tag. Nach meiner Durchschnittsrechnung zu Hause hätte ich heute in Le Puy ankommen müssen, weil ich mit 300 Kilome-

tern von Taizé nach Le Puy gerechnet habe. In Taizé habe ich die Information erhalten, dass es 320 Kilometer seien, für mich also 16 Tage. Dass ich in den ersten Tagen langsamer gehen würde, war klar und einkalkuliert. Mit Freude und auch ein bisschen Stolz stelle ich also gerade fest, dass ich recht gut in der Zeit liege.
Übrigens schwankt meine Stimmung bezüglich des Ausgangs des gesamten Unternehmens beträchtlich. So eine Erkenntnis wie jetzt stimmt mich optimistisch. Wenn wieder mal der rechte Fuß teuflisch schmerzt, der Rucksack schwer an den Schultern hängt und der Rücken wehtut – ein Gefühl, das mir sonst im Alltag völlig fremd ist –, dann macht sich Zweifel breit bis zur Mutlosigkeit.
Bis jetzt geht es heute relativ gut, der halbe Ruhetag und das lange Schlafen haben sich rentiert.
Plötzlich ist Gewitterstimmung, es ist kühler geworden, die Sonne weg. Immer wieder sehe ich am Höhenzug hinter Araules kräftige Blitze und Gewitterschauer. Der Donner ist mein ständiger Begleiter. Aber außer ein paar vereinzelten Tropfen bekomme ich nichts ab. Als es dann richtig zu regnen beginnt, habe ich das Buswartehäuschen von Araules erreicht und sitze im Trockenen. Ein Schild wenige Schritte daneben zeigt mit der stilisierten Jakobsmuschel 1551 Kilometer nach Santiago. Ich habe noch 76 Tage, wenn ich wenigstens einen Tag vor meinem Rückflug ankommen will. Mein Optimismus steigt. Das werde ich schaffen. Es regnet wieder einmal Blasen. Ein Blitz höchstens 100 Meter entfernt.
Es gießt wie aus Eimern, aber ich sitze im Trockenen. Ab und zu schnuppere ich an der Holunderblüte, die ich am Ortsrand gepflückt habe, und genieße den süßlichen Duft. Nach einer Stunde ist das Schlimmste vorbei und ich laufe weiter. Es ist kühl geworden, 15 Grad. Von oben kommt nicht mehr viel, dafür von unten. Die Wege haben sich in Bäche verwandelt und ausgerechnet jetzt ist der GR 65 ein ewig langer, mit hohem Gras bestandener enger Weg.
Die Schuhe werden klitschnass.
Mit der Zeit merke ich, dass auch die Füße patschnass sind und dass sich rechts am Zeh eine Blase zu bilden beginnt. Sofort Störungen beseitigen, sagt die Wandererregel. Aber das ist leichter gesagt als getan, wenn alles klitschnass ist und man sich nirgends einigermaßen trocken setzen kann. Selbst wenn ich die Socken wechseln würde, die neuen wären nach ein paar Minuten so nass wie die vorherigen.

Also laufe ich weiter. Gegen acht Uhr erreiche ich Queyrières, mein angestrebtes Ziel. Direkt um eine Bergspitze aus Säulenbasalt ein kleines Dorf, daneben eine Unterkunft. Erst heißt es, alles sei voll, dann wird aber doch der Gite, ein Einzimmerappartement mit Kochnische, indischen Bildern an den Wänden und einem schönen runden Tisch sowie zwei Betten, geöffnet. Der kleine Ort hat es mir auf den ersten Blick angetan und es ist schön, hierbleiben zu können. „So wie gestern und heute wird die Pilgerfahrt mehr als nur eine Strapaze", denke ich beim Zubettgehen.

Donnerstag, 14. Juni

Obwohl ich lange nicht einschlafen konnte, wache ich kurz vor acht erholt auf. Es war herrlich hier in diesem Gite, ich habe mich sehr wohl gefühlt, für ein paar Stunden mein eigenes kleines Reich zu haben. Beim Frühstück sitze ich mit französischen Mountainbikefahrern zusammen, die eine Rundtour um Le Puy en Velay machen. Dann breche ich gut gesättigt auf. Während der Nacht sind die Wege etwas abgetrocknet. Der Weg entlang eines reißenden Baches mit einer alten Mühle ist landschaftlich interessant, aber das Auf und Ab und die vielen Steine machen ihn langsam. Zudem behindert mich links ein Wadenkrampf, aber noch kann das an meiner positiven Stimmung nichts ändern. Ich glaube, es ist die Vorfreude darauf, heute in Le Puy anzukommen. Mein linkes Schienbein beginnt ebenfalls wehzutun.

Ich kaufe mir in St. Julien de Chapteuil Magnesiumtabletten. Über dem Ort burgähnlich eine große Kirche. Sie erinnert mich ein bisschen an den Michelsberg in Bamberg. St. Julien und auch die anderen Orte sind alle aus dem Basalt der Gegend gebaut. Bergkuppen gibt es zuhauf. Sie künden vom vulkanischen Ursprung der Landschaft. Hier im Ort gibt es malerische Stellen. Für einen Moment kommt mir der Gedanke, dass es schön wäre, hier zu wohnen. Aber es ist die Freude des flüchtigen Wanderers an stillen Winkeln oder schönen Landschaften. Wirklich hier bleiben und wohnen? Wohl kaum!

Wenn auch langsam, ich komme voran. Um drei Uhr bin ich in St. Germain Laprade mit einem eindrucksvollen Kirchturm. Der Kirche gilt mein erster Gang. Es ist so dunkel innen, dass sich die Augen erst einmal an die feierliche Düsterkeit gewöhnen müssen. Nackter Basaltstein prägt das Innere dieser eindrucksvollen Kirche, die sicher aus dem 11. Jahrhundert stammt, in Teilen sogar noch hundert Jahre älter ist.

Über der Stille der hereinbrechenden Nacht: die Michaelskirche auf der Felsnadel in Le Puy.

Der Kirchenraum inspiriert mich dazu, eine Meditation mit Taizé-Liedern anzustimmen. Diese Lieder sind mir zur wichtigen Hilfe auf dem Weg geworden. Ihre Melodien steigen mehr in mir auf als dass ich sie mir bewusst auswähle. Dann stelle ich oft fest, dass mir der Text des Liedes, das in mir angeklungen ist, eine Antwort auf die derzeitige innere Situation gibt oder eine seelische Stärkung.

Anschließend nehme ich mir auf dem Kirchplatz auf einer Bank erst einmal Zeit für eine Erfrischungspause vor den letzten acht oder neun Kilometern nach Le Puy. Mit dem Wetter für diese lange Etappe habe ich Glück. Es ist kühl, selbst jetzt, wo die Sonne wieder durchbricht, denn ein heftiger Wind bringt Erfrischung.
Bald hinter St. Germain Laprade steigt der Weg auf einem ziemlich wässrigen Feldweg an. Oben wird man zum ersten Mal einen Blick auf Le Puy haben. Ich habe das Gefühl wie als 13-Jähriger, als ich zum ersten Mal bei Heidkate in der Nähe von Kiel hinter einem kleinen Dünenwall das Meer versteckt hörte. Die Erinnerung an dieses sich Nähern gegen- über etwas ganz Neuem kommt wieder. Dabei kenne ich Le Puy von einer früheren

Reise. Doch diesmal ist es etwas anderes. Plötzlich wird der Blick frei, ich sehe die Stadt mit dem Notre-Dame-de-France-Felsen und der Kapelle auf der Felsnadel und bin begeistert. Der Ort, an dem ich stehe, heißt nicht umsonst Montjoie, Berg der Freude. Endlich!

Dann sind es noch zwei lange, harte Stunden, bis ich endlich auf dem Campingplatz unterhalb der Felsnadel stehe. Der Schmerz in meiner Wade und in meinem Schienbein hat jeden Schritt zur Qual gemacht. Zum Schluss bin ich mehr gehumpelt als gelaufen. Zur Belohnung gönne ich mir eine Pizza und eine Flasche Côte de Provence rosé.

Später kommt noch ein junger Franzose, Paul, auf mich zu. „Pilgerst du nach Santiago?", fragt er. Er macht eine Wanderung in der Gegend und stammt aus Caen, wo er Theater studiert. Im Gespräch wird schnell klar, dass er auf der spirituellen Suche ist. Ich erzähle ihm von den Treffen in Taizé, was er nicht kennt. Dagegen hat er von dem buddhistischen Zentrum Thich Nhat Hanhs, das südlich von Bergerac liegt, schon gewusst. Ich habe davon durch ein Buch dieses vietnamesischen Zen-Meisters gehört, dessen sozial aktiver Buddhismus mich beeindruckt hat. Wir führen ein interessantes Gespräch über den Jakobsweg, über die spirituelle Tradition von mehr als einem Jahrtausend und davon, dass es einer Frage bedarf, um eine Antwort zu finden. Er hat wie ich das Buch von Paulo Coelho über den Jakobsweg gelesen und fragt, wie man einen solchen Führer, wie er dort beschrieben ist, finden könne. „Wir haben alle einen inneren Führer in uns, dem wir uns jedoch öffnen müssen", antworte ich ihm. Wir sprechen lange und tiefgehend miteinander.

Dann, abends, nach dem Gespräch, in der Stille der hereinbrechenden Nacht, sitze ich da, noch erfüllt von der Intensität des Gedankenaustauschs. Nur sitzen und lauschen und innerlich froh sein, was könnte es Schöneres geben.

Freitag, 15. Juni

Heute früh im nassen Schlafsack erwacht. In der Nacht brach ein kräftiges Gewitter aus, dem das Zelt wohl nicht gewachsen war. Noch immer tut mein Schienbein höllisch weh. Aber ich muss in einen Elektromarkt wegen eines neuen Ladegerätes. Ich finde eins, teure deutsche Wertarbeit, und humple zum Campingplatz zurück. Dann kommt mir die Idee, mir einen nassen Wickel aus meinem Handtuch zu machen. Ich verstecke das Ganze verschämt im Hosenbein, aber es wirkt. Im Laufe des Tages werden die

Schmerzen weniger. Dann geht es zur Kathedrale. Die Straße führt steil bergauf, dann viele Stufen und man steht mitten im Kirchenraum. An arabische Architektur erinnernde Bögen, Kuppeln, eine Jakobsstatue, von der aus die Pilger gesegnet werden. Gerade wird auch die Sakristei geöffnet, wo ich meinen Stempel hole und mich ins Pilgerbuch eintrage, ganz oben auf einer neuen Seite. Für den 15. 6. sind immerhin schon zehn Pilger eingetragen.
Jeden Tag tragen sich hier zwischen fünfzehn und dreißig Pilger ein.
Ich suche nach Bernhard, kann ihn aber in dem Verzeichnis nicht finden. Wo er wohl gerade ist?
Ich suche auch nach einem Eintrag von Ursula, einer meiner Kursteilnehmerinnen aus Bamberg, die vor etwa drei Wochen hier gestartet ist, kann aber nichts finden. Die lange Liste der eingetragenen Namen verwirrt mich und lässt mich gleichzeitig staunen. So viele also gehen diesen Weg! Ich lasse die eindrucksvolle Kirche, Weltkulturerbe seit 1998, noch eine Weile auf mich wirken, dann gehe ich hinunter in die lebendige Stadt, streife ein wenig durch die Straßen. Ich entdecke die Tafel, die den Beginn der Via Podiensis, des ältesten Pilgerweges nach Santiago, verkündet.

Wenig später fällt die Entscheidung. Ich werde mich von einem Teil des Gewichtes und damit von einigen der Dinge trennen, die für mich zunächst unverzichtbar erschienen, und sie nach Hause schicken. Als die Idee Kraft gewinnt, hat die Post schon geschlossen und ich kann erst morgen einen Karton kaufen. Aber das ist es mir wert. Als ich dann auf dem Campingplatz das Verzichtbare aus dem Rucksack hole, kommen mehrere Kilo zusammen, insgesamt drei. Kleider, Bücher, Sprachführer, Geräte, alles landet im Karton. Nirgendwo wie beim Pilgern wird so deutlich: Besitz ist auch Ballast. Er scheint Sicherheit zu geben. Aber wie viel Sicherheit brauche ich wirklich? Gegen welche Eventualitäten glaube ich mich wappnen zu müssen? Was ist es wert, 1500 Kilometer auf dem Rücken getragen zu werden?
Gerne wäre ich dann zu der von Bischof Godeschalk gebauten Michaelskirche hinaufgestiegen, einem Bischof, der sich schon um 950 auf den Weg nach Santiago gemacht hat, aber die 450 Stufen auf die Aiguillhe waren für mein Bein unzumutbar und hätten die Weiterreise ernsthaft gefährdet.
Abends, als ich im Zelt über den Tag nachdenke, staune ich noch immer über die große Zahl von Pilgern, die jeden Tag von hier aus aufbrechen. Wem werde ich auf dem Weg begegnen? Wie viele von denen, die in den

letzten Tagen vor mir losgelaufen sind oder in den Tagen nach mir starten werden, werde ich treffen? Was bewegt sie, sich auf den Weg zu machen und was bewegt mich wirklich im Tiefsten? Was hat die Pilger früherer Zeiten bewegt, sich bis an den Rand der bekannten Welt aufzumachen und vorzuwagen? Ich habe jedenfalls die Ahnung, dass die Sache jetzt erst richtig losgeht.
Ich lese mir nochmals den kurzen Text durch, den ich in der Kathedrale gefunden habe. Er wendet sich an die Pilger und beschreibt die Schätze der Fußwallfahrt:

Die ganze Person als Einheit von Körper und Geist ist eingeschlossen.
Wir trennen uns von allem Überfluss, das Notwendige ist dabei.
Wir finden den Frieden, die Stille und die Schönheit von Gottes Natur.
Der Weg ist eine Schule der Geduld.
Die einfachen Dinge bekommen ihren Wert.
Der Weg ist eine Schule der Gleichheit.
Er ist auch eine Möglichkeit zur tiefgründigen Begegnung mit Menschen auf dem Weg.
Er kann die Öffnung des Herzens für Gott bewirken.
Er bietet Zeit für das Gebet an den Stätten derer, die seit zehn Jahrhunderten den Weg gegangen sind.
Einen Teil dieser Erfahrungen habe ich schon gemacht, weitere werden auf mich warten.

Samstag, 16. Juni
Heute bin ich früh aufgestanden, um am Gottesdienst in der Kathedrale teilzunehmen, der mit der Segnung der Pilger endet. Etwa 60 Personen sind zugegen, vom Schüler bis zum Rentner. Ein ruhiger, eindringlicher Gottesdienst. Dann, vor der Segnung, stellen wir Pilger uns kurz vor, wo wir herkommen und was unser Ziel ist. Einige sind dabei, die bis Santiago wollen, die meisten machen jedoch nur einen Teilabschnitt. Die geistige Gemeinschaft, die die Pilger bilden, wird für einen Moment spürbar.
Wir erhalten eine Plakette mit dem Gnadenbild von Le Puy, der schwarzen Madonna.
Außerdem können wir eine Bitte mitnehmen, die Menschen hinterlassen haben in dem Wissen, dass Pilger sie auf den Weg mittragen und sie ins Gebet und in die Meditation einschließen. Der Zettel, den ich ziehe, trägt die Bitte einer Frau, dass ihre Tochter den richtigen Weg in

Der Weg aus der Kathedrale von Le Puy. Ich habe das Gefühl, dass die Sache jetzt erst richtig losgeht.

ihrem Leben einschlagen möge und die Bitte für sich selbst, dass sie den richtigen Begleiter für die restlichen Jahre ihres Lebens finde. Wie gut diese beiden Wünsche doch auch zu meiner Lebenssituation passen! Es wird mir leichtfallen, diese Wünsche mit meinen eigenen in Verbindung zu bringen und sie so auf dem Weg lebendig zu halten.

Anschließend, am Vormittag, sauge ich mich noch einmal mit Stadtluft voll, schlendere durch die engen Straßen voller Geschäfte und schaue dem lebhaften Treiben zu. Eine Zeit lang verweile ich auch auf dem Flohmarkt mit all seinen schönen Sachen – aus der Sicht des Pilgers nicht mehr als unnötiger Ballast. Dann verlasse ich Le Puy, nicht jedoch, bevor ich mein Paket abgeschickt habe.

Die Landschaft ist schön, die Ausblicke sind faszinierend, aber mein geschwollenes Bein tut weh. Ich denke mir: „Wie wäre es mal mit ein paar Tagen ohne Schmerzen, wo ich das Wandern einfach nur genießen kann, jetzt, wo der Rucksack deutlich leichter geworden ist?“ Selbst nach einer Rast geht es nur schleppend weiter. Ich mache einen Wickel um die linke Wade und nehme eine Schmerztablette, ganz gegen meine Gewohnheit. Aber ich will vorwärtskommen und nicht schon auf der ersten Etappe der Via Podiensis einknicken. Die anderen Pilger sind längst über alle Berge. Ich sehe ihre Spuren. Mit Mühe schleppe ich mich noch bis Montbonnet, mache einen kurzen Halt in der kleinen Rochuskapelle am Dorfeingang und hoffe auf den einzigen Gite d'etape im Ort. Der ist voll. Also wandere ich weiter, auf den Höhenzug hinter dem Ort. Am Lac de l'Œuf, einem eiförmigen Vulkankrater, der einen jetzt verlandeten See bildet, finde ich einen Platz zum Zelten. Es ist inzwischen neun Uhr. Die vielen Fliegen kann ich mit Mühe vom Inneren des Zeltes fernhalten. Einfaches Abendessen, dann schlafen.

Sonntag, 17. Juni
Das Bein macht immer noch erhebliche Schwierigkeiten. Ich erwäge ernsthaft, ein paar Ruhetage einzulegen und nochmals eine Apotheke aufzusuchen. Langsam geht es nach Le Chier, wo ich auf den Bänken vor dem Bürgermeisteramt eine Verschnaufpause einlege. Offensichtlich – Plakate verkünden es – sind Regionalwahlen. Zwei einsame Männer sitzen im Bürgermeisteramt. Von Wählern ist um diese Zeit nichts zu sehen, dafür kommen zwei Pilger vorbei. Ich schleiche weiter, es geht ziemlich steil bergab, stoße auf St. Privat d'Allier. Es ist halb zwei, ich kaufe ein paar Sachen ein und futtere.
Ich bekomme jetzt schnell wieder Hunger. Anscheinend sind meine Fettpolster verbraucht. Dann geht es weiter. Mein Wanderführer empfiehlt, bei Nässe einen Teil des Weges entlang der Straße zu machen. Daran orientiere ich mich. Ich komme nur mühsam voran. Ob ich es noch bis Saugues schaffe?
Aber oberhalb von Monistrol d'Allier wird klar: Hier werde ich stranden und ein paar Ruhetage einlegen. Ich spüre, wie schwer es mir fällt zu akzeptieren, dass es nicht mehr geht. Mir fällt mein Hang nach Sicherheit auf. Was weiß ich sicher? Wenn ich mich weiter zwinge, komme ich voran, wenn auch nur sehr, sehr langsam. Letztlich gefährdet das auch den Gesamtplan der Pilgerwanderung. Wenn ich bleibe und Ruhetage mache, wird mein Bein wahrscheinlich wieder abschwellen und ich kann zügiger weiter. Aber das ist das Risiko: Ich weiß nicht, wie lange es dauert. Zwei Tage, drei Tage oder eine ganze Woche oder vielleicht noch länger? Das bringt meinen Zeitplan durcheinander, aber ich würde wieder laufen, ohne mich zu quälen.
Ich entscheide mich, so lange zu bleiben, bis die Schwellung zurückgegangen ist und ich wieder schmerzfrei laufen kann. Als ich um 16 Uhr mein Zelt aufbaue und erst mal Wurzeln schlage, komme ich mir komisch vor. So muss sich ein Fisch fühlen, den man plötzlich aus dem Fluss nimmt und in ein Bassin einschließt. Ich verpasse dem linken Bein einen Wickel, bestehend aus meinem Handtuch, und ergebe mich meinem Schicksal.

Montag, 18. Juni
Nachts war Gewitter, das Zelt hat einigermaßen standgehalten. Am Morgen scheint wieder die Sonne. Zeit, die Wäscheleine aufzuspannen und ein paar Sachen zu waschen und auszulüften. Dann bummle ich in die „Stadt", also nach Monistrol d'Allier Bourg. Eine Apotheke gibt es nicht.

Ich setze mich in ein Café am Pilgerweg. Während ich meinen Morgenkaffee trinke, ziehen vereinzelt Wanderer an mir vorbei. Ich beneide sie ein bisschen, dass sie weiterkönnen und ich nicht.

Gegen zehn Uhr verstärkt sich die Zahl der Wanderer und Pilger, die vorbeiziehen.
Endlich sehe ich mal ein paar meiner verborgenen Weggefährten. Es ist interessant für mich, wie sie ausgerüstet sind. Die meisten haben deutlich kleinere Rucksäcke, aber ich weiß natürlich auch nicht, wie weit die wollen.
Während ich sitze und beobachte, kommt ein Wanderer des Wegs, der mich anspricht. „Aus Bamberg? Du bist doch der von der Sams-Führung?“ Ich staune. „Ja“, bestätige ich. Der Pilger heißt Fritz, reist viel und ist jetzt mit seiner Begleiterin Ulrike auf dem Weg nach Santiago. Ich bekomme etwas Mobilat für mein Bein und noch einige gute Ratschläge, dann ziehen die beiden weiter. Es fällt mir schwer zu wissen, dass ich momentan nicht weiterkann, aber mein Bein spricht eine klare Sprache.

Ich nutze den Tag, um meine gesamte Ausrüstung zu inspizieren und die nötigen Kleinreparaturen zu machen. Da fällt mir auf: Mein Herzstein ist weg! Ich erschrecke ein bisschen. Wo kann ich ihn verloren haben, den ich bis zum Cruz de Ferro mitnehmen wollte? Ich weiß es nicht. Nach längerem Nachdenken fällt mir der dritte Tag ein und der Ruck, mit dem ich mich aus den Brombeerranken befreit hatte. Ob die Jakobsmuschel noch da war, hatte ich damals kontrolliert, an den Stein hatte ich nicht mehr gedacht. Jetzt liegt er wahrscheinlich auf dem Pilgerweg. Mir ist klar, dass ich einen neuen Stein brauche. Vom Kiesweg des Campingplatzes hole ich mir einen. Er passt leicht in meine Hand und wird im Rucksack an sicherer Stelle verstaut.
Später kühle ich noch mein geschwollenes Bein in der kalten Strömung des Alliers. Es ist schön hier, aber ich merke, ich will weiter. Abends, bevor es dunkel wird, mache ich in Sandalen probeweise den Anfangsteil der Wegfortsetzung, und da das zumindest ohne Rucksack mit dem Bein recht gut geht, entscheide ich mich, morgen in Sandalen weiterzulaufen. Auf diese Weise wird die schmerzende Stelle nicht weiter vom Stiefel gedrückt. Jedenfalls bin ich entschlossen, zumindest nach Saugues und damit zur nächsten Apotheke zu laufen.

Dienstag, 19. Juni

Jakobus, der Fischer, hat mich längst an der Angel. An einer noch immer fast 1500 Kilometer langen Angelschnur, aber das Ziehen ist deutlich zu spüren.

Es sieht nach einem warmen Tag aus. Langsam packe ich zusammen. Im Café noch eine Stärkung, dann Einkauf einiger Lebensmittel. Um 10.45 Uhr starte ich endgültig. Ich komme gut voran. Die Strategie mit den Sandalen hat sich als richtig erwiesen. Das Bein spielt gut mit. Jetzt, verglichen mit anderen Wanderern, merke ich, dass ich zumindest bergauf ein ordentliches Tempo an den Tag lege. Der Weg steigt zunächst ständig an und belohnt mit schöner Aussicht in die Täler. Als die Höhe erreicht ist, fasziniert weite Fernsicht. Die Luft ist heute ganz klar, ein leichter Wind bringt Kühlung. Heute ist es eine Freude zu laufen. Der Weg bleibt ungefähr auf einer Höhe, etwas über 1000 Meter, und ich komme gut voran. In Rognac, dem letzten Weiler vor Saugues, mache ich für einen Tee halt. Hier bin ich der einzige Wanderer. Aber gleich darauf tauchen wieder welche auf, die ich vorher überholt habe. Ein kurzer Gruß, ein paar aufmunternde Worte, das geben sich hier alle Wanderer gegenseitig.

Um 16 Uhr ist Saugues erreicht. Der erste Weg führt mich in die Tourist-Information, wo ich meinen Stempel abhole, der zweite dann in die Apotheke schräg gegenüber. Die freundliche Apothekerin, der ich mein Bein zeige und entsprechend meiner sprachlichen Möglichkeiten die Lage erkläre, gibt mir eine Salbe gegen die Schwellungen. „Hilft das auch gegen die Schmerzen?", will ich wissen. Ja, die Schmerzen kämen von der Schwellung. Ein paar Häuser weiter finde ich ein kleines Café Chez Duthu, dessen Wirtin mir nicht nur meinen Kaffee bringt, sondern, als sie meine Salbe und mein Bein sieht, auch Anteil nimmt an meinem Schicksal. „Haben Sie Probleme mit dem Bein?", will sie wissen und ein kundiger Blick genügt. „Das ist geschwollen", meint sie.

Um fünf ziehe ich weiter, komme gut voran, herrliche Weiler am Weg, die noch etwas Ursprüngliches haben, wie ich es aus der Zeit meiner Kind-

heit auch von fränkischen Bauernhöfen kenne. Da darf noch etwas wachsen, da ist noch nicht alles mit Verbundsteinpflaster verunstaltet, da liegt noch altes landwirtschaftliches Gerät herum, rostet ein Traktor, der ausgedient hat, vor sich hin und so mancher, der unterwegs ist, wäre bei uns schon auf dem Schrott.
Hier erfüllt er seinen Zweck.
Am Abend gegen 19.30 Uhr erreiche ich Falset und den Gite d'etape, auf den ich gesetzt habe. Es sind tatsächlich noch Betten frei. Zwei Franzosen, er aus Annecy und sie aus Rodez, sitzen beim Abendessen und teilen mit mir. Gegen 21 Uhr kommt dann noch ein junger Slowene dazu, der in Schleswig-Holstein wohnt und in München gestartet ist, um nach Santiago zu gehen.
Der Gite ist gemütlich eingerichtet und ich fühle mich wohl.

Was ich im Rückblick auf gestern und heute sagen kann: Santiago zieht. Mich hat es nicht länger im Krankenstand gehalten. Während ich die ersten Tage der Pilgerfahrt noch den Eindruck hatte, ich *will* nach Santiago, spüre ich jetzt, wie er, Jakobus der Fischer, mich längst an der Angel hat, an einer immer noch fast 1500 Kilometer langen Angelschnur, aber das Ziehen ist deutlich zu spüren. Wenn auch mein Leib sich noch etwas sträubt, der Geist hat längst eingewilligt in dieses Angezogenwerden.

Mittwoch, 20. Juni
Für meine Verhältnisse ungewöhnlich früh bin ich um acht Uhr abmarschbereit, mit Frühstück im Magen. Als ich vor die Tür des Gite gehe, kommt da ein Pilger an, den der Slowene aus Schleswig-Holstein schon kennt. Es stellt sich heraus, dass wir alle drei Gerhard heißen. Ich erinnere mich nicht, schon einmal mit zwei Gerhards zur gleichen Zeit am gleichen Ort zusammen gewesen zu sein. Die beiden starten, ich folge eine Viertelstunde später. Im Tal hängen die letzten Morgennebel, dann kommt die Sonne. Der Weg führt in sanftem Auf und Ab an Wiesen und Viehweiden vorbei und durch Wald. Einmal begegnen mir zwei Pferde, einmal eine kleine Kuhherde, von einem Cowboy auf dem Motorrad vorbeigetrieben. Ein Stückchen weiter in Les Sauvages ein Bauernhof mit Gite und herrlichen Rastmöglichkeiten auf großen Granitblöcken. Dort gibt es ein Wiedersehen der drei Gerhards bei einer Rast. Gerhard von der Mosel ist gesprächig. Da er ungefähr mein Tem-

po läuft, bleiben wir eine Stunde zusammen. Er erzählt mir wortreich seine Lebensgeschichte, will auch meine hören, die ich weniger wortreich in Teilen erzähle. Bei der Rochuskapelle will ich eine Viertelstunde meditieren, um meine Ruhe zu haben, leider ist sie zu. Gleich nebenan ist ein kleines Refugio, in dem ich mir eine Zeit der Sammlung gönne. Ich spüre, dass zu viele Worte mich erschlagen und ich ein wenig Abstand brauche. Ich blättere in den Seiten des Refugio-Hausbuchs und finde Eintragungen von Menschen, die in den letzten Wochen da waren und auch auf der Suche nach sich oder nach Sinn sind. Eine, in Deutsch geschrieben, spricht mich besonders an. Sie ist vom 25. Mai und lautet:

„LEBEN – LIEBEN – LEIDEN
LERNE LOS- LASSEN

Cecile.“

Hier hat vor weniger als einem Monat eine Pilgerin gesessen, deren Motiv für ihre Pilgerreise wohl dem meinigen gleicht. Ich fühle mich mit ihr solidarisch verbunden, auch wenn ich sie nicht kenne und wohl auch nie im Leben kennenlernen werde. Die Worte prägen sich mir ein wie ein Mantra.

Um halb fünf erreiche ich dann St. Alban sur Limagnole, die Schultern tun mir weh, sodass ich froh bin, mich bei einem Kaffee stärken zu können. Später kommt noch ein Karlsruher Mountainbiker dazu, der von zu Hause nach St. Jean Pied de Port unterwegs ist. Wir tauschen Erfahrungen aus, er erzählt von seinen zwei Besuchen in Bamberg und ich empfehle ihm das Tal des Flüsschens Célé. Er lädt mich zu einem Bier ein, das wir auf das Gelingen unserer Unternehmungen trinken. Gegen halb sieben fühle ich mich gestärkt und gehe weiter, will Estrets vielleicht noch erreichen. Auf halber Strecke rutsche ich aus, kippe um, schlage mit dem Ellbogen auf, gehe weiter. Es kann nicht mehr weit nach Les Estrets sein, da ziehen Gewitter so nahe, dass einige Tropfen fallen. Es taucht plötzlich eine kleine Waldhütte auf, aus Stämmen und dicken Ästen gebaut, mit dichtem Moosdach. Ginstergeflecht bildet die Wände, innen Heu, ein kleiner Tisch. Sofort beschließe ich, hierzubleiben und verbringe den Abend und die Nacht in dieser urigen Bleibe.

Donnerstag, 21. Juni

Um halb acht weckt mich Vogelgesang und ich bin beim Zusammenpacken, als der Mosel-Gerhard vorbeikommt. Er beglückwünscht mich zu der schönen Unterkunft, die ich gefunden habe. Er selbst hat vor dem Gewitter Unterschlupf bei einer Familie gefunden. Während er weiterwandert, frühstücke ich und will gerade aufbrechen, da kommt die Französin aus Rodez vom vorletzten Abend vorbei und bestaunt meine Unterkunft. Ein bisschen später, es ist Viertel vor neun, bin ich unterwegs. Leider komme ich nur langsam voran. Mir scheinen mein Morgenkaffee und ein ordentliches Frühstück zu fehlen. Der Weg ist gut und gewährt eine fantastische Fernsicht auf Wiesen, Weiden und Wälder. Es ist trotz der Sonne kühl bei ein paar Wattebäuschen am blauen Himmel. Einige Wanderer überholen mich, eine rüstige Rentnergruppe aus Schwaben, und ich lasse sie ziehen. Es ist fast zwölf Uhr, als ich Aumont-Aubrac erreicht habe, um mich dort erst einmal mit einem großen Café au Lait aufzubauen. Der Ort ist ruhig, ab und zu ein paar Wanderer. Ich schreibe Karten und mache ein paar Notizen und gönne mir eine Stunde Ruhe. Die Schultern schmerzen leicht, der Rucksack ist durch die Wanderstiefel wieder zu schwer. Aber das kann ich im Augenblick nicht ändern, ich kann zurzeit nur in Sandalen laufen. Auf das Gebiet, in dem ich gerade wandere, habe ich mich schon im Voraus gefreut. Ich kenne Nasbinals, den nächsten größeren Ort in etwa 20 Kilometern Entfernung, von früheren Reisen und habe dort schon Jakobspilger im August bei zehn Grad Celsius und strömendem Regen gesehen. Dass ich so herrliches Wetter habe, empfinde ich als ein Geschenk. Es ist ein fast menschenleeres Hochland, durch das der Weg führt, von Pilgern früherer Zeiten gefürchtet, im Winter oft tief verschneit.

Heute bin ich ganz offen für die Schönheit der Natur. Ich habe das Gefühl, dass diese Weite, diese Ruhe Balsam ist für meine Seele, dass etwas in mir still werden kann dabei und dass die Sorgen, die mich zu Hause plagen, sich immer mehr auflösen. Daheim hatte ich oft das Gefühl, leer zu sein, ausgelaugt, erschöpft. Aber, das wird mir mehr und mehr klar, ich war nicht leer. Ich war voll, voller Sorgen, voller Mutlosigkeit, voller Enttäuschung, voller Resignation. Je länger ich laufe, desto mehr erkenne ich, dass mein inneres Gefäß erst wirklich leer werden muss, um mit etwas Neuem gefüllt werden zu können.

Ich muss diese Sorgen, diese Mutlosigkeit, diese Enttäuschung und die Resignation ausschütten und loslassen wollen. Ich muss bereit werden, die Identifikation mit diesen Gemütszuständen aufzugeben.
Die Weite und Leere dieser mich umgebenden Landschaft und der Prozess des ständigen Weitergehens scheinen auf geheimnisvolle Weise auch in mir eine neue Weite und eine offene Leere zu schaffen, nach und nach.

Je länger der Weg geht, desto einsamer und großartiger wird die Landschaft. Ein Gebirgsrücken, große Findlingsblöcke, lange, hohe Steinmauern um riesige Weiden und ein schier unendlicher Blick. Im Ort Les 4 Chemins treffe ich den Mosel-Gerhard und die Französin aus Rodez wieder. Für sie ist ihre fünftägige Wanderung vorbei, hier wird sie von ihrem Mann abgeholt. Wir trinken alle drei ein Bier, unterhalten uns ein wenig, wobei ich als Dolmetscher fungiere und mal in die eine Richtung in Französisch und dann in der anderen in Deutsch mich am Gespräch beteilige. Gerhard bricht dann auf, ich bleibe noch ein wenig. Ich finde ihn wieder in Fineyrois, am Picknickplatz am Ende des Ortes, beim Abendessen. Ich geselle mich dazu, wir essen beide unser Abendbrot. Ich will noch weiter nach Rieutort d'Aubrac, wo es einen Gite d'etape in der Form einer mongolischen Jurte geben soll. Auch Gerhard findet die Idee, dort zu schlafen, interessant, sodass wir die letzte Stunde bis 21 Uhr zusammen durch die von der schräg stehenden Sonne wunderbar beleuchtete Hochebene wandern.
Bei den Jurten werden wir etwas verwundert registriert. Es sei schon nach 18 Uhr und das sei die reguläre Zeit zum Ankommen. „Wir wandern immer ganz irregulär“, gebe ich mit einem Schmunzeln zu verstehen. Schließlich bekommen wir doch ein Bett in der herrlich wohnlichen weißen Jurte mit ihren Holzgeflecht-Stützwänden und ihrer Filzisolierung. 15 Betten sind sternförmig wie die Speichen eines Rades angelegt, als Nabe ein großer Kleiderschrank. Wir haben das Zelt für uns zwei. Während draußen schon die Abendkühle die Hochebene erfasst, ist es innen noch mollig warm.

Freitag, 22. Juni

Schon vor sieben wache ich auf. Gerhard brennt es bald in seinen Reiseschuhen, er will weiter. Ich frühstücke gemütlich, unterhalte mich mit dem Gite-Wirt, der auch gelegentlich malt, und breche um halb neun auf. Es ist kühl, fast kalt, wolkig und windig, aber ab und zu blitzt die

Sonne durch. Immer wieder Weiden mit wiederkäuenden Aubrac-Rindern. Die Weiden sind übersät mit gelben Blumen.
Um viertel elf erreiche ich Nasbinals. Der Charme des Ortes ist sehr reduziert durch Baulärm wegen Straßenarbeiten im Zentrum. Ich hatte gehofft, den romantischen Ort vorzufinden, den ich von früher in Erinnerung hatte. Ich habe die Wahl zwischen Enttäuschung und Loslassen: also schon wieder Loslassen. Es ist wie es ist und richtet sich nicht nach meinen Wünschen.
Ich kaufe Brot, setze mich an das Kriegerdenkmal im Zentrum neben der alten, sehenswerten romanischen Kirche, die schon immer eine wichtige Station der Santiagopilger war, schreibe Notizen und Karten.
Um halb zwölf breche ich auf. Heute zeigt sich das Aubrac von seiner rauen Seite. Es ist kalt, ein kräftiger Wind weht. Weideland, weite, menschenleere Flächen. Ein bisschen Regen. Ich helfe einer Pilgerin aus Marseille, die sich verlaufen hat, zurück auf den richtigen Weg. Bald überquere ich den höchsten Punkt, 1368 Meter. Die Einsamkeit beeindruckt. Die Landschaft erinnert mich an Schottland oder Norwegen. Kurz vor 15 Uhr ist Aubrac erreicht, eine uralte Pilgerherberge. Ich nehme im feinen Restaurant einen Tee am flackernden Kaminfeuer, auf einem breiten Sofa sitzend. Genau genommen trinke ich einen Lapsang Souchong aus der Teekiste, die mit acht Sorten zur Auswahl gefüllt ist. Ich werde korrekt bedient. Doch es bleibt für mich ein Ort von Gastlichkeit ohne wirkliches Herz. Um vier Uhr bin ich abmarschbereit. Da es auf acht Kilometern 500 Höhenmeter abwärtsgehen soll, entscheide ich mich für die Straße und gegen den GR 65, der genauso lang ist, aber als steinig beschrieben wird. Plötzlich, ich weiß kaum warum, trübt sich meine Laune ein. Der Himmel auch und bald fängt es zu regnen an. Auf der Straße stapfe ich abwärts. Wenn St. Chely einen Campingplatz hätte, dann würde ich dort bleiben. Nach über zwei Stunden taucht St. Chely auf – und, als eins der ersten Dinge, ein Campingplatz. Na also! Ich stapfe noch weiter und finde eine Boulangerie mit Epicerie, die Lebensmittel hat. Ich trete ein und löse Entsetzen bei der alten Inhaberin aus. Sie akzeptiert meinen Rucksack nicht in ihrem Laden. Ich merke, wie ich ärgerlich werde. „Das Geld der Pilger wird akzeptiert“, denke ich mir, „aber die Pilger nicht.“ Sie hat Angst um ihre Flaschen in den Regalen. Nach einem kurzen Disput lege ich ärgerlich meinen Rucksack auf einer Bank vor dem Laden ab und kaufe nur das Nötigste. Noch grollend verlasse ich den Laden. Doch bald wird mir klar, dass ich überreagiert habe, müde und

hungrig, wie ich war. Ich werde mich entschuldigen. Auf dem Platz baue ich auf. Auf dem Campingplatz übernachtet noch ein weiterer Pilger in einem sehr kleinen Zelt. Wir unterhalten uns kurz. Es ist Bruno, wie ich später erfahren werde. Ich esse und trinke gut und merke dabei, wie müde ich bin.
Gestern Nacht in der schönen Jurte habe ich vor zwei Uhr kein Auge zugemacht. Ich verschaffe mir noch einen Überblick auf der Landkarte. Vielleicht kann ich in drei Tagen Conques erreichen. Es ist erst acht Uhr, aber ich habe schon Lust zu schlafen. Draußen aber ist es noch taghell.

Samstag, 23. Juni
Um acht Uhr bin ich aufgewacht, um zehn Uhr verschwinde ich vom Platz. Bevor ich St. Chely verlasse, entschuldige ich mich noch bei der alten Dame im Geschäft für die Überreaktion am Vortag. Sie nimmt es wohlwollend auf und meint, ich sei wohl sehr müde gewesen.

Alles geht langsam und ungeschickt heute. Irgendeine dunkle Stimmung oder eine schlechte Laune ist in mir, für die es keinen äußeren Anlass gibt. Schmerzen fast keine, die Luft kühl, aber nicht kalt, die Aussicht auf eine schöne Gegend, in die der Weg führt, aber dennoch, irgendetwas stimmt heute nicht. Vielleicht ist es das, was Paulo Coelho in seinem Buch über den Jakobsweg „dem Dämon begegnen“ genannt hat. Es muss ja nicht immer ein äußerlicher Dämon sein. Mir ist eine solche Stimmung nicht unvertraut, ich weiß jedenfalls, dass ich mit dieser seelischen Unstimmigkeit, einer inneren Aggressivität, lange Zeit meine Umgebung und sicher auch mich selbst vergiftet habe. Hier will ich sie jetzt erforschen, woher sie kommt, wie sie wirkt und wie sie sich vielleicht in einen positiven Dienst verwandeln lässt.

Der Rucksack ist wieder zu schwer. Das Zelt nass eingepackt vom nächtlichen Regen, eine Flasche Wein dabei, dazu Brot, Bananen und Käse. Das bringt zusätzliches Gewicht und die Schultern ziehen. Ich entschließe mich, die Bananen einfach gleich zu essen.
Wieder ein drei viertel Kilo weniger auf dem Rücken.
Hunger habe ich jetzt ständig, nachdem wohl die eigenen Polster aufgebraucht sind. Hinter Lestrade fällt der Weg. Erst bequem, später auch steinig, geht es abwärts. Die Vegetation ändert sich, die Wälder sind voller Maronenbäume. Herrlich grünes Licht umgibt mich.

Die düstere Stimmung hellt sich langsam auf. Mir kommt die Idee, dass sie etwas mit dem Übergang zu tun haben könnte. Das Alte – Aubrac – ist nicht mehr, das Neue – Vallée du Lot – hat mit seiner neuen Landschaft noch nicht angefangen. Ob ich auf diese (und andere!?) Übergangsphasen mit innerer Düsterkeit reagiere? Je mehr sich die Landschaft zum Neuen hin klärt, desto heller wird es wieder in mir. In der Phase vorher merkte ich, wie mein Blick sich einschränkt, Schönes nicht mehr durchdringt, alles geeignet ist, Ärger auszulösen. Wie sogar freundliche Grüße anderer Wanderer eher als lästig erlebt werden.

Um zwei Uhr, es kann nicht mehr weit bis St. Côme sein, werde ich hungrig. Also Rast. Anschließend geht es gut weiter. Um drei erreiche ich das Städtchen, schaue mir die gotische Kirche aus dem 16. Jahrhundert an, kaufe Brot und schreibe einen Brief bei einer Tasse Kaffee. Danach fühle ich mich so frisch, dass ich ohne Müdigkeit den Weg wieder aufnehme. Über eine im Umbau befindliche Brücke überschreite ich den Olt oder Lot. Das Sträßchen, dem ich folge, hält sich links vom Lot und folgt ihm flussabwärts. Gegen 19.30 Uhr taucht die Burg von Espalion auf und bald auch der Campingplatz. Es ist angenehm warm, ohne heiß zu sein. Ich erreiche erstaunlich munter mein Etappenziel. Abends bei einem Bummel durch die Altstadt treffe ich die Bamberger, die am notwendigen Ruhetag an mir vorbeigezogen sind. Wir unterhalten uns, bis gegen 24 Uhr in dem Straßencafé die Tische weggeräumt werden. Die Nacht ist kalt, Halbmond, sternenklar. Ich wache mehrmals auf, weil ich friere, bis ich mir endlich die dicke Fleecejacke anziehe.

Sonntag, 24. Juni
Ich wache erst um neun Uhr auf, der Campingplatz ist recht still. Bis elf Uhr bin ich schließlich abmarschbereit. Eigentlich ist es mir zu spät für die lange Etappe von 27 Kilometern, die ich heute vorhabe. Also beschließe ich, um Zeit zu sparen, die Straße am linken Lotufer zu nutzen. Außerdem werden Besichtigungen vorläufig gestrichen. Schade um die kleine romanische Kirche St. Pierre, aber mir ist jetzt nicht nach Anhalten zumute. Es ist warm, später schwül, ein Gewitter hängt schwarzblau im Süden am Himmel. Es erwischt mich mit ein paar Tropfen, als ich schon das Ortsschild mit Burg und Kirche von Estaing fotografiert habe.
Der Ort wird von einer mächtigen Burg mitten im Städtchen dominiert. Vom GR 65 führt eine alte Brücke, früher für die Jakobspilger gebaut,

mitten in die Stadt. Ich stärke mich mit einem Café au Lait und gebe dem Gewitter die Chance, sich abzuregnen. Aber es will nicht. Hinter Estaing führt der Weg lange am Lot entlang. Ich liebe dieses Tal, das ich von früheren Urlauben kenne. Dann steigt der Weg an, vorbei an mehreren Bauernhöfen. Gewitter rundum. Jetzt erreichen die Schauer auch mich, aber ich lasse mich nicht mürbemachen. Langsam, aber sicher komme ich voran, die Landschaft erinnert auf den Höhen wieder an Burgund, an den ersten und zweiten Tag. Gegen 20 Uhr erreiche ich Golinhac, entscheide mich, weil es nass ist und weiterer Regen droht, für den Gite und gegen den Campingplatz. Ich begegne anderen, die die gleiche Entscheidung getroffen haben, darunter Bruno, den ich vor zwei Tagen erstmals getroffen habe. Beim Abendessen unterhalte ich mich mit ihm über die Beweggründe unseres Pilgerns. Auch er hat eine Trennung hinter sich und will sie auf dem Weg verarbeiten. Merkwürdig, dass ich gerade auf ihn hier treffe und damit auch auf meine eigene Thematik.

Später setze ich mich dann zu Conny aus Nürnberg. Sie leidet derzeit an Schmerzen, ausgelöst durch die Wanderschuhe, die sie in Saugues neu kaufen musste. Ich helfe ihr mit Blasenpflaster aus, sie mir mit einer Zeltstange, da meine geknickt ist.
Wir unterhalten uns lange. Für sie geht es um Selbstständigkeit auf dem Weg, die Fähigkeit, alleine zurechtzukommen, für mich, das wird wieder deutlich, ums Loslassen. Sie gibt mir einen wichtigen Hinweis zu meiner Düsterkeit oder schlechten Laune, wie ich sie beim Abstieg vom Aubrac erlebt habe. „Wenn diese Stimmung wirklich damit zu tun hat, dass das eine nicht mehr und das andere noch nicht ist“, erklärt sie mir, „dann hat das mit loslassen können zu tun.“ Da habe ich es also wieder, mein Thema. Sie gibt einen Hinweis. „Versuch doch gedanklich im Vorfeld schon in dieses Loslassen hineinzugehen, dann ist es eingeübt, selbst angesteuert und kommt nicht einfach über dich. Also schon dann, wenn du merkst, dass sich etwas zu verändern beginnt.“ Es wird ein langer Abend und ein schönes Gespräch.

Montag, 25. Juni

Um halb sieben aufgewacht. Draußen ist es trüb, in den Tälern hängen noch Nebelfetzen. Ich frühstücke mit Conny, dann bricht sie mit ihrem Hund auf. Ich kaufe noch ein und starte um neun. Es ist gutes Wanderwetter, der Weg ist angenehm und führt durch eine gegliederte Hügellandschaft. Aber es ist noch alles nass vom nächtlichen Regen. Zum ersten Mal seit Monistrol d'Allier laufe ich heute wieder in Stiefeln. Es geht, das Bein spielt mit. Was für ein Glück, dass ich bei dieser Feuchtigkeit nicht in Sandalen laufen muss und welch ein Glück, dass ich so lange bei Trockenheit in Sandalen laufen konnte, wie meine entzündete Sehne es gebraucht hat. Ich bin wirklich dankbar dafür. Unterwegs treffe ich ein paar Elsässer aus Straßburg, wir unterhalten uns kurz auf Französisch, dann in Deutsch über die besondere Situation des Elsass. Als der Weg dann abwärtsgeht, ziehen sie weiter. Abwärts geht es bei mir noch immer besonders langsam. Ich bin guter Stimmung und freue mich auf Conques und darüber, dass es heute nur 20 Kilometer sind und der Rucksack ohne die Stiefel und ohne die Regenjacke – ich habe sie an – leichter ist. Allmählich werden Wanderer und Pilger mehr. Das Gefühl, Teil einer Gemeinschaft zu sein, wird stärker. Eine Tafel am Weg macht Mut. Sie ist in Languedoc geschrieben und ich verstehe sie so: „Pilger oder Pilgerin auf dem Weg nach Compostela, am Ende wirst du den Stern sehen von St. Jakobus, dem Erleuchteten." Kurz vor zwölf treffe ich in Espeyrac ein, verweile kurz in der gotischen Kirche und stärke mich wieder einmal mit

Ich spüre schon beim Empfang, dass die Klosterherberge in Conques den Geist der alten Pilgertradition atmet.

einem Kaffee. Eine halbe Stunde später geht es hinaus in den Nieselregen. Der hindert nicht, löst keinen Widerstand aus. Mehr und mehr erreiche ich auf dem Weg die Einstellung: Es ist wie es ist.
Ich erreiche Conques um 16 Uhr, werde nach einer kurzen Befragung und Information im Kloster aufgenommen und bekomme einen Platz im Schlafsaal.
Ich spüre schon beim Empfang, dass diese Herberge den Geist der alten Pilgertradition atmet.
Das Abendessen ist französisch gut, vier Gänge, und ich genieße die Tischgemeinschaft. Neben mir ein kanadisches Ehepaar aus Quebec, das auch den Jakobsweg geht. Als Tischgebet singen wir das Ultreia-Lied: „Ultreia, Ultreia, et sus eia, deus adjuva nos." Um 20.30 Uhr Gebet mit den Mönchen in der Kirche mit dem Segen für die Pilger, die von hier aus weiterziehen nach Santiago. Auch ich bekomme den Segen. Das Ultreia-Lied, das wir vor dem Bild Mariens im linken Seitenschiff der hohen Kirche noch einmal anstimmen, rührt mich. Es ist für mich, obwohl ich es erst einmal beim Abendessen gehört habe, so, als hätte ich es schon viele Male in meinem Leben gesungen. Eine ganz merkwürdige Empfindung.

Danach spielt Frère Jean-Daniel, einer der Prämonstratensermönche, an einem großen Flügel Interpretationen verschiedener Lieder, darunter auch solcher aus Taizé. Ich sitze auf dem Sockel einer Säule und höre verträumt zu. Ich hätte ewig zuhören können. Oh Augenblick verweile, du bist so schön!
Anschließend eine Führung zum Tympanon des Kirchenportals, eindrucksvoll und humorvoll, obwohl ich nur etwa ein Drittel verstehe. Ein weiterer Höhepunkt: ein Orgelkonzert, bei dem die Kirche geheimnisvoll ausgeleuchtet wird. Oben, hoch über der Basis der Kirche im Rundgang die Kapitelle des unheimlich schönen und harmonischen Gebäudes. Ich sauge alles mit offenen Poren des Gemüts auf.

Überhaupt erscheint es mir, als sei bei der Pilgerreise zunächst ein Öffnen der Poren des Körpers an der Reihe gewesen. Schwitzen, Ausdünsten, alles auf der körperlichen Ebene loslassen. Jetzt – oder vielleicht auch gleichzeitig, ist das Öffnen der Poren der Seele an der Reihe. Die seelische Empfindsamkeit wird offen und kann alles aufnehmen. Das geschieht in dem Gefühl der Vergänglichkeit. Nichts kann auf später verschoben werden. Morgen werde ich schon woanders sein, übermorgen erst recht. Jetzt ist der Augenblick, sich berühren zu lassen. Ich lasse mich berühren, sauge die Eindrücke auf, lasse mich durchdringen. Voll innerem Reichtum kehre ich in den Schlafsaal zurück. Eine ruhige Nacht voller Glücksgefühl.

Dienstag, 26. Juni

Gegen halb sieben kommt Bewegung in den Schlafsaal, um sieben Uhr gibt es Frühstück. Ich gehe um acht noch zur Messe. Nur noch wenige Pilger sind da, die Mönche und einige freiwillige Helfer des Klosters. Ein dichter Gottesdienst, mitten im wirklichen Leben. Zum Schluss ein paar aufmunternde Worte des Priors an mich. Er hat sich von gestern gemerkt, dass ich auf dem Weg nach Santiago bin.

Ich verabschiede mich noch von den Elsässern, deren Weg hier heute zu Ende geht. Um neun Uhr breche ich auf.

Durch das Dorf hinunter ins Tal, an einer riesigen Bananenpflanze vorbei, dann über die fast 600 Jahre alte Brücke. Ein steiler, anstrengender Anstieg voll landschaftlicher Schönheit. Für einen Moment bei einer kleinen Kapelle mit dem Bildnis der heiligen Fides wird im Vorwärtsgehen der Blick zurück auf Conques möglich.

Es ist ein grauer Tag, Regen liegt in der Luft. Aber ich bin noch erfüllt von den Eindrücken des vorherigen Abends. Nichts kann mich trüben. Heute erscheint es mir, als ob alle äußeren Bedingungen, das Wetter, der Weg, wenn er schlecht und anstrengend wird, mein Inneres nicht wirklich berühren können. Die inneren Stimmungen fließen aus einer anderen Quelle. Es kommt mir vor, als sei in mir ein See von tiefer Freude entstanden, der diese Quellen speist. Das Äußere wird gleichgültig, nicht unwichtig, aber nicht mehr bestimmend.

Bald setzt stärkerer Regen ein, nun, dann laufe ich eben im Regen. In Nouillac lege ich um halb zwölf eine Pause ein, trinke Tee, unterhalte mich mit einem Paar aus Schwaben, das noch bis Figeac will und danach noch eine Woche Urlaub am Meer machen möchte. Dann geht es weiter. Ich bitte meinen Schutzengel, mich vor weiterer Nässe zu bewahren. Immer wieder heftige Regenschauer, aber der Pakt mit meinem Schutzengel funktioniert. Einmal finde ich eine kleine Holzhütte für eine Rast, kurz bevor heftiger Regen ausbricht, eine Stunde später eine Garage im Bau, später die Kirche von Agnac. So erreiche ich um 18.30 Uhr mein Etappenziel Livinhac, ohne durchnässt zu sein. Mich begrüßen vier Franzosen, mit denen ich in Conques beim gestrigen Abendessen an einem Tisch gesessen habe.

Sie zeigen mir den Gite. Fritz und Ulrike aus Bamberg sind auch schon da. Gestern waren sie auch in Conques in der Herberge. Wir essen zusammen zu Abend und teilen unsere Erlebnisse und Erfahrungen auf dem Weg bis spät in die Nacht. Ich habe ein Fünferzimmer für mich allein. Durchs Fenster scheint der beleuchtete Turm der Kirche von Livinhac. Tief zufrieden, müde, aber nicht im Mindesten ausgelaugt, gehe ich zu Bett.

Mittwoch, 27. Juni

Ich wache um halb sieben auf, gut ausgeschlafen, frühstücke mit zwei Franzosen, darunter Bruno, den ich in St. Chely zum ersten Mal getroffen habe und der auch in Golinhac mit mir in der Herberge war. Draußen regnet es leicht. Ich kaufe noch ein Brot und vor allem einen billigen Regenumhang, den es im Lebensmittelladen neben dem Gite gibt. Die Wirkung des Umhangs ist verblüffend. Von Minute zu Minute wird das Wetter besser. In Montredon, nach eineinhalb Stunden, kommt sogar die Sonne heraus. Der Weg ist leicht und angenehm, aber die Dörfer haben hier nicht den Charme wie in früheren Landschaften. Sie wirken moderner, aber dafür auch uniformer. Der Weg nach Figeac zieht sich lange hin. Irgendwie ist heute nicht mein stärkster Tag. Die linke Schulter schmerzt, ich habe Hunger, mache Rast, strebe weiter.

Ein kleiner Stopp in der Friedhofskapelle von Guirande. Der Chor aus dem 13. Jahrhundert zeigt wunderbare alte Fresken aus dem 14. Jahrhundert, darunter die symbolischen Darstellungen des Evangelisten Lukas, des Stiers und von Markus, dem Löwen. Diese wunderbaren kleinen Kirchen am Weg mag ich. Immer wieder geben sie einen Raum der Versenkung, des Innehaltens im ruhelosen Vorwärtsstreben, des Schutzes. Die Kraft des Gebets von Jahrhunderten wird erahnbar.

Schließlich erreiche ich gegen 17 Uhr Figeac, finde die Pilgerunterkunft im Karmel am linken Ufer des Célé, wo Fritz und Ulrike mir schon einen Platz reserviert haben. Herzlich werde ich empfangen, bekomme Tee und mein Bett. Ich freue mich, da ich merke, dass andere sich um mich kümmern und vorsorgen. Das tut mir gut.

Später gehe ich noch ins Stadtzentrum, lasse die lebendige Stadt mit ihren vielen gotischen Häusern auf mich wirken und kaufe ein paar Dinge für das gemeinsame Abendessen ein. Um 19 Uhr sitzen wir zusammen. Fritz hat Kartoffelsalat nach einem Bamberger Familienrezept fabriziert, die Belgierin aus Malmedy, die mich in Conques so aufmunternd begrüßt hat und ihre Begleiterin sind auch da. Sie sind von Belgien in mehreren Jahren in Etappen bis hierher gegangen und wollen noch weiter bis Rocamadour, einem Wallfahrtsort an einer nördlichen Variante des Jakobswegs. Dann kommt noch Francois, der aus dem französischen Grenzgebiet bei Genf stammt und nach Santiago will. Wir unterhalten uns lebhaft, speisen gut. Danach spüre ich erst richtig, wie erschöpft ich heute bin. Erträumt hatte ich mir einen gemütlichen Abend in einer Altstadtkneipe, aber die Realität sieht anders aus. Ich bin froh, um 21 Uhr ins Bett gehen zu können.

Das ist auch etwas, was mich der Weg lehrt: Nicht mein Wille geschehe, sondern das geschieht, was wirklich ansteht, zumindest wenn ich den Botschaften von Körper und Seele folge. Dann gibt es auch nicht das Gefühl, etwas versäumt oder verloren zu haben. Ich lerne vom Weg: Nur wenn wir uns an unsere Vorstellungen klammern, wenn wir nicht loslassen können und die innere Wirklichkeit nicht lenken lassen, sondern wenn wir unsere Vorstellungen und Konzepte aufrechterhalten, so wie wir denken, dass es sein soll, dann entsteht Leid, die Erfahrung von Verlust und fehlender Befriedigung. Im anderen Fall sind wir im Einklang mit der Wirklichkeit und innerlich stimmig. Ich schlafe ruhig und fest.

Immer wieder erinnern Jakobsstatuen in den Kirchen am Weg an das ferne Ziel, so wie hier vor dem Abzweig ins Célé-Tal.

Donnerstag, 28. Juni

Gut ausgeschlafen wache ich um 6.30 Uhr auf. Ich frühstücke mit Fritz und Ulrike und der Helferin, die freiwillig für eine Woche hier Dienst tut und sonst in einem Krankenhaus in Toulouse arbeitet. Während andere aufbrechen, hole ich mir noch Geld in der Stadt. Francois, den ich bei der Rückkehr beim Frühstück treffe, hilft mir zu der Entscheidung, doch durchs Célé-Tal zu gehen und damit eine nördliche Variante zum GR 65 nach Cahors zu nehmen. Mir ist das Tal sowieso ans Herz gewachsen, seit ich mit der Familie vor 20 Jahren zum ersten Mal da war und wo ich vor einem knappen

Jahr wieder Urlaub gemacht habe. Der Eindruck dieses Urlaubs war die Weichenstellung für die Entscheidung, den Jakobsweg zu gehen. Kurz nach neun breche ich auf. Es läuft heute gut, ca marche bien. Ich pilgere auf mir unbekannten und bekannten Wegen durch eine Landschaft, die mir vertraut ist. Kurz vor Brengues, es ist schon Abend, winkt mir Bruno vom Campingplatz zu.
„Plus loin?“, fragt er. Noch weiter?
„Ja“, rufe ich ihm zu.
Er erwidert: „Jusque à demain!“ Ja, bis morgen dann. Ich werde ihn sehen, er steht immer bald auf. In St. Sulpice, das ich mit angehenden Sehnenschmerzen am rechten Schienbein gerade noch rechtzeitig erreiche, ist der Campingplatz schon im Abendschatten, der Platz, den ich heute unbedingt erreichen wollte, weil meine Zeit hier vor etwa zehn Monaten so wichtig war für meine Entscheidung, den Jakobsweg zu machen. Ich baue das Zelt auf, pflege mein Bein, esse Käse und Brot und trinke Wein.

Es ist ein Hauch von Vergänglichkeit um die Situation. Ich werde jetzt am Abend ein paar Stunden hier sein, morgen noch ein paar, dann bin ich schon weiter. Ich esse ein besonders gutes Brot, morgen wird es gegessen sein. Alles ist so flüchtig. Das lehrt mich der Weg. Alles existiert nur einen Augenblick. Worauf ich mich gestern gefreut habe, jetzt ist es da, morgen ist es vorbei. In Figeac werden andere Pilger herzlich begrüßt, erleben die Tischgemeinschaft für einen Abend. Ich sitze hier auf dem Campingplatz, für den es mir wichtig war, heute über 30 Kilometer weit zu laufen, morgen werde ich weiterziehen. Mir kommt der Gedanke, dass die sesshafte Lebensweise uns Dauer und Beständigkeit vortäuscht. Nichts ist beständig. Oft denke ich mit Bedauern, wie schnell die Jahre der Kindheit meiner Tochter vorbeigegangen sind, ja, auch die 25 Jahre meiner Ehe ins Vergangene verschwunden sind. Was ist die Konsequenz daraus? Ganz offen für den Augenblick zu sein, das Erforderliche zu geben und zu nehmen. Zu wissen, dass es auf dem Weg des eigenen Lebens keinen Schritt zurück gibt, nur ein Vorwärts. Es ist ein Gedanke, der etwas Hartes, Konsequentes hat, eine gewisse Unerbittlichkeit. Wir wissen, wohin der Weg für uns letztlich führt, zum letzten Einwilligen in das Vorwärts, von dem es kein Zurück mehr gibt.
Heute bin ich einen Monat seit Bamberg unterwegs.

Freitag, 29. Juni

Um halb acht weckt mich Vogelgezwitscher. Ich frühstücke gut mit dem schmackhaften Holzofenbrot von gestern und breche nach zwei Stunden auf. Zunächst nehme ich die Straße am Fluss entlang bis Marcilhac sur Célé mit seiner Klosterruine. Während ich Kaffee trinke, tauchen zunächst Bruno und wenig später Francois auf, die ich gestern überholt habe. Sie ziehen weiter. Es ist schon zwölf Uhr vorbei, als ich den Berghang hinaufsteige. Oft geht es auf einem sehr schmalen Pfad zwischen Buchsbaumhecken hindurch, deren aromatischer Duft die Luft erfüllt, mal ist der Boden sehr steinig. Es gibt sehr steile Abstiege und lange Anstiege. Kurz, es ist ein hübscher Weg, aber langsam und meinem angeschlagenen rechten Bein nicht allzu bekömmlich. Ich habe wohl gestern doch etwas übertrieben. Heute muss ich es büßen. Sauliac sur Célé lasse ich aus und kürze auf einem Weg für Reiter zweieinhalb Kilometer ab. Vorbei geht es auch an Cusals, einem Museumsdorf.

Gegen Abend wäre ich gerne noch etwas weiter, aber meine Müdigkeit und mein rechtes Bein signalisieren klar: Schluss für heute! Ein Lied aus Jugendtagen, K. A. Christel hat es geschrieben, kommt mir in den Sinn:

> *„Die Dämmerung fällt, wir sind müde vom Traben.*
> *Die Straßen, sie haben der Steine gar viel.*
> *Lasst sie für heute allein.*
>
> *Es ist uns bestimmt, mit brennenden Füßen*
> *die Unrast zu büßen, die tags uns ergriff.*
> *Bald, Kameraden, ist Ruh.*
>
> *Wer weiß, wo der Wind uns morgen schon hinweht,*
> *wo keiner mehr mitgeht, der Bruder uns ist,*
> *bald sind wir alle allein.“*

Als ich den Gite bei Espinière erreiche und ihn mir etwas genauer anschauen will, kommt Francois aus dem Haus. Ich ziehe ein, wasche ein paar Sachen und plane die Route für morgen. Da kommt Bruno des Weges. Also haben wir drei die gleiche Zwei-Tages-Bilanz. Ich freue mich, die beiden wiedergetroffen zu haben. Der Ort, wo ich gerade bin, mitten in der Stille und Einsamkeit, ist zugleich die Geschäftszentrale von Cap Liberté, einem französischen Veranstalter von Mountainbikereisen weltweit, stellt Francois staunend fest. Sein Sohn hat kürzlich mit diesem Reiseveranstalter eine Tour in Südamerika unternommen.

Der Gite ist ungewöhnlich. Die Besitzerin hat ihre Privaträume, Wohnzimmer und Küche, den Gästen geöffnet. Nur Schilder an den entsprechenden Kühlschränken geben Hinweise, was privat und was öffentlich ist. Mich rührt das tief an. Weiß ich doch, wie schwer es mir selbst fällt, andere in meinen Privatbereich eindringen zu lassen. „My home is my castle“ ist ein Satz, der gut zu mir passt. Hier diese Offenheit, diese Gastfreundschaft. Als ich später noch darüber nachdenke, kommt mir ein modernes Kirchenlied in den Sinn, das ich dann innerlich für mich aufklingen lasse: „Meine engen Grenzen, meine kurze Sicht bringe ich vor dich, wandle sie in Weite, Herr, erbarme dich.“

Der Schlafraum ist im Dach einer früheren Scheune. Der alte, grob behauene Dachstuhl ist sichtbar und gibt dem Ganzen eine wohnliche und gemütliche Atmosphäre. Wir essen zu dritt im Freien. Bruno zeigt auf seiner Kamera die Bilder, die er vom Museumsdorf gemacht hat. So bekomme ich doch noch einen schönen Eindruck davon. Anschließend wird es bald kühl und alle gehen gegen 22 Uhr ins Bett. Es ist immer noch nicht ganz dunkel.

Samstag, 30. Juni

Gegen 6.30 Uhr werde ich wach. Bruno, der als Erster aufgestanden ist, hat schon Kaffee gekocht.

Wir frühstücken gemeinsam. Kaffee, Saft, gutes Landbrot mit mindestens sieben verschiedenen Marmeladen, Milch, Butter – eben wie Gott in Frankreich.

Dann geht es weiter. Bruno ist als Erster weg, nicht jedoch bevor wir Adressen ausgetauscht haben. Für ihn ist die Pilgerreise in Cahors zu Ende, seine Arbeit ruft ihn wieder.

Ich starte wenig später. Es ist erst halb neun. So früh bin ich schon lange nicht mehr weggekommen, dazu gut ausgeschlafen und verpflegt und außerdem von Francois noch ausgerüstet mit einer Heilfolie für mein schmerzendes Schienbein. Francois, der wohl kurz nach mir aufgebrochen ist, holt mich bald ein. Wir laufen bis Pech Merle zusammen. Dort trennen sich unsere Wege. Er möchte sich auf meine Anregung hin die höchst wertvollen Höhlenmalereien anschauen. Ich habe

sie im letzten Urlaub vor zehn Monaten wiedergesehen und so begeistert davon erzählt, dass beide, Bruno und Francois, sie sich anschauen werden. Man sieht Mammuts, Pferde, Hände und sogar einen authentischen versteinerten Fußabdruck eines Steinzeit-Jugendlichen. Da ich mich entschieden habe, sie diesmal nicht anzusehen, verabschieden wir uns. Ich will auf einer winzigen Landstraße auf dem Höhenrücken oberhalb des Célé- und des Lot-Tales wandern und St. Gély oder Le Vers ansteuern.
In Le Vers komme ich um 13 Uhr an, kaufe Brot und gönne mir zwei köstliche schokoladengefüllte Krapfen, welche die verbrauchte Energie sofort zurückbringen. Im Ort gibt es einen Campingplatz. Aber jetzt, nach nur 17 Kilometern schon Schluss machen? Nein! Also gehe ich weiter, überquere auf einer engen Brücke den Lot und wandere entlang der schmalen Straße Richtung Arcambal. Das Sträßchen hat praktisch keinen Autoverkehr, schlängelt sich durch Wald und unter steilen Felsen entlang und gibt gelegentlich Blicke frei auf den Lot und sein Felsenufer. Eine wunderbare Landschaft, die mich etwas an den Donaudurchbruch bei Weltenburg erinnert. Eidechsen huschen an den Felsen entlang, einmal fliegt mich ein Hirschkäfer an, dem ich mich kaum erwehren kann. Als endlich ein altes Haus auftaucht, mache ich Rast, schreibe ein wenig und fülle meinen Wasserbedarf auf. Um halb drei laufe ich weiter. Es geht mir gut, aber ich weiß, dass ich aufpassen muss. Mein Bein ist dank der Heilfolie, die mir Francois gegeben hat, ohne Beschwerden. Ich fühle mich noch kräftig. Doch gerade an solchen Tagen neige ich zum Übertreiben. Diesmal will ich achtsamer sein als vorgestern.
Kurz nach der Rast zweigt ein noch schmaleres Sträßchen rechts ab, das hoch über dem Lot-Tal durch Eichen- und Buchsbaumwälder führt. Unten auf dem dunkelbraunen Wasser des Flusses ziehen Ferien-Hausboote vorbei. Schließlich erreiche ich Arcambal auf der Hälfte der Strecke von Vers nach Cahors, mache Rast in einem Straßencafé und trinke ein Bier.

Ab und zu ist es gut zu rasten, da ich manchmal erst in der Ruhe merke, wie erschöpft ich bin. Beim Laufen stellt sich ein Trott ein, der die Wahrnehmung dafür trübt. Der Wirt, als er hört, dass ich nach Cahors will, bietet mir an, mich mit dem Auto hinzufahren, neun Kilometer. Ohne zu überlegen lehne ich ab. Es ist mein Vorsatz, keinen Kilometer in Richtung des Weges anders als zu Fuß zurückzulegen.

Je weiter der Tag fortgeschritten ist, desto heißer ist es geworden. Schaffe ich die neun Kilometer noch? Ich denke schon! Also geht es weiter. Bald hinter Arcambal führt die rot-weiße Markierung direkt an den Lot und es geht auf einem verwunschenen Uferpfad, der dem Märchenbuch entsprungen zu sein scheint, unaufhörlich vorwärts. Er ist angenehm zu laufen, trockener, aber federnder Erdboden.
Ein alter Mann, der gerade seine Felder versorgt, spricht mich an. Er ist 86 Jahre alt, erzählt, dass er in Auschwitz deportiert gewesen sei und dann als 23-Jähriger 200 Kilometer marschieren musste, als die Russen näher rückten. Er erzählt von einem jungen Deutschen, der in seinem Dorf Deutschunterricht gibt, von seinem Sohn, der auch Deutsch gelernt hat. Er spricht von der traurigen und blutigen Geschichte von Frankreich und Deutschland und dass es wichtig sei, dass sich die Menschheit weiterentwickle. Er spricht von Adenauer und de Gaulle, die gezeigt hätten, dass die Völker sich trotz der Geschichte verstehen können und davon, dass wir Menschen, so unterschiedlich wir auch seien, im Grunde in unserer Menschlichkeit gleich sind. Dann wünscht er mir bon courage für meine Pilgerreise und verabschiedet sich mit einem Handschlag. In Gedanken über diese Begegnung laufe ich weiter.

Kurz vor Cahors endet der Uferweg, der bisher am Lot entlangführte, wird betonierte Straße. Jetzt spüre ich plötzlich mein rechtes Schienbein, langsamer erreiche ich schließlich den Campingplatz, der etwa einen Kilometer lotaufwärts liegt. Ich baue auf, esse ordentlich. Dann reitet mich doch noch der Teufel. Um halb zehn laufe ich noch einmal nach Cahors hinein, schaue mir die nächtliche Stadt an, die den Charme aller alten Städte an einem warmen Sommerabend hat. So kann man leichter darüber hinwegsehen, dass die meisten Häuser der Altstadt einen etwas renovierungsbedürftigen Eindruck machen. Für einen Samstagabend bei 23 Grad ist es vergleichsweise ruhig. Ich spüre mein Bein immer mehr und humple gegen Mitternacht zurück zum Campingplatz. Also mindestens 35 Kilometer gelaufen heute. Ganz vernünftig werde ich wohl nie!

Sonntag, 1. Juli

Um halb acht wache ich auf. Heißluftballons, Montgolfieren, wie sie in Frankreich heißen, sind direkt über dem Platz, zum Teil so tief, dass man meint, sie bleiben an den Bäumen hängen. Ihre Heizflammen rauschen vernehmlich. Ja, das habe ich auf einem Plakat in Figeac gelesen, dass es an

diesem Wochenende ein Treffen von 40 Montgolfieren gibt. Hier also erlebe ich das ganz nah. Ich bestaune das sanfte Gleiten eine Zeit lang. Dann gibt es Frühstück und um halb zehn ist Aufbruch. Keine schlechte Zeit für eine Nacht im Zelt.
Ich durchquere die Stadt. Sie liegt noch im Sonntagsvormittagsschlaf. Wenige Leute sind unterwegs. Im Dom, in dem ich kurz verweile und dessen farbige Glasfenster ich bewundere, spielt die Orgel. Vor dem Dom ein paar Obst- und Gemüsehändler. Dann geht es zur Valentré-Brücke, dem Wahrzeichen der Stadt mit ihren drei die Brückenbreite überspannenden Wehrtürmen. Diese Brücke ziert den Wanderführer, der mich seit Tracol gut informiert. Ein paar Touristen sind unterwegs, bestaunen den Pilger. Ich glaube, ich werde sogar von hinten fotografiert. Am Beginn des Steilaufstiegs am anderen Ende der Valentré-Brücke ein Schild. 1184 Kilometer bis Santiago. Also 59 1/5 Tage. Ich habe noch 59 Tage, also bin ich jetzt ganz dicht dran an meinem Zeitrahmen. Endlich! Jetzt brauche ich nicht mehr als knapp über 20 Kilometer täglich zu laufen, oder, wenn mehr, hole ich Ruhezeit herein. Ich merke, wie mich diese Rechnung beruhigt. Ich werde, wenn alles so weiterläuft, wirklich den ganzen Weg laufen können.
Der Anstieg zum Aussichtspunkt oberhalb der Brücke ist hart, dann geht es nur leicht ansteigend weiter. Mir fehlt mein Morgenkaffee, ich komme nur sehr langsam voran. Vielleicht habe ich mir gestern wieder einmal zu viel zugemutet. Der Weg schlängelt sich um eine Autobahn herum, scheint mal vor und wieder zurück zu gehen, was nicht dazu beiträgt, dass ich das Gefühl habe, beim Laufen wirklich voranzukommen. Der Tag ist trüb, der Himmel verhangen, nur ein merkwürdig gedämpftes Licht, das absolut nicht zulässt, auch nur zu schätzen, wie spät es sein könnte oder wo die Sonne soeben steht. So sind bei uns Novembertage. Um halb drei erreiche ich Labastide-Marnhac, lange ausgeschildert, heiß ersehnt. Wasserhahn an der Kirche, Klo am Ortsrand, ein neues Bürgermeisteramt mit großer Aufschrift „Liberté, Egalité, Fraternité", dem Leitgedanken der Französischen Revolution von 1789 – aber keine Bar, kein Café. Also trinke ich Wasser und schleiche langsam weiter. Der Rucksack ist schwerer als sonst. Eine halbe Flasche Wein von gestern ist noch drin, das Zelt ist nass von einem kurzen nächtlichen Schauer und mein Jeanshemd, gestern gewaschen, hängt noch ziemlich feucht und schwer außen dran.
Irgendwann habe ich keine Lust mehr. Bei einer Rast mitten auf einem abgeernteten Feld kommt der Wein dran. Die leere Flasche bleibt ver-

Der Blick vom Steilaufstieg zurück zur Valentré-Brücke von Cahors. Jetzt sind es noch 1184 Kilometer nach Santiago.

waist zurück. Das Jeanshemd ziehe ich an. Es soll am Körper trocknen und das tut es schließlich auch.

Kurz vor Hospitalet werde ich doch noch mit einem Kaffee gestärkt. Ein Landwirt hat Kaffee- und Kaltgetränke-Automaten und Sitzbänke für die Pilger aufgestellt. Pilger? Heute scheine ich der einzige zu sein. Nur Fußspuren an den feuchten Wegstellen zeigen, dass auch sonst noch Leute hier laufen. Ich gehe weiter bis Hospitalet – und merke, dass ich falsch bin, die Markierung dieser Alternativstrecke in Gegenrichtung gelaufen bin. Nach Lascabanes, wo ich hinwill, waren es vorhin achteinhalb Kilometer, jetzt sind es wieder über zehn. Ein schönes, rosenumranktes Feldkreuz am Rande des Ortes belohnt den Umweg. Ansonsten sehe ich nur zwei Jugendliche, die den Pilger, der mal hierhin und mal dorthin läuft, verwundert ansehen.

Allmählich wird die Landschaft schöner, erinnert mich mit ihren steinigen Feldern ein wenig an die Fränkische Schweiz, in der ich gerne wandere. Der Himmel hellt etwas auf. Fünf Kilometer vor Lascabanes habe ich endgültig keine Lust mehr. Das rechte Bein macht sich wieder bemerkbar und will Ruhe, der ganze Pilger auch. In der Heidelandschaft neben dem Weg finde ich leicht einen Platz, wo ich ungesehen das Zelt aufbauen kann. Um halb sechs ist es fixiert, ganz aufgebaut wird es erst kurz vor der Dunkelheit. Der gemütliche Teil des Tages kann beginnen. Gelaufen bin ich heute mindestens 21 Kilometer, laut Führer aber nur 17 Kilometer vorangekommen. Aber das lässt sich leicht aufholen. Immerhin habe ich noch fast zwei Drittel des Pilgerweges vor mir.

Montag, 2. Juli

Ich wache um sechs Uhr auf, frühstücke. Doch dann merke ich, dass ich mich noch sehr müde fühle.

Also schlafe ich noch eine Runde. Kurz vor neun Uhr wache ich erholt auf. Um zehn Uhr breche ich auf.

Nach eineinhalb Stunden ist Lascabanes erreicht, wo ich mir meinen Stempel für gestern besorgen will und etwas einkaufen. Aber das Bürgermeisteramt und auch der Gite mit seiner Epicerie sind zu. Um 13 Uhr öffnet er, heißt es. Soll ich warten? Immerhin gibt es Getränkeautomaten, aber ich habe kein Münzgeld. Zum Glück kommt ein Schweizer Pilger, der den Weg in Genf angefangen hat und bis St. Jean Pied de Port will, und kann wechseln. Während ich eine Cola trinke, mir dann die Kirche und den Ort ein wenig anschaue, hat der Gite schon offen. Ich kaufe Schokoladenplätzchen und Bananen, wovon ich einen Teil gleich esse.

Um ein Uhr geht es dann weiter. Montquc umgehe ich. Der Weg führt vorbei an Getreidefeldern, von denen die ersten schon abgeerntet sind, an Sonnenblumenfeldern, in denen die ersten Exemplare schon ihre Blüten in die Sonne halten, an Wein, an Mais, der hier teilweise schon hoch steht. Vereinzelt sieht man Feigenbäume, in den Wäldern häufig Steineichen. Es sieht nach fruchtbarem Land aus und ähnelt dem Steigerwaldvorland, kommt mir also sehr vertraut vor. In der Nähe von Montlauzun kommt dann ein Bauernhof, der eigene Produkte und Kaffee anbietet. An Letzterem stärke ich mich für die restlichen gut zwei Stunden bis Lauzerte. Kurz vor halb acht erreiche ich das Ortsschild, kann gerade noch im Supermarkt reichlich für den Abend einkaufen und suche dann den Campingplatz.

Ich finde einen Wohnmobilstellplatz mit Wasser und Toiletten und einer schön gemähten Wiese an einem kleinen Flüsschen mit Wasserfall, wo ich mein Zelt aufbaue, genüsslich und gut speise und dann ungestört und kostenfrei bis zum nächsten Morgen schlafe. Beim Einschlafen denke ich noch mal nach über heute und stelle fest, dass es – seelisch betrachtet – ein recht ereignisloser Tag war und wie wichtig es gleichzeitig ist, beim Pilgern gut für das körperliche Wohlergehen zu sorgen.

Dienstag, 3. Juli

Um 7 Uhr wache ich auf, kurz nach neun ist Aufbruch. Rekord für eine Nacht im Zelt. Dann steige ich erst einmal den steilen Hügel nach Lauzerte hinauf, um Kaffee zu trinken und mir meinen Stempel zu holen. Alles finde ich am zentralen Platz an der Kirche. Dort gibt es auch Pilger, darunter eine französische Schulklasse. Aber auch ein paar ältere, hochnäsig auf die Pilger herabblickende englische Touristinnen, die dem alten Film „Arsen und Spitzenhäubchen" entsprungen sein könnten. Ich lasse mir Zeit, erledige Post, schaue mir zwischendurch die Kirche an, die mich nicht beeindruckt, und breche um zwölf Uhr auf. Der Weg ist heute gut, oft trocken und erdig, die Landschaft fruchtbar wie gestern. Für die neuneinhalb Kilometer bis L'Auberge de l'Aube Nouvelle brauche ich trotzdem dreieinviertel Stunden.
Um Notizen zu machen, kehre ich ein, trinke Kaffee im Garten mit viel Vogelgezwitscher.

Heute beeinträchtigen mich heftige Zahnschmerzen. In meinem Leben bin ich davon bisher sehr verschont geblieben. Nur einmal, auch auf einer Reise, vor 15 Jahren, hat sich einer meiner Zähne gemeldet. Ich erinnere mich, ihn mit Pfefferminzöl behandelt zu haben, bis er schließlich nach einer Woche aufgegeben hat, mich zu peinigen. Ich hoffe, es gelingt mir auch diesmal, denn sonst kann das heiter werden – ich bin noch fast zwei Monate unterwegs. Irgendwo zu einem Zahnarzt zu müssen, den ich nicht kenne, ist mir ein Gräuel und ich verdränge den Gedanken daran. Also versuche ich es mit einer leichten Schmerztablette und dem bewährten Mittel. Ich will mir ja nicht den Tag verderben lassen.

Kurz hinter dem Hotel stoße ich auf Durfort-Lacapellette. Zum ersten Mal bin ich unzufrieden mit meinem Wanderführer. Hätte ich gewusst, dass es nur noch ein halber Kilometer zu dem Ort ist, hätte ich ihn gleich angesteuert, hier Rast gemacht und mir den zwar freundlich servierten, aber völlig überteuerten Café au Lait im Hotel gespart. Also kaufe ich ein, auch Pulverkaffee in kleinen Tüten, um die ständige Café-Geherei, die ins Geld geht, etwas zu reduzieren. Am Kriegerdenkmal halte ich Rast.

Die Wegführung am Ende des Ortes ist verwirrend, ich stolpere über abgemähte Wiesen und Felder, kehre zur Straße zurück, von der ich abgebogen bin.
Irgendwie ist zurzeit der Wurm drin. Ich komme nicht gut voran, und, ich kann es nicht anders sagen, Moissac, die nächste größere Stadt, zieht mich nicht. Das mag daran liegen, dass sie auf der Landkarte nach vielen Straßen und Verkehr, Autobahn und Industrie aussieht. Erst als ich lese, dass die Abteikirche mit Kreuzgang Weltkulturerbe ist, hellt sich das Bild wieder etwas auf. In St. Martin de Durfort fängt es dann auch noch zu regnen an, das in Livinhac erworbene Regencape „Made in China" zerreißt schon bei seiner ersten Bewährungsprobe und landet im nächsten Müllcontainer. Der Regen ist leicht und dünn, ich lasse das Jeanshemd an, das sich langsam vollsaugt, und kämpfe mich auf einem Trampelpfad neben der Landstraße entlang.
Als der Weg endlich abzweigt, sehe ich Chancen für einen Zeltaufbau, aber außer sumpfigen Wiesen und eindeutigem Privatgelände ist nichts zu finden. Der Weg steigt wieder, führt zu einer kleinen Straße; Bauernhöfe, ein Wald. Überall Schilder: „Privée. Defense d'entrer!" Wegen der dichten Bewölkung ist es fast dunkel. Ich bin gespannt, wie der Tag endet, aber ohne innere Unruhe. Endlich, als ich die Aussicht auf eine Zeltmöglichkeit schon fast aufgegeben und mich auf eine Nachtwanderung eingestellt habe, kommt an der Straße ein Lagerplatz für Sand und Kohlenstaub, hoch aufgeschüttete Hügel. So sieht es jedenfalls aus. Als ich näher komme, sehe ich, dass es Sägemehl ist, wohl von einer Holzhandlung oder Schreinerei hier aufgeschüttet. Einige der Hügel sind frisch, andere, wohl an der Oberfläche einmal angezündet gewesen, schwarz wie Kohle. Um sie herum hüfthohes, verkrautetes Gras. Schuhe und Hose sind klitschnass, bis das Zelt endlich steht, gut gegen Sicht geschützt und mit einem weichen Polster von dickem Gras unter dem Boden. Es ist neun Uhr. Ich esse zu Abend, reichlich ausgestattet wie ich bin, und genieße die weiche Unterlage.
Ich staune über mich selbst, wie wenig Sorgen ich mir gemacht habe, als keine Übernachtungsmöglichkeit in Sicht war. Das innere, mit Mut- und Hoffnungslosigkeit gefüllte Gefäß scheint ausgeschüttet und sein alter Inhalt wirklich losgelassen zu sein. Jetzt füllt es sich allmählich mit etwas Neuem: mit Vertrauen ins Leben.

Mittwoch, 4. Juli

Als ich um sieben Uhr im Zelt aufwache, regnet es leicht. Also langsam frühstücken. Der Regen verstärkt sich, draußen ist alles dunkelgrau.

Ich fasse den Entschluss, notfalls zu warten. Ich vervollständige meine Notizen, schaue mir die Landkarte an und merke, dass der Wanderführer nach Moissac eine Strecke von fast zehn Kilometern entlang des Treidelpfades am Garonne-Seitenkanal empfiehlt, was ich sehr attraktiv finde.

Kurz nach halb neun kommt die Sonne durch. Jetzt also zusammenpacken und los. Schon nach wenigen Hundert Metern treffe ich am Kirchlein von St. Espis auf einen älteren französischen Pilger aus Marseille, der in diesem Jahr die Etappe von Conques bis Moissac macht, jetzt also bald am Ziel ist. Wir laufen ein paar Kilometer miteinander. Kurz vor dem Ortsschild von Moissac trennen wir uns, er macht Pause, ich laufe weiter.

Der Weg führt dann durch das, was heute die Ankunft in Städten hässlich macht: Autowerkstätten, Bau- und Gartenmärkte, Einkaufshallen, Industrieanlagen. Nach einer halben Stunde werden die Läden kleiner. Was mir auffällt, ist der Gestank der Autos. Nach so vielen Tagen in der

Der alte Treidelpfad am Kanal, der Atlantik und Mittelmeer verbindet, ist Rad- und Pilgerweg zugleich. Eine lange Strecke im Schatten alter Platanen.

Natur riechen die Abgase penetrant. Sicher ist das zu Hause auch so, aber hier merke ich den Kontrast. Dabei ist es sogar windig, die Abgase müssten eigentlich weggeblasen werden. Eineinhalb Stunden nach dem Aufbruch erreiche ich das frühere Kloster im Herzen von Moissac.

Das Erste, was mir in die Augen sticht, ist das riesige Tympanon mit Christus im Zentrum und den 24 Weisen aus der geheimen Offenbarung des Johannes, in den Ausmaßen noch größer als das in Conques, wenn auch einfacher strukturiert. Dann betrete ich den Kreuzgang. Ich habe wirklich schon viele romanische Kreuzgänge gesehen, aber was die Größe betrifft, noch keinen wie diesen. 76 Arkadenbögen, jedes Kapitell reich geschmückt, das ist ein tiefer Eindruck. Wie muss es erst den Pilgern vergangener Jahrhunderte gegangen sein in einer Zeit, die nicht so voller Bilder war wie die unsere, wenn sie nach tagelanger Pilgerschaft durch die Natur und nichts als Natur dann auf diesen darstellenden Reichtum trafen. Sie, mit den biblischen Themen wahrscheinlich vertrauter als die meisten von uns, fanden in den Darstellungen eine Bibliothek in Bildern vor. Ich staune und schaue, steige auch in den Turm der Kirche, dessen Bogenstreben mich faszinieren. Erst nach zwei Stunden trenne ich mich

Der Kreuzgang von Moissac, jedes Kapitell reich gestaltet: eine Bibliothek in Bildern.

von dieser Schönheit. In der Kirche hat mich noch eine Darstellung der Flucht nach Ägypten aus der Gotik beeindruckt.
Mir kommt dabei eine Begegnung in den Sinn, die ich einmal in der Wüste in Tunesien hatte. Mitten in der öden Landschaft hatte ich nachts neben dem Auto geschlafen. Beim Aufwachen im allerersten Morgenlicht kommt plötzlich ein Mann vorbei, der einen Esel führt. Auf dem Reittier eine verhüllte Frau mit einem kleinen Kind. Ein Bild wie aus der Bibel.

Dann kommt ein schöner Weg entlang des Canal entre les deux meres, der Atlantik und Mittelmeer verbindet. Der frühere Treidelpfad ist als Fahrradweg ausgebaut und führt auf lange Strecken im Schatten alter Platanen. Ich liebe alte Kanäle und Flüsse, erfreue mich an den Hausbooten, die ab und zu vorbeikommen und laufe zügig und in bester Stimmung. Was mich der Weg mehr und mehr lehrt, ist, eine innere Freude an den Dingen zu gewinnen, die erhalten bleibt, auch wenn mal wieder Schmerzen auftauchen. Wach und doch gleichzeitig im Gehtrott komme ich voran und trenne mich um sechs Uhr mit leisem Bedauern in Pommervic vom Kanal. Nachdem es dort, anders als ein Schild verkündet, doch keinen Campingplatz gibt, laufe ich noch nach Espalais und überquere auf einer eindrucksvollen Hängebrücke den wohl mächtigsten Fluss der Pilgerreise, die Garonne. Auf meine Frage am anderen Ufer, der „Unterstadt" von Auvillar, nach einem Campingplatz verweist mich eine nette Madame auf die parkartige Uferwiese und auf den Wasserhahn neben der Vierge, einer Marienstatue mit Jesuskind, ganz in Weiß und überlebensgroß, die mitten in dieser kleinen Parkanlage steht. „Bleiben Sie doch einfach hier, das ist kein Problem", lädt sie mich ein.

Ich baue mein Zelt fast unter der Brücke auf und bin froh, den Abend direkt an der Garonne verbringen zu können. Wie gesagt, ich liebe Flüsse. Immer wenn ich das leise Rauschen und Gluckern der Strömung höre, erinnere ich mich an den Fährmann Vasudeva aus Hesses „Siddharta", der die Weisheit seines Alters aus den vielen tausend Stimmen des Flusses geschöpft hat. „Der Fluss weiß alles und du kannst alles von ihm lernen", sagt er einmal zu Siddharta. Der Fluss hat ihn gelehrt, dass es keine Zeit gibt, nur ein einziges Jetzt. Und dass der Strom alle zehntausend Stimmen der Schöpfung in sich vereint und alle in einem einzigen Laut zusammenklingen, dem heiligen „Om". Dann lausche auch ich mit besonderer Hingabe.

Donnerstag, 5. Juli

Der Verkehr auf der Brücke weckt mich bald, aber ich breche dennoch erst um zehn Uhr auf. Es sind starke Zahnschmerzen, die mich lähmen. Vom Garonneufer steige ich hinauf nach Auvillar, einem hübschen Städtchen mit einem Platz in der Mitte, auf dem eine runde Markthalle steht. Dort stehen Tische mit Gläsern, irgendein Fest wird vorbereitet. Plötzlich taucht Militär auf und es stellt sich heraus, dass um elf Uhr irgendeine militärische Kommandoübergabe feierlich zelebriert wird, und zwar gleich nebenan auf der Aussichtsterrasse hoch über der Garonne. Das will ich mir anschauen, obwohl Militär an sich wirklich nichts ist, was mich hinter dem Ofen hervorlocken kann. Ich nutze die Zeit, hole mir meinen Stempel, schaue mir die Kirche an und dann geht es schon los.

Musik aus der Stereoanlage, aber die Soldaten sind echt. Ein kompliziertes Ritual, jeder Schritt, jeder Handgriff eingeübt. Zwei Soldaten bekommen Orden. Immer wieder „Stillgestanden!“, „Präsentiert das Gewehr!“, „Rührt euch!“ Akkurat, zackig. Außer den Befehlen kein Laut. Das Ganze mit fast religiösem Ernst. Kaum ist das Ritual vorbei, verwandeln sich die Marionetten wieder in wirkliche Menschen, unterhalten sich freundlich mit den Leuten und untereinander.

Ich ziehe los, andere Pilger auch. Bardigues ist bald erreicht und schon um zwei Uhr bin ich in St. Antoine, genannt nach dem heiligen Antonius, dem Eremiten aus dem 4. Jahrhundert. Das Kirchenportal hat mozarabischen Einfluss, die Innenbemalung erinnert mich an die kleinen Kirchen in Norwegen. Weiter geht es durch eine fruchtbare Landschaft, die Getreideernte ist zum Teil schon abgeschlossen, zum Teil in Gang. Es ist sonnig und warm. Flamarens beeindruckt mit einer Kirchenruine. Der Bürgermeister, so heißt es auf einer Informationstafel, würde sie gerne wieder aufbauen und bittet um Spenden für die enormen Kosten. Eine nette Frau in der Nähe fragt mich, ob ich Wasser brauche. Ich bin aber noch gut versorgt. Wegen des schönen Wetters und weil es vor Miradoux einen kleinen Campingplatz gibt, mache ich früher Schluss und wasche mal gründlich Socken, T-Shirt, Jeanshemd und auch mein Nacht-T-Shirt und hoffe, dass ich morgen alles trocken einpacken kann. So ist um halb sechs Schluss für heute, ungewohnt früh für mich. Fast schon das Gefühl von Ruhetag.

Freitag, 6. Juli
Nachdem ich aufgewacht bin, gilt mein erster Blick der Wäsche von gestern. Sie ist trocken! Herrlich, keine feuchten Wäschestücke am Rucksack! Ich packe langsam ein, um halb zehn ist Aufbruch. Nach eineinhalb Kilometern ist Miradoux erreicht. Dort das übliche Ritual: Stempel holen, Kirche anschauen – wieder einmal eine Jakobusstatue –, einkaufen, zweites Frühstück. Um halb elf geht es weiter.
Ein sonniger, klarer Tag mit freiem Blick. Ganz fern am Horizont sind erstmals die Berge der Pyrenäen zu sehen mit den teilweise schneebedeckten Spitzen. Ich spüre so etwas wie eine Sehnsucht. Dahinter, weit, weit entfernt liegt Santiago.
Felder, eine Burgruine. Der Chemin St. Jacques scheint neu angelegt, um die Straße zu vermeiden. Hunderte von frisch gepflanzten Büschen und Bäumen am Rande, wenn sie groß sind, wird es ein schattiger Weg werden. Bald ist Castet-Arrouy erreicht, ein hübscher Flecken mit einem kleinen Rastplatz vor der Kirche. Zwei Pilgerpaare kommen, während ich Rast mache.

Es könnte ein herrlicher Tag werden, wenn die Zahnschmerzen nicht wären. Immerhin habe ich ein neues Gegenmittel gefunden. Wenn ich den Mund ständig anfeuchte, ist der Schmerz vorübergehend fast weg. Also trinke ich ständig fingerhutweise aus der Wasserflasche. Wer weiß, wie lange das so weitergeht. Auch auf diese Weise komme ich voran.
Während des Laufens sinne ich über die Bedeutung und Wirkung aller Schmerzen auf dem bisherigen Weg nach. Einerseits wird mir klar, dass sie meine Aufmerksamkeit zu meiner Körperlichkeit lenken, den achtsamen Umgang mit mir selbst einfordern. Andererseits merke ich, dass sie meinen Willen, meine Entschlossenheit, vorwärtszukommen, nicht wirklich beeinträchtigen. Sie bremsen mich zwar, aber aufhalten können sie mich nicht. Sie werden zu einer normalen Begleiterscheinung des Weges, genau wie Müdigkeit, Erschöpfung, Hunger, Hitze, Regen, Steigungen und Abstiege. So wie alle diese Umstände kommen sie und gehen auch wieder.
Nichts Äußerliches und auch nichts auf der Ebene der bedingten Emotionen hat Dauer und Beständigkeit, alles ist im steten Wandel auf dem Pilgerweg. Ich spüre auch, wie viel ich eigentlich aushalten kann. Am meisten staune ich darüber, dass die Schmerzen die innere Freude, die ich in mir mehr und mehr wachsen spüre, nicht wegwischen können. Immer

mehr kann ich die Vorstellung aufgeben, dass das Leben pflegeleicht und angenehm sein muss, um im Herzen froh zu werden.

Entlang geht es an Feldern, kleinen Bachläufen mit Baumreihen, zwischen Hecken, vorbei an Sonnenblumen, manche Felder in voller Blüte, andere noch grün. Gegen vier Uhr ist der Ortsrand von Lectoure erreicht, die Wasserflasche fast leer. Am Friedhof mache ich Rast, esse fast eine ganze Tafel Schokolade und merke, dass ich doch ordentlich müde bin, obgleich ich nur knapp 17 Kilometer gelaufen bin. Aber die Sonne tut ihre Wirkung, es ist nach der Hitze von St. Chamond der erste wirkliche Sommertag. Also beschließe ich, erst einmal zur Kathedrale zu gehen, wo freitags ab 16 Uhr ein Pilgerempfang sein soll, und dann weiterzusehen. Für einen Ort mit 4000 Einwohnern ist die Kathedrale gewaltig und einem Bischofssitz würdig. Tatsächlich war der Ort bis zur Französischen Revolution Bischofssitz gewesen. Am Eingang der Kirche finde ich einige Damen und Herren, die mich als den ersten Pilger des heutigen Tages empfangen. Sie fragen nach dem Woher und Wohin, bieten Getränke und Plätzchen an und sind aufgeschlossen und herzlich. Bald kommen weitere Pilger, darunter Francois, den ich zuletzt bei Pech Merle gesehen habe.
Als das Empfangskomitee hört, dass ich im Zelt schlafen will, erklären sie, dass der Campingplatz drei Kilometer abseits des Weges läge. Madame Mariethèrese schlägt mir vor, doch in ihrem Garten mein Zelt aufzubauen. So verbringe ich mit ihr, ihrem Mann Roger und Jean, einem Freund der beiden, der auch beim Pilgerempfang engagiert war, einen wunderbaren Abend auf der Gartenterrasse mit einem köstlichen Menü. Wir unterhalten uns über das Pilgern und Wandern, über Bamberg, die Normandie, wo die Gastgeber ursprünglich herkommen, über die deutsch-französische Freundschaft und den Krieg, den Jean, der älteste meiner Gastgeber, noch als Junge in Le Havre erlebt hat. Eine seiner Töchter ist jetzt in Deutschland verheiratet und lebt im Ruhrgebiet.

Gegen zehn verabschiede ich mich mit dem Gefühl, dass mir der Jakobsweg heute wieder eine wichtige Lektion zum Thema Gastfreundschaft gegeben hat. Erstaunt stelle ich fest, dass meine Zahnschmerzen fast völlig verschwunden sind. Ich verbringe eine ruhige Nacht im Garten.

Samstag, 7. Juli

Sieben nach sieben, wie es sich für einen Tag mit so vielen Siebenern gehört, wache ich auf. Das Frühstück ist schon vorbereitet, Marietherese und Jean frühstücken mit und wir unterhalten uns so gut, dass es halb zehn wird, bis ich loskomme. Um zehn habe ich schließlich den Ortsrand von Lectoure erreicht und werde nach dem Überschreiten des Flüsschens Gers von einem Schnakenschwarm überfallen. Alles Zappeln und der schnelle Griff zur Minzölflasche helfen nicht viel und ich bekomme einige Stiche ab. Erst nach dem Auwäldchen, noch immer begleitet von einer Wolke von Schnaken, hole ich das Nelkenöl aus dem Rucksack, das ich auf Haut und Kleidung auftrage und dann den ganzen Tag durchdringend danach rieche. Immerhin bekomme ich die Plagegeister los. Wieder führt der Weg durch weite Felder, angenehm zu laufen. Die Hitze, die zuerst heftig ist, schwächt sich später durch ein paar Wolken und leichten Wind etwas ab. Um zwölf erreiche ich einen Picknicktisch etwa einen Kilometer vor Marsolan, wo ich erst einmal Pause mache und die Eindrücke von gestern Revue passieren lasse. Nach einer Dreiviertelstunde geht es weiter. Der Wind hat ein wenig zugelegt und bringt angenehme Abkühlung.

Marsolan, ein hübscher kleiner Weiler mit einer alten Kirche und einer Quelle, die sich unter Felsen sammelt, ist eine kleine Pause wert. Dann geht es weiter durch eine Landschaft, die mich stark an die Gegend um das Zeubelrieder Moor herum in der Nähe von Würzburg erinnert. Weite Felder, eine leicht gewellte Landschaftsstruktur, kleine Gehölze und baumgesäumte Wasserläufe.

Diese Landschaft mag ich sehr, sie ist für mich mit Trost und Wohlbefinden verknüpft und auch mit Hesses „Narziss und Goldmund“. Dieses Buch hat mich immer sehr angesprochen, ich habe es zum ersten Mal in der Landschaft im Maindreieck gelesen.

Ich kenne beide Personen in mir. Hier auf der Wanderung kommt der Goldmund zum Leben, der wohl verkümmert war. Allerdings erschien es mir auf den ersten Tagen so, als sei es der alternde Goldmund, der ein zweites Mal aufbricht. In der Zwischenzeit, vor allem wenn es so gut läuft wie heute, spüre ich die Kraft des frühen Goldmund. In meinem Leben habe ich es wohl zu oft mit dem Narziss versucht, mit der Strenge sich selbst gegenüber, mit Übungen unterschiedlichster Art und habe es dabei zu nicht viel gebracht. Den Goldmund zu leben habe ich mich aber auch nicht getraut. Es ist merkwürdig für mich mit diesen beiden

Gestalten. Sie können in mir nicht in Frieden zusammenleben. Ich weiß ja nicht, vielleicht empfinden viele Menschen diesen Konflikt. Für mich aber wird es immer wichtiger, einen Weg zu finden.

Während ich so laufe und mich glücklich fühle, fällt mir ein, dass der erste wortähnliche Laut, den Martina als Baby von sich gab, wenn es ihr offensichtlich gut ging und sie sich wohlfühlte, „Öhröh" war, was man natürlich auch so schreiben könnte: „Heureux".
So laufe ich weiter auf guten Wegen, es ist heiß, aber häufiges Trinken hilft. Dennoch bin ich ziemlich geschafft, als ich das Städtchen Condom erreiche. Ich entscheide mich für den Campingplatz, überquere den Fluss, gehe am Flusshafen vorbei und erreiche schließlich am Stadtrand die Anlage. Erst beim Absetzen des Rucksacks merke ich, wie verspannt meine Schulter ist. Es bleiben Aufbau, Duschen, Essen und dann bin ich um zehn Uhr bettreif.

Sonntag, 8. Juli
Der Tag fängt schwierig an. Ich erwache erst um neun Uhr und fühle mich dennoch wie erschlagen, habe nichts mehr für das Frühstück. Dazu regnet es ein paar Tropfen und der Himmel ist grau in grau. Dennoch versuche ich gelassen zu bleiben. Der Zeltabbau geht langsam, dann gehe ich erst einmal im Ort Brot und Croissants kaufen und gönne mir einen Kaffee im Zentrum. Allerdings ist auch hier die Freude nicht ungetrübt, denn eine laute französische Familie mit einem amerikanischen Gastschüler nimmt neben mir Platz und vor dem Café auf der Straße ist die Hölle los.
Ganz Frankreich scheint mit dem Auto unterwegs zu sein und dabei mitten durch Condom. Trotzdem gelingt es mir, eine gewisse Heiterkeit zu entwickeln. Ab und zu bricht das normale Leben eben in das des Pilgers ein. Tröstlich ist, dass die Quartierlage heute sowieso nur eine Etappe von 17 Kilometern bis Montreal du Gers nahelegt. Ich werde sehen, wie der Tag sich weiterentwickelt. Es ist der vierzigste seit meinem Aufbruch in Taizé.
Kaum bin ich aus Condom draußen, zieht ein Gewitter auf, von dem ich erfreulicherweise nur ein paar Tropfen abkriege. Der Jakobsweg führt dann im wahrsten Sinn des Wortes über Feld-, Wald- und Wiesenwege, wobei sich Wald eigentlich nur auf kurze Abschnitte entlang kleiner Flüsschen beschränkt. Es ist angenehm zu laufen. Später überquere ich eine

Brücke, die schon im Mittelalter den Pilgern gedient hat. Mir wird wieder bewusst, dass ich als Pilger in einer tausend Jahre alten Tradition gehe.

Je länger ich unterwegs bin, desto mehr beginnt der Tag seine freudige Seite zu entwickeln. Später unterbreche ich meine Wanderung an der kleinen Kirche von Routgès, die nach meinem Wanderführer die älteste Kirche im Kreis Gers sein soll, ein schöner, stiller Platz.
Gerne lese ich auch in dem Pilgerbuch, das in der Kirche ausliegt, finde Einträge der Pilger, die heute vor mir da waren. Ob ich sie einmal zu sehen bekomme?
Am Abend erreiche ich Montreal du Gers und quartiere mich im Hotel St. Jacques ein, das auch Pilgerherberge ist. Meinen Zimmergenossen bekomme ich zunächst noch nicht zu sehen, weil ich nach kurzer Verschnaufpause doch noch einmal in das Städtchen hinaufwill.

Gerade fängt in der Kirche am Hauptplatz ein Konzert an, dem zuzuhören ich mich kurz entschlossen entscheide, obwohl ich mir in meiner Pilgerkluft erst ein wenig deplatziert neben den anderen Konzertinteressenten vorkomme. Es erweist sich als richtig, die Hemmung zu überwinden.
Eine Familie Vescovo stellt sich vor, und vor allem die erst 15 Jahre junge Violinistin begeistert mich mit ihrem Spiel. Zudem lässt das Konzert für Violine und Klavier von Max Bruch Bekanntes aus der Kindheit wieder auftauchen. Das habe ich meinen Vater auch spielen hören. Gebannt höre ich zu und lasse es tief eindringen. In einer kleinen Bar unter den Arkaden des zentralen Platzes klingt für mich der Abend aus.
So ist aus diesem Tag, der so schwierig begonnen hat, doch noch etwas Schönes geworden.

Montag, 9. Juli
Gut geschlafen, trotz der Hängemattenmatratze. Das Frühstück ist gut, fünf Pilger und Pilgerinnen sind da, auch mein Zimmergenosse, der nach Santiago will, wenn es seine Gesundheit erlaubt. Schon vor neun breche ich auf, es ist trocken und kühl, ideal zum Wandern. Der Weg führt zunächst durch eine abwechslungsreiche Landschaft, ähnlich der von gestern. Immer wieder Felder, auch Wein, zwischen Bäumen und Büschen. Ich schreite mächtig aus und erreiche nach etwas mehr als zwei Stunden das kleine Kirchlein von Lamothe. Leider ist es geschlossen, aber die Eingangstür gefällt mir trotzdem so, dass ich sie fotografiere. Eine

Picknickbank unter einer alten Eiche neben der Kirche lädt mich zu einer kleinen Rast ein, und da die Energie des Frühstücks gerade verbraucht ist, nehme ich die Einladung gerne an. In ein paar Kilometern Entfernung zieht sichtbar ein Regenschauer vorbei, aber hier bleibt es trocken.

Kurz hinter dem Kirchlein führt der Weg auf einer alten Bahntrasse weiter. Auf beiden Seiten Baum- und Buschbestand. So geht es fast schnurgerade und nahezu eben kilometerweit vorwärts.
Das ist wirklich Meditation im Gehen. Der Weg braucht keine große Beachtung, keine Landschaft rechts und links lenkt ab, die Gedanken sind frei, kommen und gehen wie Wolken am Himmel. Ich staune, wie gut es mir geht, wie optimistisch ich mich fühle und wie mir auch immer wieder Ideen kommen, die mit dem Jakobsweg zu tun haben und Initiativen für zu Hause versprechen. Wenn ich überlege, wie kraft- und initiativlos ich sonst oft gewesen bin, merke ich die Wandlung. Überhaupt spüre ich immer stärker eine innere Freude, die auch offen macht für die vielen kleinen schönen Dinge am Weg.

Nach weiteren eineinhalb Stunden erreiche ich Eauze. Die zentrale Kirche Eglise Saint Liperc ist leider geschlossen. Gegenüber im Café Commercial lasse ich mich als einziger Gast nieder, das andere Café am Platz ist gut gefüllt. Der Wirt begrüßt mich als Pilger, bringt mir gleich ein Pilgerbuch, in dem man eintragen soll, warum man den Weg geht. Offen und ehrlich trage ich ein: „Um wieder neuen Lebensmut zu bekommen, und ich merke, dass der Weg mir den auch gibt. Danke!" Es ist das erste Mal, dass ich dieses Pilgermotiv unverschlüsselt in ein Pilgerbuch eintrage.
Ein Tor meiner inneren Burg habe ich geöffnet.

Dann blättere ich ein wenig in dem Buch. Ich finde alte Bekannte. Meine beiden Gerhards aus dem Aubrac haben sich auch eingetragen, der eine vor zwei, der andere vor sechs Tagen. Ein Paar aus Quebec, mit dem ich in Conques am Tisch saß, war vor drei Tagen da. Es freut mich, die Spuren aller hier wiederzufinden. Es gibt auch Einträge von Leuten, die ich noch nicht kenne, von denen ich aber immer wieder in Kirchenbüchern gelesen habe und die meist nur ein bis zwei Tage vor mir herziehen. Es ist seltsam mit uns Pilgern.
Wir legen Spuren und lernen uns dabei etwas kennen, ohne uns vielleicht je zu sehen.

Nachdem ich eine ordentliche Rast von eindreiviertel Stunden gemacht und dabei einen Brief geschrieben habe, geht es wieder munter weiter. Zwar ist die schöne Bahnstrecke zu Ende, aber der Weg ist leicht und gut zu laufen. Viele Weingärten gibt es hier, Côtes de Gascogne. Ich bekomme Lust, den Wein einmal zu probieren. Um fünf Uhr bin ich da, wo ich eigentlich hätte aufhören wollen, aber noch bin ich munter. Eine Stunde später erreiche ich Manciet, suche dort einen Laden, den es zwar gibt, der aber erst am Dienstag wieder aufmacht. Ein kleiner Halt an der Kirche, wo es für Jakobspilger eine Gebetsnische und ein Pilgerbuch gibt. „Ein guter Tag. Mein 41. Tag“, trage ich ein und finde wieder die Notizen alter, unbekannter Bekannter.
Für das Abendquartier lasse ich den Zufall entscheiden. Findet sich vor dem Relais du Haget, einem „Gite equestre“, also einer Unterkunft für reitende Pilger und für Leute, die Ferien auf einem Reiterhof machen wollen, noch ein Platz zum wilden Zelten, nehme ich den, sonst den Gite. Der kommt schneller als erwartet. Ich werde herzlich empfangen. Pilger sind heute zwar keine da, dafür aber ein paar Studenten, die hier Reiterferien verbringen, andere, die sich auf Prüfungen vorbereiten und mit dem Laptop im Bett liegen.
Die Atmosphäre ist offen und herzlich. Ich bin froh, dass das Schicksal so für mich entschieden hat.
Der Hof hat eine besondere Attraktion: Tao, der Hund, der mit Begeisterung Fußballtorwart spielt. Man schießt einen kleinen Ball los und er fängt ihn zuverlässig mit dem Maul auf. Dann legt er ihn dem Schützen vor die Füße und das Spiel beginnt von Neuem. Wenn Tao eine Pause will, hält er den Ball zwischen den Vorderfüßen fest, sonst aber ist er unermüdlich.

Dienstag, 10. Juli

Heute ist Ediths Geburtstag. Und ausgerechnet in dieser Nacht hatte ich einen Traum mit folgenden Bildern: Edith erklärt mir, dass sie sich von mir scheiden lassen will. Gleichzeitig bringt sie den Artikel einer Zeitung über ein neues Urteil des Bundesgerichtshofes, nach dem bei einer Scheidungsklage derjenige, dessen inneres Problem der Auslöser der Zerrüttung ist, der Scheidung widersprechen kann, wenn er sich um die Lösung des Problems bemüht hat. Edith fragt mich, ob ich von dieser Möglichkeit Gebrauch machen werde. Ich, nachdem ich den Artikel gelesen habe, bejahe und bitte Edith, die Scheidungsklage zurückzunehmen.

Hier erwache ich, ziemlich verstört, was auch nach dem Aufwachen morgens noch lange da ist. Egal ob es sich bei diesem Traum um die intuitive Wahrnehmung einer aktuellen Entscheidung von Edith handelt oder um Bilder einer inneren Wirklichkeit, klar ist, dass es sich um die Frage dreht, wie es in Zukunft für mich mit meiner gescheiterten Ehe und mit Beziehungen weitergeht. Realität ist, dass ich mich weiterhin mit Edith verheiratet fühle, trotz einer Trennung von fast sieben Jahren, die ich letztlich immer noch nicht akzeptiert habe, für eine neue Beziehung nicht offen bin und dass das bei ihr anders aussieht. Das heißt, mein Unterbewusstsein meldet mir, es sei wieder an der Zeit, sich mit dieser Problematik auseinanderzusetzen.

Vierzig Tage lang habe ich mich nicht bewusst mit dieser Thematik beschäftigt, obwohl ich in Taizé wusste, dass es gerade dieser schwere Stein in meinem Leben ist, den loszulassen ich lernen wollte. Doch ich habe Angst vor dem Loslassen und leide doch auch am aussichtslosen Festhalten. In vielfältiger Weise hat mir der Pilgerweg bisher Situationen bereitet, die mit dem Loslassen zu tun hatten, auf der materiellen und der psychischen Ebene.

Einträge in Pilgerbücher und Gespräche mit Mitpilgern haben mich daran erinnert. Vielleicht waren sie eine notwendige Vorbereitung. Vierzig Tage lang zog Elia zum Berg Horeb, bis er das Wort Gottes vernahm, fällt mir ein. Vierzig Tage verbrachte Jesus in der Wüste, bevor er seine Verkündigung begann. Vierzig Tage lang dauert die Fastenzeit vor Ostern. Jetzt, das wird mir glasklar, geht es um das Eigentliche. Jetzt bin ich dran. Ich merke, wie mein Herz in die Magengrube fällt, wie das mein Pilgerleben beeinflusst. Die Unbeschwertheit des Vortages ist weg. Ich lasse das Problem wirken, ohne gleich eine Antwort zu wollen.

Um halb neun komme ich los, bleibe kurz in dem kleinen uralten Pilgerkirchlein des Johanniterordens stehen und halte inne. „Dans nos obscurités, allume le feu qui ne s'etaint jamais“, den Text eines Taizé-Liedes, schreibe ich ins Pilgerbuch. Ja, das ist es, was ich brauche: „Entzünde in meiner Dunkelheit ein Licht, das niemals mehr erlischt“, erbitte ich mir. Mit meinem Nachdenken, mit meiner Vernunft und meinem Willen allein schaffe ich es nicht. Das weiß ich aus allen vergeblichen Versuchen der vergangenen Jahre.

Dann geht es zügig weiter. Um zehn Uhr ist Nogaro erreicht. Ich halte an, um einzukaufen, einen Brief an Martina zu schreiben und anschließend Mittagsrast zu machen. Um halb eins geht es weiter, auf der alten Pilgerstrecke abseits des GR 65. Der Weg wird landschaftlich schön, geht nach Lanne-Soubiran in einen Wald, wo ich um drei Uhr auf eine kleine Schutzhütte für Pilger stoße. Eine Stunde mache ich halt, plane weitere Wanderabschnitte und erwäge das Tagesziel, mache Notizen und kräftige mich mit Honigbrot. Dann geht es weiter. Die Hütte wäre ein schöner Platz für eine Übernachtung, wenn es nicht so viele Schnaken gäbe. Heute, das ist mir nach der Rast klar, werde ich keine Mammutetappe machen, sondern es bei reichlich 20 Kilometern bewenden lassen.
In etwas über einer Stunde Abstand gibt es einen Campingplatz und den Gite auf dem Hof Barry, den mir Stephanie, die Chefin von gestern, empfohlen hat, 22 Kilometer vom Relais du Haget entfernt. Da mir heute nicht nach Leuten ist – noch immer wirkt mein Hauptthema in mir nach –, entschließe ich mich für den Campingplatz.
Doch dann wieder eines der kleinen Wunder des Jakobsweges: Kaum bin ich am Abzweig zum Hof Barry vorbei, tröpfelt es ein bisschen. Nachdem der Himmel wirklich ziemlich dunkel aussieht, drehe ich spontan um und laufe zum Hof. Sofort hört es auf zu tröpfeln. Der junge, sehr freundliche Patron nimmt mich herzlich in Empfang, fährt mich zum Haus seiner Eltern, wo der Gite ist, kümmert sich um die Frühstückssachen, zeigt mir alles, malt den Stempel. Der Gite, in den ich um halb sechs einziehe, ist eine gemütliche, etwas altbacken eingerichtete Ferienwohnung mit einer großen Wohnküche und einem Schlafzimmer mit vier Betten, und das für nur eine Person, nämlich für mich alleine. Kaum bin ich drin, fängt es draußen zu gießen an und hört die ganze Nacht nicht mehr auf, während ich mich so richtig breitmachen kann, gemütlich Tee trinke und den Bauernschinken esse, den ich mittags in Nogaro gekauft habe. Weitere Vorräte stehen hier zur Verfügung, es ist also alles da, um mich wohlzufühlen. Einen Kaminofen gibt es auch, den ich aber natürlich nicht brauche.
Nicht auszudenken, was los wäre, wenn ich bei meiner ursprünglichen Entscheidung, heute im Zelt zu übernachten, geblieben wäre. So aber fühle ich mich wohl und erlebe es, richtig zu wohnen, eine bei dem ständigen Unterwegssein fast fremd gewordene Erfahrung. Aber es ist wie immer: aufnehmen, einwirken lassen, loslassen.

Mittwoch, 11. Juli
Um sieben wache ich auf, draußen regnet es. Feiner Nieselregen. Auf kleinen Straßen komme ich gut voran. Nach etwas über einer Stunde bin ich in Arblade le Bas und folge der in meinem Führer ausgewiesenen Alternativroute, die direkt nach Barcelonne du Gers führt. Die Landschaft bietet nichts Besonderes, also hänge ich einfach meinen Gedanken nach. Etwa zwölf ist es, als ich den Rand von Aire sur Adour erreiche, einer uralten Stadt, die schon in der Römerzeit eine Rolle gespielt hat und die zweite westgotische Hauptstadt war. Ich kaufe ein, und da es heftiger zu regnen anfängt, flüchte ich unter die großen Platanen direkt an der Brücke über den Adour, die einen Picknickplatz beschatten würden, wenn die Sonne schiene. So aber ist jetzt ihre Aufgabe, den Regen abzuhalten, und das tun sie recht ordentlich. Der Schauer ist gerade lang genug für eine Stärkungspause, dann ziehe ich weiter durch die Altstadt zur Kathedrale. Pilgerempfang ist erst später und Baulärm – es wird gerade ein Metallgerüst in einem Querschiff aufgebaut – vertreibt mich schnell. Also weiter zur Kirche der heiligen Quitteria auf dem Hügel über der Stadt. Quitteria, eine westgotische Prinzessin, im lateinischen Ritus erzogen, sollte einen arianischen westgotischen Prinzen heiraten. Da sie sich weigerte, wurde sie am Fuß des Hügels enthauptet. Mit ihrem Kopf in den Händen lief sie den Hügel hinauf, wo eine Quelle entsprang. Als ich die Kirche erreiche, wirkt auf mich alles ein wenig enttäuschend. Der Brunnen neben der Kirche, der wohl die Quelle sein soll, läuft nicht. Das Tympanon weist Figuren auf, deren Köpfe abgeschlagen sind, wie man es in der Zeit der Französischen Revolution in vielen Kirchen gemacht hat. Das Innere der Kirche ist stark renovierungsbedürftig, der barocke Altar überzeugt mich auch nicht. Lediglich die romanischen Seitenkapellen zeigen etwas von dem, was ich von einer Kirche, die im 11. Jahrhundert erbaut wurde, erwartet habe. Auch der Turm der Kirche ist imposant.

Der Jakobsweg biegt ab Aire sur Adour fast in südliche Richtung ab. Am Stadtrand sehe ich ein Schild: Santiago 932 Kilometer. Das heißt, dass ich heute noch die Hälfte der Strecke Taizé–Santiago erreichen werde. Der Weg führt zunächst am Ufer eines hübschen Stausees vorbei, dann auf einer Landstraße bis Latrille nach Süden, 12 Kilometer ab Aire. Dort also sind es 920 Kilometer in beide Richtungen. Da es am Friedhof ein kleines Häuschen für die Pilger gibt, mit Kaffeemaschine und Kaffee, Tee oder

Kakao, und es zudem heftig zu regnen anfängt, bleibe ich fast eine Stunde lang dort.

Eine Frankreichkarte aus Schulbeständen, die aufgehängt ist, lässt das Ausmaß des bisher Geleisteten erkennen. Am zweiten Tag meiner Pilgerreise hätte ich keine Wette darüber angenommen, dass ich auch nur ansatzweise so weit kommen würde.

Jetzt, nach so vielen Kilometern, merke ich, dass nicht nur der Körper gekräftigt ist, sondern dass sich so etwas wie Herzensstärke, Mut entwickelt, um die Schwierigkeiten, die kommen, zu bewältigen. Das wünsche ich mir, dass es mir auch nach der Pilgerreise erhalten bleibt.
Zaudern, Zaghaftigkeit, Unentschlossenheit, das sind Bremsen, die beim Gehen immer mehr gelockert werden und die jetzt nicht mehr greifen. Es ist schon richtig, wenn die Franzosen den Pilgern immer wieder bon courage wünschen.
Guten Mutes sein, das ist einer der Schätze, die es für mich auf dem Weg gibt, der mich so verwandeln darf, dass ich diese Haltung bewahre. Mit diesem inneren Rückhalt werde ich auch an das Thema meiner Beziehung zu Edith herangehen können.
Als sich der Regen wieder legt und da sich das Häuschen in Latrille zum Übernachten nicht eignet, steuere ich den nächsten Gite an. Wieder erst über kleine Landstraßen, dann über einen Wiesenweg geht es voran, sogar die Sonne kommt heute erstmals ein bisschen durch. Einmal führt der Weg an einer Rinderherde vorbei, die wie spanische Kampfstiere aussehen, und wirklich, später weist ein Schild auf eine Ganaderia, also eine Zucht hin. Dass es in diesem Teil Frankreichs auch Stierkämpfe gibt, habe ich auf Plakaten schon in Eauze und anderswo gesehen. Abgesehen vom Quitteria-Hügel verlief der Weg heute den ganzen Tag fast eben, erst jetzt, am Schluss, wird ein Hügel erklommen, auf dem die Kirche von Miramont-Sensacq steht, überragt von einemgroßen Wasserturm. Ein Blick ins Kirchenbuch zeigt:
Gerhard aus Slowenien war am 7. Juli auch hier, Karin, die mir wie immer zwei Tage voraus ist, auch.
Im Gite neben der Mairie werde ich herzlich empfangen von Gabrielle, die hier ehrenamtlich Dienst macht. Außerdem ist noch Marie da, eine französische Pilgerin, die eine Woche vor mir in Le Puy gestartet ist und die gleichen Probleme mit den Beinen hat wie ich sie hatte und deshalb

zurzeit kleine Etappen macht. Wir tauschen Erfahrungen aus, erzählen von Erlebnissen auf dem Weg und lassen den Tag ruhig ausklingen in einem Aufenthaltsraum, dessen Wände geschmückt sind mit vielen Bildern von wichtigen Stationen des gesamten Jakobsweges. Solchen, die ich schon erlebt habe und solchen, die ich noch sehen werde, so Gott will.

Donnerstag, 12. Juli

Wieder wache ich um sieben Uhr auf, gut ausgeruht. Gabrielle, die Betreuerin des Gite, hat schon ein reichhaltiges Frühstück gemacht, das Marie und ich zusammen genießen. Marie bricht um halb neun auf, ich eine Viertelstunde später. Es ist herrlicher Sonnenschein. Zunächst geht es über kleine Teersträßchen, dann aber durch den Wald und teilweise ist es so matschig, dass die Stiefel sich mit Lehm vollhängen.
Angeblich sollen es nur achteinhalb Kilometer nach Pimbo sein (der Ort heißt wirklich so, auch wenn es witzig klingt), aber die Sache zieht sich hin, obwohl ich eigentlich zügig laufe. Jedenfalls dauert es drei Stunden, bis ich endlich das Städtchen, einstmals Benediktinerabtei und ab dem 13. Jahrhundert Bastide, also befestigte Stadt, erreiche. Am Portal der mächtigen Kirche bleibt mein Blick hängen, die Bögen schmücken tellerartige Sterne und Spiralen. Neben der Kirche ist aus einem alten Mühlstein ein Tisch gemacht, an dem ich mich für eine Rast niederlasse. Über eine Stunde bleibe ich, erfreue mich derweil am Blick ins Tal und am Fußballspiel der fünf Dorfjugendlichen beiderlei Geschlechts, schaue mir dann natürlich auch die romanische Kirche von innen an. Es geht weiter, vorbei an einem Bauernhof, der Pilger zum Verweilen einlädt – leider habe ich gerade Pause gemacht – und über kleine Teerstraßen zwischen Feldern nach Boncue.

Dort lädt mich ein Mann zu einer Kaffeepause ein. Ich, ein bisschen müde, sage nicht nein. Der Mann hat es nicht leicht. Seine Frau schwer zuckerkrank, die Mitglieder seiner Familie gestorben. Er tröstet sich mit Wein, während ich den angebotenen Kaffee trinke. Im Ganzen macht er einen jammervollen Eindruck, eine Stimmung tiefer seelischer Not ist um ihn. Er zeigt mir einige Briefe und viele Karten von Pilgern, die sich bei ihm für die Bewirtung bedanken. Er bittet mich um ein Gebet am Grab des Apostels Jakobus für seine Frau und ihn, was ich gerne zusage. Dann fragt er mich, worum es mir bei der Pilgerreise geht. Als ich ihm erzähle, dass es mir darum geht, nach der Trennung neuen Lebensmut und neue

Die romanische Kirche von Sensacq: „Warum fällt es so schwer, das Unvermeidliche zu akzeptieren?", schreibe ich ins Pilgerbuch. Mehr als die Hälfte des Wegs nach Santiago ist geschafft.

Entscheidungen zu gewinnen, holt er eine Weihwasserflasche und segnet mich. Ich verspreche ihm, in Santiago an ihn zu denken, schreibe seine Adresse auf und verabschiede mich.

Als ich mich gerade auf den Weg mache, kommt ein französischer Pilger vorbei, der Freunde in Deutschland hat. Wir unterhalten uns auf Deutsch. Er ist aus Marseille, unterwegs nach Santiago und vielleicht weiter bis Fatima. Den Weg in Spanien scheint er schon zu kennen, denn er gibt sachkundige Tipps. Als wir uns am Rande von Arzacq-Arraziguet trennen und verabschieden, hoffe ich, ihn nochmals wiederzusehen. Er scheint ein interessanter Mensch zu sein. Er heißt Bernard. Ich will erst einmal einkaufen und dann weiter nach Uzan, wo es den nächsten Gite gibt, er bleibt hier in der Herberge, denn er ist heute schon in Aire sur Adour aufgebrochen.

Hinter Arzacq wird es schwierig, erst stört ein Bagger das Weiterkommen, dann spüre ich eine aufgeriebene Stelle am Fuß. Stiefel und Socken sind trotz Goretex schweißnass, es ist mittlerweile recht heiß geworden. Ich wechsle die Socken, lege sicherheitshalber ein kleines Schutzpflaster auf und laufe weiter. Nur langsam komme ich voran, erstmals seit Tagen geht es wieder häufiger auf und ab. In Louvigny wird klar, dass ich Uzan, wo ich im Gite übernachten wollte, nicht mehr erreiche. Also denke ich an eine Zeltnacht. Da die Gegend aber wenig danach ausschaut, bin ich gespannt, was kommen wird.
Ich bitte meinen Schutzengel, zum rechten Zeitpunkt einen geeigneten Platz zu beschaffen. Der Chemin St. Jacques führt den Berg hinauf, einen Höhenweg entlang. Rechts und links Zäune und Einfriedungen, kein bisschen Freiraum, um ein Zelt aufzubauen. Als der Weg vor Fichous-Riumayou wieder ins Tal zurückwill, zweigt links davon, weg von der Pilgerstrecke GR 65, ein Feldweg ab, der zu einem Wäldchen hinaufführt, höchstens 100 Meter entfernt. Intuitiv folge ich dieser Abzweigung. Was taucht auf? Eine Picknickbank und ein Grasfleck, gerade so groß, dass ich mein Zelt für diese Nacht aufbauen kann. Es ist halb acht, hier werde ich heute bleiben. So sitze ich bequem, esse, trinke den gestern gekauften Wein und schreibe Notizen, bis die Sonne gegen halb zehn untergeht. Nebenan, auf der Weide gegenüber dem Wäldchen, grast eine Herde weißer Rinder. Sonst ist praktisch nichts zu hören, nur irgendwo in der Ferne eine Straße, die wohl wenig befahren ist. Als es dämmrig wird, baue ich mein Zelt auf.

Was mich heute innerlich immer wieder beschäftigt hat, ist die Frage der Trennung und mein Akzeptieren. Ins Buch des ersten kleinen Kirchleins auf dem Weg, der romanischen Kirche von Sensacq, habe ich geschrieben: „Warum fällt es so schwer, das Unvermeidliche zu akzeptieren? Ich brauche dazu Hilfe und ich bin offen dafür, sie auf dem Weg zu finden."
Plötzlich, irgendwann am Tag, fällt dann eine Entscheidung. Sie ist innerlich ganz still gereift und mit einem Schlag da: Ich werde meinen Ring ganz ablegen. Vor einem Jahr habe ich einen sehr langen Brief an Edith geschrieben und mich darin mit den vielen positiven Seiten und dem allmählichen Misslingen unserer Ehe auseinandergesetzt.
Es war ein sehr ehrlicher Brief ohne Vorwürfe, der in langen Stunden über mehrere Tage hinweg entstanden ist. Aber er war auch noch voller Beschwörung, dass es doch noch einen Weg zueinander gäbe. Als ich

diesen Brief losschickte, habe ich meinen Ehering abgelegt als Zeichen, dass ich die bisherige Ehe als gescheitert betrachte, aber dafür den Verlobungsring wieder angesteckt, um auszudrücken, dass ich an einen Neubeginn miteinander glaube und daran festhalten will.
Heute, am Abend dieses Tages, habe ich nun auch den Verlobungsring abgelegt. Das ist mein Versuch, die Situation, wie sie ist, wirklich anzunehmen. Es ist immer noch schwer für mich, ich weiß noch nicht, ob ich es wirklich so will und kann und es kostet mich Kraft. Aber ich möchte durch dieses äußere Zeichen ausdrücken, dass ich auf dem Weg des Loslassens bin. Eins ist sicher: Ich werde auf dem Weg weiter an dieser Thematik arbeiten.

Freitag, 13. Juli
Ich erwache kurz vor sieben. Noch ist der Morgen kühl. Als ich durch den schütteren Eichenwald sehe, geht die Sonne gerade auf. Ich mache mich zügig fertig und frühstücke an der Picknickbank. Vom Weg aus kann ich klar und eindrucksvoll die Pyrenäenkette erkennen. Der Weg führt ins Tal hinab, gleich wieder hinauf und erreicht Fichous-Riumayou. Ein Blick, ein kurzes Verweilen dort. Dann geht es auf der Ortsverbindungsstraße nach Lareule mit den Resten einer alten Benediktinerabtei. Das Querschiff und Teile des Chors der einst wohl sehr stattlichen Kirche stehen noch und sind heute Pfarrkirche. Ich ziehe weiter. Vom wolkenlosen Himmel brennt die Sonne, es wird richtig heiß. An Uzan, wo ich gestern eigentlich noch hinwollte, ziehe ich vorbei. Es wäre die reine Illusion gewesen, dass das gestern noch möglich gewesen wäre, drei Stunden bin ich jetzt schon unterwegs. Bis zum Mittag habe ich Gers d'Arzacq erreicht. Eine Rast steht an. Auf einer Picknicksitzgruppe im Schatten, mit Wasser dabei, ruhe ich mich aus, lüfte Socken und Stiefel und lasse die durchgeschwitzten Sachen trocknen.

Während ich sitze und esse, kommen zwei Pilger, Alfred aus Bamberg und Carola aus Niedersachsen. Er war mit seiner Frau schon Teilnehmer einer meiner Kum-Nye-Kurse und sein Sohn war mit meiner Tochter in der gleichen Jahrgangsstufe im selben Gymnasium. Er ist von daheim losgelaufen und will auch nach Santiago, allerdings auf der Küstenroute. Die beiden folgen mir schon seit Tagen, haben immer wieder meine Einträge in die Kirchenbücher gelesen. Ich laufe bei ihnen unter dem Stichwort „der philosophische Gerhard". Ich freue mich sehr, sie getroffen zu haben. An diesem Tag werden wir uns noch dreimal begegnen. Nach und nach erzähle ich Alfred, was mein Hauptthema bei dieser Pilgerreise ist. Ich erfahre, dass auch er die Scheidung hinter sich hat und dass er von meiner Trennung wusste. Merkwürdig, wie mir auf diese Weise mein Thema hier nach fast 1000 Kilometern noch einmal auf neue Weise begegnet, mir sozusagen aus der Heimat nachgetragen wird.

Die Hitze macht mir immer mehr zu schaffen, ich bekomme Kopfweh. An jeder Wasserstelle Gegenmaßnahmen. Haare nass machen, Hut vollsaugen und natürlich Arme, Beine und Gesicht kühlen.
Dennoch komme ich nur mühsam voran. Noch hat sich mein Körper nicht an diese Temperaturen von über 30 Grad gewöhnt. Der Wetterumschlag kam auch etwas krass. So bin ich froh, als ich um sechs Uhr den kommunalen Gite in Arthez de Bearn erreiche und eine sehr gepflegte Anlage vorfinde. Ich habe ein Doppelzimmer im Gite für mich allein und verbringe den Abend im Kreis anderer Pilger.
Einer von ihnen war in Le Puy sogar in der gleichen Pilgermesse wie ich, aber wir haben uns auf dem Weg bisher noch nicht gesehen. Bernard ist auch da und ich lerne seinen feinen Humor kennen. Außerdem Maria, eine Pilgerin aus Münster. Morgen soll es ein heißer Tag werden, alle wollen bald weg und so breitet sich um zehn Uhr Stille im ganzen Haus aus.

Der Schatten des Morgens. Er weist den Weg zum Ziel.

Samstag, 14. Juli

Französischer Nationalfeiertag. Ich erwache bald, es ist erst halb sieben. Frühaufsteher unter den anderen Pilgern haben mich durch ihre Morgenaktivitäten geweckt, worüber ich froh bin. Da komme ich wenigstens bald weg, falls es wieder so heiß werden sollte. Bisher ist der Himmel noch von Hochnebel oder Dunst verhangen. Alle Pilger frühstücken zusammen, dann brechen alle nach und nach auf. Ich um acht Uhr.
Nationalfeiertag hin oder her, die Bäckerei hat offen und so findet ein Baguette Platz auf meinem Rucksack.

Durch den lang gezogenen Ort geht es nach Westen, erst ziemlich eben, dann viel bergauf, bergab, aber trotzdem eher leicht. Die Landschaft ist kleingliedrig, Wiesen und Weiden, wenige Felder. Nach eineinhalb Stunden ist Argagnon erreicht. Der Weg kreuzt eine Straße, die Bahnlinie, den Fluss Gave de Pau, eine Autobahn, bis er wieder ruhigere Gefilde erreicht. In Maslacq, wo ich nach gut zwei Stunden eintreffe, sehe ich Maria, die vor mir losgelaufen ist. Sie erzählt, dass sie in Coburg geboren ist und Oberfranken immer wieder besucht. Sie macht gerade Rast und ich schließe mich ihr an. Die Sonne bricht jetzt durch den Dunst, die kühle Zeit ist zu Ende. Wir laufen zusammen weiter und unterhalten uns übers Pilgern und eventuelle Pläne. Maria ist schon in Tibet gewesen und würde gern die Pilgerreise um den Kailash machen. Da werde ich natürlich hellhörig. Das wäre der Gipfel eines Traums! Am Ufer des Pau de Gave will sie Pause machen, ich laufe alleine weiter.
Bisher ging es so gut, dass ich hoffe, die Strecke bis Navarrenx zu schaffen. Es wird heißer und hügeliger. Jetzt gibt es fast nur noch Weiden, keine Felder mehr. Mehr und mehr schiebt sich auch Gehölz dazwischen, leider nur selten so direkt am Weg, dass es Schatten gibt. Um ein Uhr erreiche ich Sauvelade, eine ehemalige Benediktiner- und Zisterzienserabtei. Die Kirche hat die Schlichtheit der Zisterzienser und beeindruckt mich durch ihre Form, die eines griechischen Kreuzes, mit gleich langem Haupt- und Querschiff. Der Gite mit Gaststätte ist gleich um die Ecke und ich will die heutige zeitliche Halbzeit der Pilgerreise mit einem Bier begießen. Ich sitze noch nicht lange, da kommt Maria, deren Etappe hier zu Ende geht. Wir unterhalten uns über unsere Erfahrungen auf dem Weg und verabschieden uns. Sie schenkt mir zum Abschied ein Herz aus rotem Papier, ich ihr einen Zettel mit einem kleinen Gedicht über den Jakobsweg.

Erst nach zwei Stunden Rast breche ich auf, noch immer ist es sehr heiß und nach Navarrenx sind es noch 13 Kilometer. Wieder geht es auf und ab, vor Navarrenx sogar länger durch einen Wald. Trotzdem, die Hitze macht mir zu schaffen. Ich schwitze und schwitze und schwitze. Endlich erreiche ich Meritain, von dort sind es noch eineinhalb Kilometer. In der Kirche finde ich freundlichen Zuspruch. Alfred hat sich im Buch der Kirche verewigt und wünscht allen Lahmenden und allen Rauchenden Kraft fürs Weitermachen. Nach einer knappen halben Stunde ist Navarrenx erreicht. Ich mache mir die Entscheidung einfach. Taucht der Campingplatz zuerst auf, gehe ich dorthin, sonst in den Gite. Dieser ist auffällig ausgeschildert, der Campingplatz hat keine Chance. Leider, wie ich später feststelle. Er liegt schön am Ufer des Oleron direkt vor der mächtigen Stadtmauer, einer Befestigung aus dem 16. Jahrhundert. Der Gite hat dagegen nur einen Stern verdient, eng, in einem alten Haus ohne Wärmedämmung und zudem nicht sehr sauber. Während ich auf dem zentralen Platz ein Glas Wein trinke, merke ich, wie erschöpft ich nach den 31 Kilometern bin. Der Ort wäre es wert gewesen, ihn etwas munterer und weniger ausgelaugt aufzunehmen.

Sonntag, 15. Juli

Um halb sieben wache ich auf, weil meine Zimmergenossen, die ich gestern nur noch schlafend vorgefunden habe, schon aktiv sind. Draußen ist wolkenloser Himmel. Das verspricht einen heißen Tag, also auf und los. Noch ein Ausblick vom Mauerring der Stadt aus und dann hinaus durch das Tor. Halb neun ist es inzwischen, noch einigermaßen kühl. Am Stadtrand laufen vor mir zwei Pilger, ein junges Pärchen aus Kanada, wie ich später feststellen werde. Es sind Valerie und Julien. Die beiden und meine zwei Zimmergenossen, mit denen ich noch keine Bekanntschaft gemacht habe, sehe ich den ganzen Tag, immer ein paar hundert Meter vor mir, dann ziehe ich, während sie Rast machen, vorbei, später sie wieder an mir. Mit Ausnahme der ersten Dreiviertelstunde bis Castelnau bewegt sich der Weg viel durch Wald oder am beschatteten Waldrand, sehr angenehm bei der sich entfaltenden Hitze. Erst in der vierten Stunde geht es an freien Wiesen und Weiden vorbei in der prallen Sonne, aber mit bisweilen schönem Blick auf die Pyrenäen. Ein Schmerz am Fuß zwingt mich zu einer Rast. Ich habe gerade das Flüsschen Le Saison überquert und damit das Baskenland erreicht. Eine aufgeriebene Stelle an der Ferse ist dabei, eine Blase zu entwickeln, erstmals seit 1000 Kilometern. Gleich ein Pflaster drauf, unverschwitzte Socken und dann hoffe ich, dass ich das Schlimmste noch abwenden kann, was auch gelingt. Noch einmal Wald, ein toller Ausblick auf die Berge und schon ist Aroue erreicht. Dort liegt der Gite gleich am Ortseingang, ist gut eingerichtet. Ich ziehe in eines der Zimmer ein, die Betten sind mit Trennwänden voneinander abgesondert, sodass sogar etwas wie Privatsphäre entsteht. Es folgt das übliche Ritual – duschen, Kleider waschen, essen. Wie herrlich doch eine Dusche ist, wenn man komplett verschwitzt ankommt!

Ein bisschen kommt Abschiedsstimmung auf. St. Jean Pied de Port ist in zwei Tagen erreicht, dann kommt schon Spanien und damit ein völlig neuer Abschnitt. So wie es nach den Erfahrungen der letzten Tage aussieht, wird die Hitze eine große Herausforderung sein. Wahrscheinlich werde ich doch unter die Frühaufsteher gehen müssen. Ich merke jedenfalls heute, wie angenehm es ist, die Tagesetappe schon um 14 Uhr geschafft zu haben, dann im Schatten zu sitzen, Tee oder auch ein Bier zu trinken und viel Zeit zu haben.

Montag, 16. Juli

Es ist noch nicht ganz sechs Uhr, da wache ich auf. Mein Zimmergenosse Nicolas aus Quebec in Kanada ist schon aktiv, andere im Gite auch. Notgedrungen stehe ich auf und beschließe, mir ein ausführliches Frühstück zu gönnen. Ich spüre, dass darin etwas wie Protesthaltung mitklingt. Ich will meinen Rhythmus leben und nicht den anderer Leute. Ich koche Kaffee, packe derweil einen Teil meiner Sachen zusammen. Der Bäcker hat tatsächlich frisches Brot gebracht, das man am Vorabend bestellen konnte. Ich lasse es mir schmecken. Kurz vor Valerie und Julien, die, wie

Am Stadtrand von Navarrenx treffe ich erstmals auf Valerie und Julien aus Quebec. In Spanien werden wir oft zusammen essen.

ich jetzt erfahre, ebenfalls aus Quebec sind, starte ich in den Tag. Es ist drei viertel acht, neuer Rekord. Die Hitze des Vortags ist gewichen, Bewölkung bedeckt den Himmel.
Ein angenehmer Wandertag. Bald ist Olhaiby erreicht mit seiner romanischen Kapelle. Dort treffen sich alle. Alfred aus Bamberg und Carola, ein Männerpaar aus Quebec, meine Zimmergenossen aus Navarrenx, Jörg, der dort am Abend noch ein Glas Wein mit mir getrunken hatte, und sein Wanderfreund Alois aus der Nähe von Dortmund. Eine nette Frau zeigt uns die Kapelle und gibt uns einen Stempel in den Pilgerpass. Alle bleiben auch später in Sichtweite.
Ich gehe eine Zeit lang mit Alfred und unterhalte mich mit ihm. Dabei erfahre ich, dass Ediths Freund, den sie vier Jahre nach unserer Trennung kennengelernt hat, mit ihm in einer Meditationsgruppe ist. Ich erfahre auch seinen vollen Namen. Da ist es also wieder, mein Thema Trennung und Loslassen. Ganz klar wird mir dabei vor Augen geführt: Ich bin nicht mehr der Mann, auf den hin Edith orientiert ist und es steht an, auch sie in meinem Herzen freizugeben. Auch zu meiner eigenen Befreiung.
Wir tauschen uns aus über Veränderungen, die wir an uns wahrnehmen, jetzt, nach langer Pilgerschaft.
Ähnlich wie ich registriert Alfred, dass in Bezug auf die Eindrücke der Landschaft eine „Eintrübung“ stattfindet. Man läuft durch die Landschaft, ohne sie wirklich wahrzunehmen. Sie – oder genauer gesagt ihr Eindruck – wirft nicht mehr so viele Wellen. Überhaupt, während am Anfang die Tage ein Auf und Ab hatten, solche, an denen es gut ging und die Stimmung besonders positiv war, daneben aber auch Tage, die schlecht liefen und an denen die Laune unten war, ist jetzt alles ähnlicher.
Es ist, wie ich sage, „gleichgültiger“ geworden.

Das ganze Pilgergrüppchen, verteilt über ein paar hundert Meter, steigt zur Stele Gibraltar hinauf, wo die Wege aus Vezelay und Tours einmünden. Wirklich eindrucksvoll ist der Gedenkstein nicht und er ist auch, wie ich in meinem Pilgerführer lese, erst 1964 errichtet worden. Dann geht es steil hinauf zur Chapelle de Soyarza, von wo aus ich den Ausblick auf die Pyrenäen genieße, der noch wunderbarer wäre, gäbe es nicht so viel Dunst. Nach und nach machen alle dort Rast. Anschließend steige ich hinunter nach Haranbeltz. Dessen Kapelle, übrig geblieben von einem Hospiz aus dem 12. Jahrhundert, ist leider verschlossen.

Bei der Rast habe ich gehört, dass der Gite in Ostabat geschlossen sein soll wegen Läusen. Andere sagen, er sei zwar offen, aber es gäbe Flöhe. Das motiviert nicht gerade zu einer Übernachtung. Außerdem ist mir sowieso mehr nach einer Nacht im Freien. Ich finde eine offene Hütte mit Bänken und Tischen. Während ich gerade überlege, ob ich nicht hierbleiben soll, kommen Alfred und Carola. Ihnen gefällt der Unterstand auch, aber sie haben schon ein Quartier bestellt. Ich beschließe zu bleiben, sie stocken meinen Lebensmittelvorrat noch mit Brot, Käse und Marmelade auf. Während ich mich häuslich einrichte, beginnt es zu regnen und später zu schütten. Ich sitze im Trockenen und kann das Prasseln des Regens auf dem Wellblechdach ohne Einschränkungen genießen.
Durch das Grau des Regens hindurch merke ich, wie sich die Abschiedsstimmung verstärkt. Mehr als 1000 Kilometer bin ich jetzt durch Frankreich gelaufen. Morgen noch ein paar und dann kommt Spanien. Ich will noch einiges an Post erledigen und Sachen kaufen, dann wird die Pyrenäenüberquerung kommen und mit dem spanischen Camino eine andere Phase der Pilgerreise.
Um halb zehn gehe ich schlafen und bleibe ungestört, sogar von Schnaken, bis zum nächsten Morgen.

Dienstag, 17. Juli
Um sechs Uhr wache ich auf, leichte Bewölkung, aber sonst verspricht es, ein guter Tag zu werden. Mit den letzten Resten frühstücke ich, dann gehe ich nach Ostabat, das ich gegen halb acht nach einer Viertelstunde erreiche. In dem Moment, wo ich eintreffe, brechen die beiden Quebecer gerade auf. Während ich eine Bäckerei suche, kommen Alfred und Carola aus ihrem Gite auf die Straße. Sie brechen auf, ich rüste mich noch für ein zweites Frühstück aus.
Der Weg Richtung St. Jean Pied de Port verläuft erst lange Zeit in der Nähe der Straße. Immer wieder treffe ich auf Pilger, die ich von früheren Etappen kenne. Es wird wärmer, aber es wird zum Glück nicht richtig heiß. Drei Stunden nach Aufbruch ist das Croix de Galzetabara erreicht, ein eindrucksvolles Steinkreuz aus dem 17. Jahrhundert. Wie an vielen hundert Wegkreuzen davor verweile ich für ein Vaterunser. Der Weg verläuft dann südlich der Straße durch eine abwechslungsreiche, kleingliedrige Landschaft. Im Hintergrund die Hügel der Pyrenäen, die aber die Sicht auf den Hauptkamm nehmen.

Während ich laufe, kommt für mich eine wehmütige Stimmung auf. Ja, der Weg durch Frankreich geht zur Neige. Es ist jene Stimmung, die der ähnelt, wie ich sie schon vom Ende des Aubrac und auch ein wenig von nach Cahors kenne. Das Alte geht zur Neige, das Neue hat noch nicht begonnen. Aber in einem wesentlichen Punkt ist etwas anders: Es ist nicht mehr die Düsterkeit in mir wie nach dem Ende des Aubrac und auch nicht mehr die latente Aggressivität, die ich dort noch erlebt habe. Als ich schließlich St. Jean le Vieux erreiche, ändert sich meine innere Verfassung in eine sanfte Freude. Ich habe das Alte wohl losgelassen.
In St. Jean le Vieux mache ich eine Pause, trinke Kaffee. Dort sehe ich Jean-Marie zum ersten Mal, einen jungen Franzosen, der, wie ich später merke, im Gite in St. Jean Pied de Port im Bett über mir übernachtet.

Um drei Uhr treffe ich in St. Jean Pied de Port ein, gehe zum Pilgerempfang, in dem viel Betrieb ist und buche ein Bett im Gite der Jakobusgesellschaft. Zimmer 1, Bett 13.
„Hast du etwas gegen Bett 13?", fragen sie mich.
„Nein, abergläubisch bin ich nicht."
Im Zimmer finde ich Jean-Marie und Laura, eine junge Italienerin. Wir gehen um 19 Uhr zur Pilgersegnung in die Eglise de Citadelle. Anschließend feiere ich mit Jörg und Alois Abschied in einer Pizzeria. Alfred und Carola habe ich schon am späten Nachmittag verabschiedet.
Er geht ja den Nordweg.
St. Jean mit seiner engen Altstadt ist eine wunderbare Kulisse für diesen letzten Abend in Frankreich, wenn auch der Tourismus die Pilgeraktivitäten überflutet.

Mittwoch, 18. Juli
Um halb sechs wird es im Gite lebendig. Ich gehe zum Frühstück, treffe mit Jean-Marie und Laura zusammen. Um 6.30 Uhr machen wir uns gemeinsam auf den Weg und bleiben dann den ganzen Tag zusammen. Sie stammt aus Bergamo und studiert Wirtschaftswissenschaft. Wir steigen den Weg hinauf, recht zügig. Bis Huntto noch freier Blick auf die Berge, aber schon bald beginnen Wolken die Hänge zu berühren. Dann kommt Nebel auf. Wir stoßen auf Dennis aus Krefeld, der mit uns läuft. Er erzählt auf meine Frage, dass er evangelische Theologie studiert und gerade sein Examen gemacht hat. Nach dem Camino wird

er sein Vikariat beginnen. Er strahlt eine von Fröhlichkeit durchdrungene Ernsthaftigkeit und viel Optimismus aus, was mir gefällt. Eine Zeit lang laufen auch noch zwei junge Iren aus Tipperary mit uns, von denen einer in Saragossa studiert. Wir steigen weiter auf, dichter Nebel um uns. Es wird kalt und kälter. Alle von uns holen die Jacken heraus. Die Abzweigungen, immer wieder markiert durch gelbe Pfeile, finden wir, aber die Statue der Jungfrau Maria, die unterwegs zu sehen sein soll, bleibt uns durch den Nebel verborgen. Die Strecke wird zeitweise feucht und schlammig, meist aber ist gutes Vorankommen. Etwa um 12 Uhr erreichen wir den Rolandsbrunnen, machen eine kurze Rast, wenig später ist Spanien, Navarra, erreicht. Dann kommt der Abstieg zur Kapelle von Ibaneta. Wir sind schon ein kleines Team geworden, achten und warten aufeinander. Dennis, der Probleme mit dem Knie hat, bekommt von mir meine Bandage, die bisher ungenutzt im Rucksack lag.

Um zwei Uhr wird der Turm der Kirche von Roncevalles sichtbar. Wir finden den Pilgerempfang, der noch bis 16 Uhr geschlossen ist. Während ich in der Vorhalle sitze, kommt Verena aus Darmstadt, mit der ich mich kurz, jedoch gleich recht intensiv unterhalte. Ihre schwungvolle und dabei zentrierte Energie und ihre offene Art fallen mir sofort angenehm auf. In der Zwischenzeit, in der wir warten müssen, trinke ich mit Laura, Jean-Marie, Dennis und Verena Kaffee.
Wir unterhalten uns lebhaft. Ein wenig klingt schon an, warum jeder den Weg geht und Verena will etwas über meine ersten Erkenntnisse aus der Zeit in Frankreich wissen, wovon ich gerne erzähle.
Dann beginnt das Einchecken. Ein riesiger Schlafsaal mit gotischem Gewölbe. Wohl über 100 Betten, ist meine erste Einschätzung. Jeder nutzt die Zeit bis zum Abendessen irgendwie, zum Anstehen in den überraschend kurzen Schlangen vor den wenigen Duschen, zum Bummeln durch den Ort, zum Dösen oder Lesen. Um 19 Uhr wird das Pilgermenü serviert. Es gibt Gemüsesuppe, Forelle gebacken und dazu guten Wein aus Navarra. Um 20 Uhr schließt sich in der hohen Klosterkirche, deren prachtvolle gotische Glasfenster den Innenraum in ein mystisches Licht tauchen, ein Pilgergottesdienst an. Der Kirchenraum ist gefüllt mit Pilgern. Ein Segen für alle, die unterwegs sind, schließt den Gottesdienst ab. Anschließend geht es in die gotische Schlafhalle mit 120 Betten, wie ich jetzt weiß, dicht an dicht. Pünktlich um 22 Uhr ist das Licht aus, alle

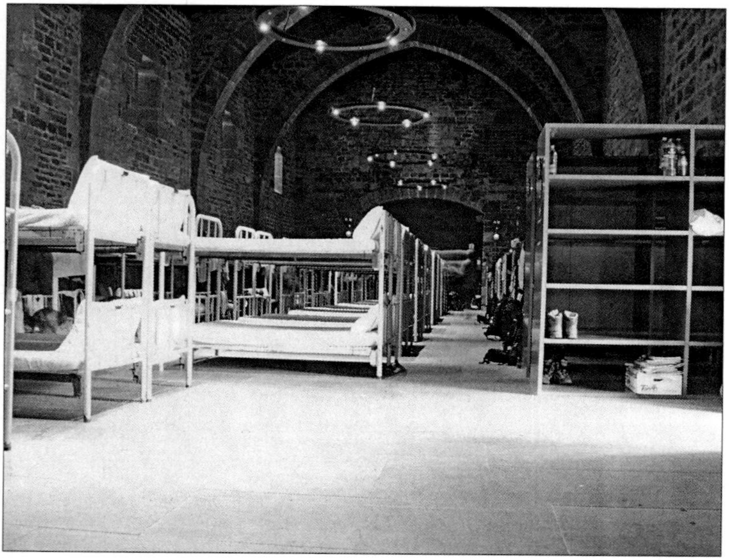

Die alte Pilgerherberge von Roncevalles mit ihren 120 Betten füllt sich am Nachmittag. Trotz der vielen Pilger herrscht auch nachts eine erstaunliche Ruhe.

haben sich gelegt, einige lesen noch mit kleinen Kopflampen. Für die große Zahl von Menschen herrscht eine erstaunliche Ruhe.

Donnerstag, 19. Juli

Mit lateinischem Weckruf ist um sechs Uhr die Nacht um. Ich starte schon um halb sieben mit Laura und Jean-Marie nach Burguete, etwa drei Kilometer entfernt. Der Weg ist leicht und schnell, bald gibt es im Ort die Gelegenheit für ein Frühstück. Nach einer Dreiviertelstunde gehen Laura und ich weiter. Jean-Marie will heute weiter, um morgen bald in Pamplona zu sein, und startet noch schneller.
„Buen camino!“, wünschen wir uns zum Abschied. Im Vergleich zu Frankreich ist der Weg gut, führt durch Eichen- und Buchsbaumwälder, leichte Steigungen, etwas stärkere Gefälle. In Biskarreta lesen wir auch Dennis auf, der erst dort Frühstückspause gemacht hat.

Später stößt noch ein finnischer Pilger dazu, der gestern mit uns am Tisch saß. Er ist in Moissac gestartet.

Wir sprechen über unsere Erfahrungen und über das, was der Weg uns bisher gelehrt hat. Er hat ganz ähnliche Gedanken wie ich und es ist für mich eine Freude, mich mit ihm auszutauschen. „Nutze den Augenblick“, ist eine dieser Erkenntnisse. Und: „Reg dich nicht auf über Dinge, die du nicht ändern kannst – lerne sie so zu nehmen, wie sie sind.
So entsteht innerer Frieden.“

Gegen 14 Uhr ist Zubiri erreicht, ziemlich genau auf halber Strecke zwischen Roncevalles und Pamplona.
Laura und Dennis sind geschafft und wollen bleiben, und auch ich habe nichts dagegen, denn auch so werde ich morgen am frühen Nachmittag in Pamplona sein. Über die Puente de la Rabia, deren dreimaliges Überschreiten nach früherer Auffassung Tiere von Tollwut heilte, kommen wir ins Städtchen. Laura geht in eine private Albergue. Dennis und ich wollen in die kommunale und auch Verena aus Darmstadt, die kurz nach uns eingetroffen ist und sich vor einem Laden zu uns setzt, trifft die gleiche Entscheidung.
Endlich ist Zeit zu duschen und Kleidung zu waschen und es dann richtig gemütlich zu haben. Wir essen in der Küche der Herberge zusammen. Als wir fast fertig sind, kommen Valerie und Julien aus Quebec und bieten uns die Reste ihres Nudelessens an. Dennis und Verena lernen die beiden so erstmals kennen.
Ich merke, dass sich hier – das fing gegen Ende in Frankreich schon an – eine völlig andere Tagesstruktur herausbildet. Ich bin gespannt darauf, welche Erfahrungen das ermöglicht. Was den Kontakt mit Pilgern betrifft, hat sich auch vieles geändert. Waren in Frankreich überwiegend Leute meines Alters unterwegs, sind es hier viele junge Leute, die aber keine Berührungsangst zeigen.

Ich unterhalte mich am frühen Abend lange mit Dennis, Verena und Christoph aus Graz, der gerade seine Matura gemacht hat. Wir sprechen über Paulo Coelho, dessen Werke Christoph gut gefallen und von denen auch Verena und ich einige kennen und besonders über sein Buch „Der Alchimist“, über politische Einstellungen und über den Weg der letzten zwei Tage und seine Herausforderungen. Ich komme mir vor wie ein väterlicher Freund, der einigen über die Anfangsschwierigkeiten hinweghilft. Mir kommt der Gedanke, dass für mich hier auf dem Camino vielleicht mehr Geben als Nehmen ansteht.

Hinter Biskarreta treffe ich einen finnischen Pilger. Es ist für mich eine Freude, mit ihm über die Erkenntnisse zu sprechen, die uns der Weg bisher bereitet hat.

Freitag, 20. Juli

Um sechs Uhr wird es im Schlafsaal lebendig. Kurz vor sieben breche ich mit Dennis und Verena auf, ohne Frühstück. Das wollen wir in Larrasoaña einnehmen. Als wir den Ort nach eineinhalb Stunden erreichen und über die alte Brücke einziehen, stellt sich heraus, dass die Bar geschlossen hat. „Wo bekommen wir jetzt ein Frühstück her?", fragen wir uns.

Dann aber legen wir unsere Lebensmittel zusammen und essen an den Terrassentischen der Bar. Ich packe meine Knusperbrote und meinen Honig aus Frankreich aus, Verena und Dennis zaubern Müsliriegel, Obst und Schokolade hervor, Brausetabletten geben unserem Wasser mehr Geschmack und so nach und nach findet noch einiges den Weg aus den Rucksäcken auf den Frühstückstisch. Wir werden alle drei gut satt.

So ähnlich habe ich mir immer die Brotvermehrung bei der Speisung der 5000 vorgestellt. Erst wird die anonyme Masse von Menschen in Gruppen geteilt, deren Größenordnung überschaubar und vertraut ist. Die im Auftrag Jesu verteilenden Jünger lösen dann durch ihr Vorbild die Öffnung der Herzen aus. So geschieht das Wunder. Das, was jeder für sich selbst bewahrt hätte, wird plötzlich geteilt und es reicht für mehr als alle.

Das Getrenntsein wird überwunden und die Freude aneinander wächst. So ist nicht nur Nahrung für den Leib da, sondern auch die Seele wird gesättigt.

Dann geht es mit neuer Kraft weiter. Der Weg ist leicht, führt meist als Pfad am südlichen Hang des Arga-Tales entlang, teils sogar direkt am Flüsschen. Es ist angenehm kühl, ein leichter Wind bringt zusätzlich Erfrischung. Wir kommen durch eine Reihe kleiner Weiler, Zurlain, Irotz und Zabaldika. Alle sind sehr ruhig, wirken manchmal wie ausgestorben. An einen Kaffee ist nicht zu denken. Wir unterhalten uns angeregt. Verena erzählt ein wenig von ihrer Arbeit im Hort, Dennis von der Examensvorbereitung und von seinem Studienjahr in Prag. Ich erzähle von Orten in Spanien, wo ich schon war, über das Herumstromern mit dem Wohnwagen, über meine Tätigkeit als Gästeführer. Ich erzähle den beiden auch, dass es mir sehr wichtig ist, den Jakobsweg zu gehen. Gegen elf, wir nähern uns schon Trinidad de Arre, kommt die Sonne ein bisschen stärker hervor. Gleich beginnt es warm zu werden. Aber noch kann von Hitze nicht die Rede sein.

Wir singen zusammen einen irischen Reisesegen:

„Möge die Straße uns zusammenführen
und der Wind in deinem Rücken sein,
sanft falle Regen auf deine Felder,
warm auf dein Gesicht der Sonnenschein.
Und bis wir uns wiedersehen
halte Gott dich fest in seiner Hand.“

Irgendwann kreuzen wir die Hauptstraße, machen an einem Rastplatz halt. Hier findet Verena ein kleines rotes Taizé-Kreuz auf dem Boden. Ich habe mein blaues, das ich von zu Hause mitgebracht hatte und an dessen Halsband auch noch das Medaillon der schwarzen Madonna von Le Puy hing, in der Herberge von St. Jean Pied de Port beim Waschen liegen gelassen. Gestern Morgen, als ich den Verlust bemerkte, fand ich das sehr bedauerlich, stammte es doch noch aus der Zeit, wo wir zum ersten Mal mit der Familie in Taizé gewesen waren. Aber ich scheine auf diesem Weg das Loslassen auf allen Ebenen üben zu müssen.
Erst kurz vor Pamplona finden wir endlich ein Café.

Pamplona ist eine schöne Stadt und der Weg führt fast direkt ins Zentrum zur Herberge Madres Adoratrices.
Wir bekommen zusammen ein Viererzimmer. Später entdecken wir gemeinsam die Altstadt, die Plaza de Toros mit dem Hemingway-Denkmal, die Plaza del Castillo und die winkligen Gassen um die Plaza Consistorial mit ihren vielen baskischen Fahnen. Ein Streifzug führt uns zur Kathedrale, wo wir den wunderbaren gotischen Kreuzgang bestaunen, einen der schönsten Spaniens, wie man sagt, und die Kathedrale selbst mit den klar strukturierten Glasfenstern und Rosetten, die, da es Sonnenschein gibt, ihr buntes Licht auf den Boden werfen. Bemerkenswert ist auch das Diözesanmuseum mit Madonnen aus vielen Jahrhunderten, beginnend mit der Romanik. Bei der Betrachtung dieser religiösen Kunst wird deutlich, wie wunderbar sich Dennis' theologisches Wissen und meine Kenntnisse in Kunstgeschichte, die ich mir als Gästeführer in Bamberg angeeignet habe, ergänzen. Und auch Verenas genaue Beobachtungsgabe lässt uns dreien den Rundgang zu einer echten Bereicherung werden.
Anschließend schauen wir uns noch die weitläufigen Anlagen der Zitadelle an, deren Ausmaße uns beeindrucken.
Am frühen Abend gehen wir dann zum Essen in die Stadt und finden alle Bars geschlossen, bis wir schließlich bei einer Dönerbar fündig werden – nicht gerade original spanisch, aber doch sättigend, und das ist nach der Anstrengung des Tages das Wichtigste. Um 21 Uhr finden wir uns, wie es die Hausregel verlangt, in der Unterkunft ein.
Ich habe das Gefühl, einen guten Tag mit ein wenig echter Urlaubsstimmung erlebt zu haben. Ich werfe noch einen Blick auf die Eintrittskartenabschnitte, die wir an der Kathedrale bekommen haben. Wir hatten nach Pilgerermäßigung gefragt. „Schaut mal, das ist ja eine Familienkarte gewesen, Eltern und Kinder." Ich zeige sie meinen Mitpilgern.
„Ja, Papa, da musst du uns jetzt eine Gutenachtgeschichte erzählen, bitte, bitte", betteln Verena und Dennis im Spaß. Ich erzähle eine, die ich von meinen Erwachsenenbildungsseminaren her kenne und die ich an einer Kirche im Lot-Tal noch einmal gelesen habe.
„Am Ende des Lebens gibt Gott einem Menschen noch einmal die Gelegenheit, auf den eigenen Lebensweg zurückzuschauen. Der Mensch staunt. Fast überall sieht er neben seiner eigenen noch eine zweite Spur von Fußabdrücken. ‚Wer war dieser zweite?', fragt der Mensch Gott. ‚Das war ich', antwortet dieser, ‚ich war immer an deiner Seite.' Der Mensch schaut

noch genauer auf seine Lebensspur. ‚Wie kommt es dann, dass ausgerechnet in den schwierigsten Phasen meines Lebens nur eine Spur zu sehen ist?', meint er traurig. ‚Warum hast du mich da verlassen?' Da legt Gott ihm seinen Arm um die Schulter und sagt sanft: ‚Im Gegenteil, auf diesen Strecken deines Lebens war ich dir am nächsten und habe dich auf meinen Händen getragen.'"

Samstag, 21. Juli

Wieder wird es kurz vor sechs in der Herberge lebendig. Ich wache gut erholt auf. Wir frühstücken, umsorgt von den Schwestern der Klosterherberge. Dann starten wir durch die noch stillen Straßen der Stadt. Durch den Park um die Zitadelle herum führt der Camino aus der Stadt hinaus.

Gestern hatten wir drei Pilger eine schöne Gemeinschaft, aber noch kennen wir uns kaum. Ich möchte die beiden näher kennenlernen und auch meine Gedanken und Lebenserfahrungen mit ihnen teilen. Ich möchte lernen, mich zu öffnen. Vor allem Letzteres habe ich mir für die Begegnungen auf dem Camino vorgenommen, erste Anfänge waren in den Gesprächen am Weg, vor allem mit Alfred, schon geschehen. Ich weiß, dass es mir normalerweise nicht leichtfällt, Dinge, die mir innerlich wichtig sind, vor anderen auszubreiten. Selbst bei vertrauten Menschen halte ich den sensiblen Bereich meiner inneren Burg verschlossen. Ich weiß, dass auch Edith oft hat darunter leiden müssen.

So frage ich meine beiden Mitpilger: „Gibt es Bücher, von denen ihr sagen würdet, dass sie euch geprägt haben? Für mich gibt es da einige ganz wichtige." Ich spreche „Narziss und Goldmund" an, ein Buch, das ich mit knapp 24 Jahren gelesen habe und das mich in dieser Zeit tief berührt hat. Zwei Jahre lang habe ich damals dann ein Hesse-Buch nach dem anderen gelesen. „Siddharta", „Demian", den „Steppenwolf", „Klingsors letzter Sommer", das „Glasperlenspiel" und andere. Es war die Zeit nach dem frühen Tod meiner Mutter, der mich damals sehr aus dem Gleichgewicht gebracht hat. Es war eine Zeit des mich Findens und neuer Werte.

Vor allem Siddharta mit seiner entschlossenen und konsequenten Suche nach sich selbst und dem Sinn seines Lebens, der sogar bei der Begegnung mit Buddha nicht bleibt, sondern seine Suche selbst fortsetzt, wurde mir zu einer Art Vorbild. Davor, am Beginn meines Studiums, war es Thomas Manns „Zauberberg" gewesen, der mich mit der

Welt des Geistigen vertraut gemacht hat, mit Sinnsuche und Lebenshunger. Noch früher, im Gymnasium, war es Franz Kafka, der meine Auseinandersetzung forderte. Einen langen Aufsatz habe ich über ihn geschrieben, dessen Thema mir noch heute gegenwärtig ist: „Kafka stellt seine Figuren in einen irrealen Raum. Warum wirken sie dennoch so beklemmend echt?" Auch ein Satz aus der Türhüterparabel in „Der Prozess", den der Türhüter dem wartenden, lange kämpfenden, hoffenden und am Ende seines Lebens letztlich resignierenden Mann vor dem Tor sagt, hat sich tief in mein Bewusstsein eingegraben. Den zitiere ich für meine Weggefährten: „Dieser Eingang war nur für dich bestimmt, ich gehe jetzt und schließe ihn." Was ich in diesem Augenblick blitzartig erkenne: Auch ich habe Jahre meines Lebens wartend und hoffend vor Türen zugebracht, bei denen es notwendig gewesen wäre, mit einem mutigen Schritt hindurchzugehen. Aber ich konnte es nicht. „Es genügt nicht, nur von einem Ort fortgehen zu wollen. Du musst zu einem anderen hinstreben. Du musst dich von deinen Wünschen führen lassen", sagt der Löwe Graograman dem Bastian in Michael Endes „Die unendliche Geschichte". Auch ein sehr wichtiges Kapitel in diesem wundervollen Buch für mich, da war ich 34 Jahre alt. „Und was ist jetzt mein wahrer Wunsch in meinem Leben?", frage ich mich in meinem Inneren.

Dennis spricht Bücher an, die ihn in den letzten Jahren beeindruckt haben. „Owen Meany" von John Irving nennt er, diese Geschichte von zwei Jungen, in den Fünfzigern geboren, in der es letztlich um die Verrücktheit des Vietnamkrieges geht.

Was er dabei interessant fand, waren die Anspielungen und Parallelen zu Christus, die Irving bei seinem Owen anklingen lässt. Auch Milan Kunderas „Die unendliche Leichtigkeit des Seins", diese Beschreibung eines Arztes, der sich auf eine Liebesbeziehung nicht wirklich einlässt, ihr aber doch auch alles opfert, hat ihn beschäftigt.

Er nennt Isabel Allendes „Das Geisterhaus". Dieses Familiendrama habe auch ich mit viel Anteilnahme gelesen. Ein Buch, das er erwähnt, macht mich besonders neugierig. Es ist Thomas Manns „Der Erwählte", ein Buch über die Gregoriussage, von dem ich noch nichts gehört habe.

Nach über zwei Stunden, im Angesicht der Ruinen des Grafenpalastes von Guendulain, machen wir Rast. Dann führt der Weg weiter und wir setzen unser Gespräch über Literatur und prägende Bücher fort. Verena

Im Angesicht der Ruinen des Grafenpalastes von Guendulain machen wir Rast und unterbrechen unser Gespräch über Literatur.

spricht Jostein Gaarders „Das Kartengeheimnis“ an, dessen ungewöhnliche Perspektive des Lebens sie spannend fand. Sie erwähnt „Die Physiker“ von Dürrenmatt, eine Schullektüre, die für sie auch heute noch einen wichtigen Platz einnimmt. „Das denkende Herz“ von Etty Hillesum hat sie auch berührt. Dieses Tagebuch beschreibt die Entwicklung einer holländischen Jüdin während des Krieges. „Ungewöhnlich finde ich daran, dass diese Frau sich mit ihrem unvermeidlichen Schicksal abfindet, ohne jedoch zu resignieren“, erläutert sie.

Dann nennt sie ein Buch, dessen Lebensweisheit auch mich tief berührt hat: Antoine de Saint-Exuperys „Der kleine Prinz“.

„Es ist eine bezaubernde magische Geschichte. Schon ein Satz im Vorwort gefällt mir sehr: ‚Alle großen Leute sind einmal Kinder gewesen'“, erklärt sie uns. Eine Kernbotschaft dieses Büchleins ist für sie prägend geworden: „Man sieht nur mit dem Herzen gut.

Das Wesentliche ist für die Augen unsichtbar.“

Santa Maria de Eunate beeindruckt uns. Wir lassen die sammelnde und zentrierende Wirkung dieser oktogonalen Kirche auf uns einströmen.

In diesem Buch gibt es auch eine kleine Geschichte, die zu uns passt, die wir gerade dabei sind, uns besser kennenzulernen. Einmal begegnet dort ein Fuchs dem kleinen Prinzen und sagt zu ihm: „Du bist für mich noch nichts als ein kleiner Knabe, der hunderttausend kleinen Knaben völlig gleicht. Ich brauche dich nicht und du brauchst mich nicht. Ich bin für dich nur ein Fuchs, der hunderttausend Füchsen völlig gleicht. Aber wenn du mich zähmst, werden wir einander brauchen. Du wirst für mich einzig sein auf der Welt. Ich werde für dich einzig sein auf der Welt."
„Was muss ich da tun?", fragt der kleine Prinz.
„Du musst sehr geduldig sein", antwortet der Fuchs.

Der Alto de Perdón wird sichtbar. Die Sierra de Perdón ist garniert mit einer ganzen Reihe von Windrädern zur Stromgewinnung, ebenso wie die anderen Bergzüge im weiten Umkreis. Wir sind uns einig, dass uns ein solcher Anblick angenehmer ist als ein Atomkraftwerk. Vorbei führt der Weg am Grab eines Pilgers aus Holland, der hier vor ein paar Jahren gestorben ist. Blumen schmücken sein Grab und der Brief eines Freundes, der ihn hier besucht hat.

Starker Wind pfeift uns am Alto de Perdón um die Ohren und wir betrachten die weite Aussicht, bevor wir den Abstieg nach Uterga beginnen. Hier kreuzt der Weg des Windes den Weg der Sterne, also den Jakobsweg, heißt es. Mit Taizé- und Wanderliedern vertreiben wir uns die Zeit. „Ubi caritas et amor, ibi deus est" ist eines davon. Wo Einfühlsamkeit in den Nächsten, Mitmenschlichkeit und Liebe ist, da ist Gott. Ja, das spüre ich auf dem Weg. „Wir wollen zu Land ausfahren, über die Fluren weit, aufwärts zu den klaren Gipfeln der Einsamkeit. Lauschen, woher der Sturmwind braust, schauen, was hinter den Bergen haust und wie die Welt so weit, und wie die Welt so weit." Auch das passt zu der Landschaft, durch die wir pilgern.

Als wir Uterga erreichen, hilft uns jeweils ein großer Kaffee über die aufkommende Müdigkeit. Meine beiden Begleiter leiden unter ihren Knieschmerzen und ich laufe derzeit ohne Beschwerden. Ich habe beiden meine elastischen Bandagen gegeben. In Muruzábal biegen wir ab zur Wallfahrtskirche Santa Maria de Eunate, der harmonisch schönen oktogonalen Kirche aus dem 12. Jahrhundert, in der sanfte Musik die Pilger zur Stille gemahnt. Jeder von uns lässt die Wirkung dieser kraftvollen Kirche, die wegen ihrer Ähnlichkeit mit der Grabeskirche in Jerusalem dem Orden der Tempelritter zugeschrieben wird, auf sich einströmen. Wir bleiben vor der Kirche, machen Rast und stärken uns noch für die fünf Kilometer nach Puente la Reina.

Unterwegs sprechen wir zunächst von der Wirkung des Kirchenraums, der vor allem Verena und mich stark beeindruckt hat. Beide haben wir eine zentrierende und sammelnde Kraft spüren können in der Zeit, in der wir dort im Gebet verharrten. Von der Wirkung dieser Kirche schweift unser Gespräch weiter zur Prägung, die wir durch Religion erfahren haben. Ich beschreibe meinen Weg, durch einen katholischen Schülerverband mitgeformt, und meine spätere Begegnung mit dem Buddhismus, die für mich nicht zu einer Abkehr von den ursprünglichen Überzeugungen geführt hat, sondern in gewisser Weise sogar zu einem neuen, tieferen Verständnis davon, allerdings auch zu einer Erweiterung meiner Sichtweise. Menschen, die es schaffen, aus dem Brunnen beider Religionen für sich Wahrheit zu schöpfen, haben mich immer neugierig gemacht. Als ich in unserem Gespräch Christus und Buddha auf eine ähnliche Stufe stelle, widerspricht mir Dennis. „Ich bin zwar auch dafür offen, dass Menschen in anderen Religionen Wahrheit finden, aber das Christentum als der Weg, wo sich Gott gezeigt hat und wie er sich in Christus gezeigt hat, ist

für mich doch einmalig." Er spricht über den evangelischen Theologen Karl Barth, nach dessen Überzeugung alle anderen Religionen Irrwege sind, die nicht zu Gott führen können, grenzt sich aber dann von dessen Ansicht ab. Lebhaft geht unser Gespräch weiter. Ich erinnere an die Position des 2. Vatikanischen Konzils, das in seiner Erklärung über das Verhältnis der Kirche zu den nichtchristlichen Religionen ausgesprochen hat, dass von der katholischen Kirche „alle jene Vorschriften und Lehren aufrichtig ernst genommen (werden), die, wenngleich sie von dem, was sie selber für wahr hält und lehrt, in vielem abweichen, doch nicht selten einen Strahl der Wahrheit widerspiegeln, die alle Menschen erleuchtet". Wir erläutern einander unser Gottesbild, sprechen darüber, inwieweit das Heil des Menschen von seinem rechten Streben oder allein von Gott abhängt. Die Frage hat nicht nur akademische Bedeutung, denn in ihrem Hintergrund schwingt auch die Frage mit: Was kann eine Pilgerreise im Tiefsten bewirken? Dennis zitiert aus dem Römerbrief: „Denn es spricht der Herr zu Mose: ‚Welchem ich gnädig bin, dem bin ich gnädig.' Also liegt es nicht an jemandes Wollen oder Laufen, sondern an Gottes Erbarmen." Dem eigenen tätigen Anteil so gar keine Wirkung zuzuschreiben, widerspricht meiner Überzeugung. Wir einigen uns darauf, dass durch das Gehen des Jakobswegs Gottes Erbarmen nicht herbeigezwungen werden kann, es jedoch dabei hilft, offen für die Wahrnehmung Gottes und damit für sein Wirken in uns zu werden. Wir diskutieren in einer Weise, die Respekt und Achtung vor der Überzeugung des anderen deutlich werden lässt. Hier gibt es eine Ebene, auf der wir uns auch bei unterschiedlichen Akzenten der Glaubensüberzeugungen näherkommen. Verena steigt mehr und mehr aus dem Gespräch aus. Als wir sie deswegen fragen, meint sie: „Ich höre euch gerne zu, es ist interessant, was ihr da diskutiert." Hinter Obanos verlassen wir das Thema. Nach unseren „geistigen Höhenflügen" kehren wir zurück in die Niederungen des alltäglichen Pilgerdaseins.
Als wir Puente la Reina erreichen, ist die Herberge im Priesterseminar Padres Reparadores leider schon voll. So ziehen wir durch die Stadt ans andere Ende, sehen dabei auch die Brücke aus dem 11. Jahrhundert, die dem Städtchen den Namen gegeben hat, und kommen in die private Herberge Santiago Apostol. Wir waschen alle drei unsere Kleider, dann nutzen wir zusammen den noch recht kühlen Swimmingpool. Über die alte Pilgerbrücke kehren wir erfrischt in die Stadt zurück. Die Suche nach etwas Essbarem zu erschwinglichen Preisen gestaltet sich schwierig, bis

wir schließlich in einer Bar, die Pizza anbietet, fündig werden. Anschließend merken wir, dass es nichts mehr an Lebensmitteln zu kaufen gibt, und morgen ist Sonntag. Verena wirkt ziemlich geschafft, beherrscht sich aber gut. Wir vertrauen darauf, morgen etwas zu finden oder in der Herberge etwas für morgen mitnehmen zu können.
Als es dämmrig wird, kehren wir in die Albergue, die etwas außerhalb der Stadt im Westen liegt, zurück. Verena notiert stolz, dass wir heute fast 28 Kilometer gelaufen sind. Ich nutze den großen, hellen Aufenthaltsraum noch für Notizen, während die anderen Pilger schon schlafen.
Als ich dabei auf den Tag zurückblicke, scheint es mir, dass wir drei Pilger in unserer Unterschiedlichkeit einander sehr anregen, dass wir tiefe, persönliche Gespräche führen und langsam zu einer Gemeinschaft zusammenwachsen. Für mich ist das nach der langen Pilger-Eremiten-Zeit eine sehr schöne Erfahrung.

Sonntag, 22. Juli

Heute stehen wir erst um 6.30 Uhr auf und lassen uns Zeit. Das Frühstück ist ärmlich für seinen Preis, der Hospitalero an der Bar unfreundlich. Es ist eine kommerzielle Herberge. Viertel nach acht haben wir alles gepackt und starten und haben nochmals einen Blick auf Puente la Reina. Noch ist es kühl, der Weg führt im Wesentlichen an der Nationalstraße entlang, manchmal näher, manchmal ferner. Der weiße Staub des Weges pudert die Stiefel ein. In Ciranqui, nach etwa zwei Stunden, findet sich endlich ein Laden, wo wir einkaufen für eine spätere Rast. Dort treffen wir auch auf Laura.
Die Autobahn schmälert die landschaftliche Schönheit des weiteren Weges, aber an sich ist es eine abwechslungsreiche Landschaft. Beim Weitergehen erzähle ich Zen-Geschichten, so auch die: Zwei Mönche sind auf einer Pilgerreise unterwegs. Sie stoßen auf einen reißenden Fluss, der von den Regenfällen der letzten Tage stark angeschwollen ist. Dort stehen am Ufer zwei Frauen, die auch unterwegs sind, aber es nicht wagen, den gefährlichen Fluss zu durchqueren. Da nehmen die Mönche die Frauen auf ihre Schultern und tragen sie hinüber. Am anderen Ufer setzen sie sie ab und gehen weiter. Nach einer halben Stunde fragt einer der Mönche den anderen: „War es recht, dass wir die Frauen über den Fluss getragen haben, wo wir doch keine Frauen berühren dürfen?“ Da antwortet ihm der andere Mönch: „Trägst du deine Frau immer noch?! Ich habe die meine am anderen Ufer abgesetzt.“

Irgendwann hinter Ciranqui überqueren wir den Río Salado, in dem nach alter Überlieferung das Wasser so giftig war, dass jedes Pferd sofort tot umfiel, wenn es davon trank. Es wird wärmer und wärmer. Wir machen Rast im Schatten niedriger Bäume. In Villatuerta wollen wir die Kirche anschauen, aber sie ist, wie viele vorher, geschlossen. Es enttäuscht mich und auch meine Begleiter, dass es praktisch nicht die Möglichkeit gibt, sich in den kleinen Kirchen einen Moment der Stille und des Verweilens zu gönnen.
Ich kenne es von Frankreich her und habe diese Zeiten der Besinnung immer gerne genutzt.
Wir ziehen weiter und stoßen kurz vor dem Río Ega auf ein weiteres Pilgergrab, das einer Kanadierin, die hier 2002 gestorben ist. Die letzten paar Kilometer nach Estella sind schwer, vor allem wegen der drückenden Schwüle und des Schweinestallgestanks, der sich kurz vor dem Stadtrand widerlich in die Nase zieht. Ein Gedenkstein an einem Brunnen trägt die Inschrift: „Buen pan, excelente agua y vino, carne y pescado, llena de todo felicidad.“ So lobte schon Aimeric Picaud in seinem Pilgerführer im 12. Jahrhundert diese Stadt. Ich bin müde und Dennis und Verena noch mehr geschafft. Endlich erreichen wir gegen halb drei die Herberge in einer engen, schönen Straße der Altstadt. Nach dem üblichen Ritual trifft sich Verena mit einer Freundin, die in Spanien lebt. Dennis und ich machen einen Streifzug durch die Stadt und sehen, dass gerade ein Mittelalterfest mit vielen Attraktionen heute seinen letzten Tag hat. Bis es sich allerdings richtig entfaltet, ist es schon Abend. Zu dritt ziehen wir noch los, kaufen ein und kochen Nudeln, zusammen mit Valerie und Julien, den beiden Quebec-Kanadiern, die ich schon von Aroue her kenne und die auch nach Santiago wollen. Gegen Abend zieht unser Dreigestirn noch einmal los, um die Pilgermesse zu suchen. Erst in der dritten Kirche werden wir fündig. Der Gottesdienst ist dann leider schon zur Hälfte vorbei. Mit uns haben zwei österreichische Zwillingsschwestern, fast in meinem Alter, nach der Abendmesse gesucht. Auch sie sind Pilgerinnen, aber so adrett gekleidet, dass man es ihnen kaum glauben möchte.
Durch das Treiben des Mittelaltermarktes mit seinen Marktständen, Dudelsackgruppen und Baderkarren bahnen wir unseren Weg zurück zur Albergue, wo schon bald Nachtruhe angesagt ist. Wir haben uns vorgenommen, morgen bald zu starten.

Montag, 23. Juli

Um halb sechs wird es lebendig im Schlafsaal. Ich wache ausgeruht auf, auch wenn es nachts recht warm war. Das Frühstück, das wir Pilger an einer langen Tafel zusammen einnehmen, ist preiswert und gut. Kurz vor sieben setzen wir uns in Bewegung. Alle Stände des Mittelalterfestes sind abgeräumt, als wenn nie etwas gewesen wäre, außer ein paar Pilgern ist niemand zu sehen. Schnell sind wir aus der Stadt draußen und sehen schon das Kloster Irache und die daneben befindliche Weinkellerei mit ihrem Weinbrunnen vor uns. Als wir um halb acht am Weinbrunnen ankommen, erleben wir eine Enttäuschung. Den kostenlosen Wein für Pilger gibt es erst ab acht Uhr. Später erfahren wir von Valerie und Julien, dass er auch noch nach acht Uhr keinen Tropfen von sich gegeben hat. Nachdem auch das Kloster noch geschlossen ist, ziehen wir weiter. Seit dem Morgen ist der Himmel bewölkt, jetzt fängt es leicht zu regnen an. Aber es ist noch so warm, dass ich im T-Shirt weiterlaufe. Die ganze Strecke lang ist der fast 900 Meter hohe Berg von Montjardín in Sicht, dazu die Bergzüge im Westen und Norden. Der Weg führt vorbei an einem alten Brunnen aus dem 13. Jahrhundert, wo man unter einem Dach auf einer breiten Treppe zum

Wir drei Weggefährten: Dennis, Verena und ich.

Wasser hinuntersteigen kann. Dennis und ich singen Kirchenlieder aus der katholischen und evangelischen Tradition. Eines, von Paul Gerhardt, in der Mitte des 17. Jahrhunderts geschrieben, kennen wir beide:

„Befiehl du deine Wege,
und was dein Herze kränkt,
der allertreusten Pflege
des der den Himmel lenkt!
Der Wolken, Luft und Winden
gibt Wege, Lauf und Bahn,
der wird auch Wege finden,
da dein Fuß gehen kann.“

An Villamayor de Monjardín führt der Weg knapp vorbei, in der Folge – es hat wieder aufgehört zu regnen – geht der Camino entlang an Weinbergen und abgeernteten Getreidefeldern über einen schönen breiten weißen Weg durch die siedlungsfreie Landschaft.

Plötzlich kommt unser Gespräch auf das Thema: Was bewegt uns, den Weg zu gehen?
Für Dennis, der gerade sein Examen hinter sich hat und damit auch die lange Zeit der Vorbereitung darauf, ist es auch die körperliche Herausforderung nach der geistigen. „Irgendwie ähneln sich der Weg und die Prüfungsvorbereitungen. Jeden Tag macht man ein gewisses Stück und zum Schluss kommt ein großes Ganzes dabei heraus.“ Er sucht auch die Begegnung mit interessanten Menschen, Kulturdenkmälern und die Verbundenheit mit der Natur. Und er will wissen, was es bedeutet, zu pilgern. Für Verena geht es darum, einmal etwas ganz Neues zu machen.
Mit dem Rucksack ist sie noch nie so weit gelaufen. Sie will weg vom Alltag, will auch die Einfachheit erleben. Nicht zuletzt hat der Weg auch mit ihrem Glauben zu tun. Sie möchte auf eine andere Art Gott begegnen.
Ich erzähle von meiner Lebenssituation vor dem Jakobsweg, von der Resignation und Hoffnungslosigkeit und von der Notwendigkeit, eine Neuorientierung zu finden.
Es klingt in mir dabei noch eine Strophe des Liedes nach, das wir vorhin gesungen haben:

„Auf, auf, gib deinem Schmerze
und Sorgen gute Nacht!
Lass fahren, was dein Herze
betrübt und traurig macht!
Bist du doch nicht Regente,
der alles führen soll;
Gott sitzt im Regimente
und führet alles wohl."

Mir wird noch einmal klar, dass ich viel gewagt habe mit diesem Weg. Seit über einem Jahr hatte ich fast ständig Herzschmerzen, ohne zum Arzt zu gehen. Wenn ich es getan hätte, wer weiß, ob er mir nicht sogar abgeraten hätte, diese Anstrengung auf mich zu nehmen. Ich habe letztlich sogar nicht ausgeschlossen, dass ich den Weg nicht überleben würde und habe mich trotzdem dafür entschieden. Als ich das meinen Weggefährten erzähle, erschrecken sie. „Ihr braucht keine Angst zu haben, dass ich hier gleich tot umfalle", beruhige ich sie. „Ich habe jetzt seit Wochen keine Herzschmerzen mehr, fühle mich körperlich gekräftigter denn je und, was noch wichtiger ist, ich baue jeden Tag weiter Lebensmut auf." Beide berichten von Themen, die in Gedanken oder Träumen aufgetaucht sind und in denen es um die Auseinandersetzung mit dem Tod der Großeltern geht.
Ich bin so froh, diese beiden Wegbegleiter gefunden zu haben. Trotz des großen Altersunterschiedes, beide sind 26, spüre ich, dass wir in vielem eine gemeinsame Wellenlänge haben und immer wieder Gespräche in großer Offenheit möglich sind.
Lange sieht die Landschaft so aus, als würde nie wieder ein Ort auftauchen. Obwohl es noch bewölkt ist, wird es ab elf Uhr wieder warm. Das ist schon unsere Erfahrung aus den vorhergehenden Tagen. Plötzlich ist Los Arcos da. Es ist halb eins.
Die Herberge ist schön am anderen Ufer eines kleinen Flüsschens gelegen. Wir bekommen drei nummerierte Betten in einem Viererzimmer. Ich verstehe den Hospitalero, der uns in den Schlafraum einweist, so, dass wir uns nicht nach den Nummern richten müssen, sondern uns eines der vier Betten aussuchen können. Wenig später dann eine unangenehme Situation. Ein Spanisch sprechender Pilger trifft ein, Südamerikaner offenbar, der auf dem Bett mit seiner Nummer besteht, statt einfach das noch freie vierte zu nehmen. Das Bett mit seiner Nummer habe ich besetzt und alle meine Sachen dort schon ausgebreitet. Er will es unbedingt. Ich finde das

kleinlich und versuche ihm das auch klarzumachen, soweit meine Sprachkenntnisse reichen. Ich finde es auch zwanghaft, aber das kann ich glücklicherweise auf Spanisch nicht ausdrücken. Aber er besteht auf seinem Bett. Etwas missmutig gebe ich nach und ziehe um. Später regt er sich bei meinen Weggefährten noch über mein „komisches" Verhalten auf, was Dennis und Verena mir natürlich erzählen. Mit einem gewissen Groll denke ich mir: „Wer ist hier eigentlich komisch?"
Die Aktivitäten anschließend lenken mich davon ab.
Wir kaufen für Abendessen, Frühstück und Wanderung morgen ein, trinken Kaffee. Am Nachmittag nutzt jeder von uns die Zeit für sich.
Mir wird deutlich, dass sich meine Pilgertage hier ganz anders strukturieren als in Frankreich. War dort das Unterwegssein für den ganzen Tag prägend, so gibt es hier jetzt zwei Phasen. Der frühe Morgen, der Vormittag und bei längeren Etappen die ersten Stunden des Nachmittags gehören dem Pilgern, der spätere Nachmittag der Besichtigung, dem Gespräch mit anderen Pilgern. So kommt phasenweise das Gefühl von Urlaub auf, das es vorher nur in ganz kurzen Zeiten gab. Was für mich auch zusätzlich die Pilgerschaft verändert, ist unsere kleine Gruppe. Ich erlebe die Annehmlichkeiten gegenseitiger Hilfe, die Schönheit und Zartheit gegenseitiger Rücksichtnahme, die Einübung von Gelassenheit bei Entscheidungen und vor allem auch die wechselseitige geistige Bereicherung. Ich bin sehr froh über diese Gemeinschaft.
Später kochen wir zusammen mit Valerie und Julien eine Art Paella und essen gemeinsam.

Von der Herberge fällt der Blick in die Altstadt zurück vor allem auf die Iglesia de Santa Maria, die Hauptkirche von Los Arcos, deren älteste Teile aus dem 12. Jahrhundert stammen und auf deren Turm Störche nisten. Dort ist um 19 Uhr Gottesdienst mit Pilgersegen.
Es sind wirklich viele Pilger da. Der Priester, der die Messe leitet, ist wohltuend klar und bestimmt in Ausdruck und Gestik und auch gut zu verstehen. Die Gemeinschaft der Pilgernden, die ihr Vorhaben unter den Schutz Gottes stellen, wird für mich eindrucksvoll spürbar. Der Pilgersegen, auch wenn ich ihn zunächst nur teilweise übersetzen kann, berührt mich tief. Wie ich ihn höre, rhythmisch im Sprachklang, erinnere ich mich, dass er schon bei der ersten Pilgersegnung in Roncevalles gesprochen wurde. Wir bekommen den Text, der aus dem 11. Jahrhundert stammt und in dem die Kraft einer tausendjährigen Pilgertradition schon grundgelegt ist, am Ende der Segnung in der jeweiligen Muttersprache.

Er lautet:

> *„O Gott, der du deinen Diener Abraham aus der Stadt Ur in Chaldäa errettet hast, ihn beschütztest auf all seinen Pilgerfahrten und der du der Führer des hebräischen Volkes durch die Wüste warst, wir bitten dich, dass du uns, deine Diener, behütest, die um deines Namens willen nach Santiago de Compostela pilgern.*
> *Sei für uns*
> *Weggefährte auf der Pilgerschaft,*
> *Wegweiser an Kreuzungen,*
> *Kraftquelle bei Erschöpfung,*
> *Schutz in der Gefahr,*
> *Herberge auf dem Wege,*
> *Schatten in der Hitze,*
> *Licht in der Dunkelheit,*
> *Trost in der Mutlosigkeit,*
> *und die Kraft für die Durchsetzung unserer guten Vorsätze, damit wir, dank deiner Hilfe, wohlbehalten das Ziel unseres Weges erreichen und dass wir, bereichert an Gnade und Tugend, unbeschadet nach Haus zurückkehren, voller ersprießlicher und immerwährender Freude,*
> *für Jesus Christus, unseren Herrn,*
> *Amen.“*

Mit dem Gefühl, einen wirklich runden Tag gehabt zu haben, gehe ich um halb zehn ins Bett.

Dienstag, 24. Juli

Wir stehen um fünf Uhr auf und kommen um sechs Uhr los. Während wir aus dem Städtchen hinauslaufen, steigt in mir nochmals ein leichter Groll über das sture Verhalten des südamerikanischen Mitpilgers und seine seltsame Reaktion auf. Als ich davon meinen Weggefährten erzähle, meint Dennis zu mir: „Komm, setz ihn am anderen Ufer ab und trag ihn nicht mit dir!“ Ich versuche, in meinem Kopf einen kleinen Hebel umzulegen und es gelingt mir überraschend gut. Die Situation rückt in die Vergangenheit, es ist weder zwingend noch notwendig noch sinnvoll, sie ins Jetzt mitzunehmen. Dann ist auch der Ärger weg.

Mir kommen ein paar wichtige Einsichten in Erinnerung:
Es sind unsere Vorstellungen, unser Denken, unsere Erwartungen, die, wenn sie nicht im Einklang sind mit der Wirklichkeit des Lebens, dann unangenehme Emotionen in uns auslösen.

Wenn ich, auf die gestrige Situation bezogen, begreife, dass ich keinerlei Anspruch darauf habe, einem verständnisvollen und großzügigen Mitpilger zu begegnen, wenn ich also diese Vorstellungen von der Wirklichkeit, wie ich sie gerne hätte, loslassen kann, dann geht es mir besser. Wenn ich darüber hinaus anerkennen kann, dass ich es war, der sein Bett in Anspruch genommen hat, aus seiner Sicht ein Übergriff, dann wird meinem Ärger noch mehr der Boden entzogen.
Mit der Zeit gelingt es mir sogar, immer mehr Verständnis für die Reaktion dieses Mitpilgers aufzubringen. Ich möchte ihm, falls wir uns wiedertreffen, ohne Ressentiment begegnen können. Wieder einmal klingt in mir das Lied an: „Meine engen Grenzen, meine kurze Sicht bringe ich vor dich, wandle sie in Weite, Herr, erbarme dich."

Wir haben heute vor, eine Etappe von 30 Kilometern zu laufen. Es ist noch dunkel, aber schon wenig später fängt es an zu dämmern. Auf einem fast ebenen, breiten Weg laufen wir in die von Feldern umkränzte Landschaft hinaus und halten nicht, bevor die Sonne aufgeht. Dann aber, nach circa eineinhalb Stunden, machen wir Frühstücksrast. Weiter geht es auf Schotterstraßen nach Torres del Río. Gerne hätten wir dort einen Blick in die Iglesia de Santo Sepulturo geworfen, die der von Eunate ähnelt, doch leider hat sie erst ab neun Uhr auf. Aber eine Stunde warten? Nein! Das geht an einem Tag, an dem ab Mittag Hitze zu erwarten ist, nicht. Später führt der Weg auf und ab, meist gut, manchmal auch steinig, vorbei an Weinbergen und Oliven und abgeernteten Getreidefeldern. Oft ist ein herrlich weiter Blick. Wir kommen an der Eremita de Nuestra Señora de Poyo vorbei, die ich von früheren Reisen kenne.
„Zweimal habe ich hier gegenüber auf dem Parkplatz mit dem Wohnwagen übernachtet", erzähle ich meinen Weggefährten. Verena fragt mich: „Willst du eine kleine Gedenkminute einlegen?" Ja, das habe ich mir gewünscht. Innerlich danke ich ihr für ihr Einfühlungsvermögen. Ein paar Minuten bleiben wir dann auch und unterhalten uns ein wenig mit einem Paar etwa meines Alters aus Hessen, Doris und Hans, deren gelassene und humorvolle Art mir auffällt.

In der gleichen Weise geht der Weg weiter, immer wieder stoßen wir auf Pilger, die wir vom Sehen kennen. Gegen halb zwölf erreichen wir Viana, wo gleich am Ortsrand ein Rastplatz für die Pilger eingerichtet ist, den ein expressionistisches Bild an einer Hauswand verschönt. Wir essen ordentlich, steigen dann in den Ort hinauf und merken, dass Viana sich in Feststimmung befindet. Stelzengänger, Musikkapellen, Fähnchen überall und die Vorbereitungen zu einem Stiertreiben. Wir ziehen dennoch weiter, weil wir Logroño erreichen wollen, haben uns aber vorher noch in der Hauptstraße bei einem Kaffee gestärkt und ein paar Eindrücke vom festlichen Treiben aufgefangen. Bald ist die Grenze der Provinzen Navarra und Logroño erreicht.

Wir erreichen die Herberge von Logroño eine Stunde vor ihrer Öffnung und warten in der Hitze.

Wir sind in ein Gespräch über Erziehung, Werte und Grenzen vertieft. Hier ist Verena in ihrem Metier, denn sie ist in verantwortlicher Position in einem großen Kinderhort. Wir reden über Freiräume, die Kinder in der Leistungsgesellschaft brauchen, sprechen darüber, wie unsere eigenen Freiräume früher ausgesehen haben. Wir diskutieren auch über Vorgaben und Rituale, die Kindern Orientierung geben, über Grenzen und die Art, sie einzufordern. Wir stimmen darin überein, dass es Eltern heute zunehmend schwerer gelingt, Kindern die notwendige Orientierung zu geben und loten aus, wie Wertevermittlung gelingen könnte.
Angeregt durch das Gespräch über gesellschaftliche Grundüberzeugungen stellt uns Dennis ein für ihn wichtiges Buch vor, „Gottes Werk und Teufels Beitrag“ von John Irving, bei dem es um die Wertediskussion bei der Abtreibung geht. Er macht uns deutlich, wie dieses Buch seine Perspektive bei dieser Frage erweitert hat. Später sprechen wir noch über die Konfliktfälle, die zwischen Patientenwillen und ärztlicher Verantwortung bei Patientenverfügungen entstehen können und über die Gewissensfragen, die dabei entstehen.
Bald kommt auch die Stelle, wo früher die legendäre Doña Felisa die Pilgerpässe stempelte. Heute tut das ihre auch schon in reiferen Jahren

stehende Tochter, der ich einen kleinen Pilgerkürbis abkaufe. Verena erwirbt eine Jakobsmuschel mit dem Santiagokreuz. Jetzt, mit der Kalebasse, ist mein Pilgerstab, der Bambus aus meinem Garten, noch typischer für einen Pilgerstab geworden.
Wir erreichen die Herberge in Logroño eine Stunde bevor sie öffnet. Verena unterhält sich mit spanischen Pilgern über die neue Jakobsmuschel an ihrem Rucksack und will ihnen etwas über unseren Einkauf bei dieser bekannten Dame am Jakobsweg erzählen. Da sie nicht gleich verstehen, über wen sie spricht, erklärt Verena ihnen: „Es una señora publica." Die anderen schauen etwas verwundert, begreifen dann, wer gemeint ist und lachen. Es stellt sich heraus, dass sie unter dieser Bezeichnung eine Prostituierte verstehen. „Una señora famosa", korrigieren sie, immer noch sehr erheitert.
Als wir endlich in die Albergue dürfen, genießen wir nach dem üblichen Ritual den Patio mit dem plätschernden Brunnen. Dennis und ich kaufen ein, Verena schläft noch ein bisschen. Anschließend kochen wir zu dritt. Auch Bernard, der liebenswürdige und hilfsbereite Franzose, den ich schon seit Boncue kenne und der es schafft, immer als einer der Ersten zu starten und als einer der Ersten anzukommen, kocht gerade sein Abendessen. Wir wollen ihn einladen, aber das lehnt er freundlich ab.
Während Verena noch ein paar vergessene Sachen für den morgigen Pilgertag besorgt, gehen Dennis und ich in die Kathedrale Sta. Maria de la Redonda, wo wir auch die beiden österreichischen Schwestern finden, die wir schon in Estella auf der Suche nach dem Gottesdienst getroffen haben. Wieder sind sie wie aus dem Ei gepellt.
Der Priester predigt über Santiago, also den heiligen Jakobus, denn am nächsten Tag ist das Fest des Heiligen.
Er spricht darüber, wie wenig Genaues über das Wirken und selbst über das Grab des Apostels in Spanien bekannt ist, und dass er mit seiner Mission zu Lebzeiten wohl nicht sehr erfolgreich war. Dafür sei später und bis heute die heilsame Wirkung, die auf die Menschen ausströmt, die zu seinem Grab unterwegs sind, umso stärker geworden.
Ja, auch ich habe diese Kraft schon gespürt, und neuer Lebensmut hat sich in mir entwickelt.

Mittwoch, 25. Juli

Um fünf Uhr werde ich wach, fühle mich einigermaßen ausgeschlafen. Pünktlich um sechs stehen wir auf der noch nachtdunklen Straße Rua

Vieja und ziehen durch die Altstadt nach Westen. Noch sind nur wenige Pilger zu sehen. Auf geteerten Straßen geht es dann leicht bergauf, bis wir den Parque La Grajera erreichen. Auf der Nordseite eines kleinen Stausees geht es auf Pfaden weiter, dann wieder auf einer Piste.

Wir laufen schnelles Tempo. Langsam merke ich, wie ich den Anschluss an die anderen verliere, erst Zentimeter für Zentimeter, dann Meter für Meter. Dennis und Verena haben schon 30 Meter Vorsprung, als das Brot, das ich hinten am Rucksack auf das Zelt geschnallt habe, sich löst und herunterfällt. Ich rufe, aber Dennis und Verena hören es nicht. Ich setze den Rucksack ab, schnalle das Brot wieder fest, entferne noch einen Fremdkörper aus dem Schuh, setze den Rucksack wieder auf und – die beiden anderen sind über alle Berge verschwunden. Während ich mein höchstes Tempo einlege, wobei es mir nicht gut geht, geht mir allerlei durch den Kopf. Was, wenn ich das Tempo der beiden jungen Leute, jetzt, wo sie kaum mehr Knieprobleme haben, nicht mehr mithalten kann? Was, wenn ich ihnen wie ein Bremsklotz vorkomme? Was, wenn ich selbst merke, dass mir dieses schnelle Laufen nicht guttut? Ich stelle fest, dass ich mir wünsche, dass meine Bedürfnisse wahrgenommen werden. Ich merke auch, dass ich niemandem lästig werden möchte und dass ich mich dann eher zurückziehe. Ich denke darüber nach, wie oft und wo ich wohl die Botschaft „Belästige mich nicht!" vermittelt bekommen habe, ausdrücklich oder, wahrscheinlicher, unausgesprochen. Ich merke, dass ich Verena und Dennis nicht verlieren will. Ich habe die beiden in der Woche, die wir jetzt miteinander unterwegs sind, schon sehr ins Herz geschlossen. So und ähnlich grübelnd versuche ich wieder Anschluss zu finden. Navarete ist schon in Sicht, als es mir endlich gelingt, weil die beiden warten.

Wir laufen zusammen an der Schnellstraße entlang auf steinigen Wegen. Die Ruinen des früheren Pilgerhospitals San Juan de Acre passieren wir schnell, durchqueren den Ort. Jetzt werden auch meine beiden Begleiter müde. An der kleinen Eremita Santa Maria de Jesús am Ortsende machen wir Rast, direkt neben einem Pilgergrab von 1986. Ich erzähle ihnen von meinen Gedanken, die ich hatte, als ich hinter ihnen herlief. Ich finde Verständnis.

Im folgenden Stück sind viele Rioja-Weinberge um uns herum, sie dominieren zeitweise die Landschaft. Wir sind beim Wandern ins Gespräch vertieft, ich erzähle von Koans, diesen scheinbar absurden Rätseln aus dem Zen, die dazu helfen sollen, die Illusion aufzugeben, dass das Ich eine vom Rest abgegrenzte Existenz habe. „Wenn man mit beiden Händen klatscht, hat man einen Ton. Welches ist der Ton der einen Hand?", ist eines der bekanntesten. „Zeig mir dein Gesicht, das du hattest, bevor deine Eltern geboren wurden", ist ein anderes. Wir sprechen darüber, dass auch die Bibel koanähnliche Bilder kennt: „Wenn das Weizenkorn nicht stirbt, bleibt es allein. Wenn es aber stirbt, trägt es reiche Frucht." Wir fragen uns, ob sich Antworten auf solche Rätsel auch auf dem Camino erschließen.

Ultreia, vorwärts, immer weiter ... heute nach Nájera.

Dort, wo der Weg, der durch Ventosa führt, wieder auf den direkten Weg nach Nájera stößt, machen wir im Schatten eines Baumes nochmals Rast. In der Zwischenzeit ist es warm geworden, das Gehen wird schwerer. Wir steigen an Steinmännchen, die andere Pilger errichtet haben, vorbei zum Alto de San Antón, von wo aus Nájera sichtbar wird.

An einer plötzlich am Weg auftauchenden, hohen und langen Wand finden wir einen langen deutschen Text: „Wer ruft dich, Pilger? Welche geheime Macht lockt dich an?" Vieles, was den Sinnen guttut und das Herz erfreut, wird beschrieben. Doch des Rätsels Lösung ist das alles nicht. „Die Kraft, die mich vorantreibt, die Macht, die mich anlockt, auch ich kann sie nicht erklären, dies kann allein nur ER dort oben", schließt der Text. Das stimmt. Auch die Gespräche über unsere Beweggründe haben Schicht für Schicht Wirklichkeiten an den Tag gebracht, aber dahinter blieb immer noch ein Raum, ein Geheimnis verschlossen. Unsagbar, kaum geahnt.

Als wir in Nájera das Zentrum und die Herberge erreichen, stoßen wir bald auch auf Laura, die Italienerin aus Bergamo mit ihren kurzen schwarzen Haaren. Sie berichtet, 40 Kilometer hinter sich zu haben und wirkt noch erstaunlich frisch. Auch ich habe unsere 31 Kilometer ohne das Gefühl von Erschöpfung geschafft, meinen Weggefährten geht es ebenso. Der Empfang in der Herberge ist herzlich, die Organisation klappt gut. Wir bekommen Karten für das kommunale Freibad und machen uns bald auf den Weg dorthin. Wir begegnen Julia und Lucia, den beiden

slowakischen Studentinnen aus Bratislava, die in der Hitze des Tages schwer gelitten haben. Ihnen bin ich schon auf der ersten Etappe in Spanien begegnet, Lucia plagte sich damals mit Knieschmerzen einen steilen Abstieg hinunter. Wir hatten ein paar kurze Worte gewechselt. Erfrischt vom Bad gehen wir einkaufen und Eis essen. In den kühlen, engen Straßen der Innenstadt von Nájera zeigt das Thermometer 29 Grad Celsius. Der Himmel ist völlig klar, kein Dunst und kein Stäubchen trübt die Sonne. Entsprechend intensiv ist die Sonneneinstrahlung, wenn man den Schatten verlässt.
Für 19 Uhr ist Pilgermesse angesagt. Zusammen mit vielen anderen Pilgern und Mitgliedern des Jakobusvereins Nájera gehen wir hin. Immerhin ist heute Jakobustag. Der Priester beeindruckt mich dadurch, dass er den Ritus durch Betonung und Gestik so zelebriert, dass ich mich persönlich angesprochen fühlen kann. Gerne hätte ich von der Predigt mehr verstanden, aber ich schnappe nur ein paar Bruchstücke auf, in denen es um den Wert der Gemeinschaft geht, die unabhängig von Nationalität, Alter, Sprache oder Rang auf dem Jakobsweg entsteht.

Eine Erfahrung, die ich auch auf dem Weg erlebe und die zu den großen Besonderheiten des Camino gehört. Menschen kommen miteinander ins Gespräch, die sich im Alltag kaum je zusammengesetzt hätten. Es ist völlig egal, ob einer viel Geld hat oder nicht, ob jemand 20 Jahre jung ist oder über 70 alt, ob einer Akademiker ist oder Handwerker, ob eine Brasilianerin ist oder einer Koreaner, immer wieder gelingt die Begegnung, weil jeder die Barrieren übersteigen, die Trennung überwinden will, die anderen verstehen will. Es findet sich eine Sprache.
Es ist schon in unserer Hand, etwas zum Klingen zu bringen. Abgesondert bleiben wir füreinander stumm und taub. In der Begegnung mit der Hand des anderen wird der Ton hörbar.
Die festen gesellschaftlichen Rollen dürfen sterben, was uns sonst zur Selbstdefinition verhilft, darf sich auflösen, in dieser Auflösung wird die Kraft des Herzens frei und bringt Frucht. Masken fallen, das wahre Gesicht beginnt, wahrnehmbar zu werden.
Das ist eine Ebene, den Koans auf dem Weg zu begegnen.

Anschließend hat der Jakobusverein eine Musikdarbietung organisiert. Drei junge Musiker, ein Gitarrist, eine Sängerin und eine E-Violinistin, tragen Lieder vor, die mit dem Jakobsweg in Verbindung stehen, aus

Navarra, Kastilien und Galicien. Die kleine, sehr lebhafte Sängerin fordert die Zuhörer immer wieder dazu heraus, den Rhythmus mitzuklatschen. Uns, die wir nachmittags nichts gegessen haben, plagt der Hunger. An die spanischen Essenszeiten haben wir uns immer noch nicht gewöhnt. Kurz nach 21 Uhr wird jedoch auch dieses Bedürfnis befriedigt. Vor der Herberge haben die Hospitaleros ein langes Buffet aufgebaut, wo wir uns, wie alle anderen Pilger auch, mit Brot, Chorrizo, verschiedenen anderen Würsten, Tomaten, Oliven und vielem mehr stärken können. Dazu fließt Rioja-Wein. Die Stimmung steigt und der Abend, es ist schon dunkel, klingt aus mit Musik und Tanz. Viele der Tänzer und Tänzerinnen tragen noch Kniebandagen. Ich tanze mit Verena. Glücklich über diesen gelungenen Tag falle ich um etwa 23 Uhr ins Bett und schlafe sehr gut.

Donnerstag, 26. Juli

Um vier Uhr wache ich ausgeruht auf. Im Schlafsaal herrscht noch völlige Ruhe. Obwohl alle 88 Betten belegt sind, gibt es keine lauten Schnarcher und auch die Luft ist erträglich. Überhaupt, nach allem, was ich in einigen Büchern gelesen hatte, hatte ich mir die Vorstellung von unerträglichen Bedingungen gemacht und mich schon darauf eingestellt, die eine oder andere Nacht im Zelt zu verbringen, das ich noch immer mit mir trage. Doch die Verhältnisse sind viel besser als meine Befürchtungen sie ausmalten. Nicht nur mir, sondern auch Verena und Dennis ist aufgefallen, dass vor allem in größeren Schlafsälen ein hohes Maß gegenseitiger Rücksichtnahme gelebt wird. Das wird natürlich auch dadurch verstärkt, dass man nach und nach einen guten Teil der Mitschläfer kennt, mit vielen viel mehr als nur den Gruß ausgetauscht hat und sich für das Wohl der anderen interessiert. Das ist eine besondere Qualität, mit der der Weg die Menschen, die ihn gehen, verbindet.

Ich lege mich noch einmal hin, bis kurz vor halb sechs. Obwohl wir nur eine kurze Etappe von knapp 21 Kilometern vor uns haben, wollen wir bald los, um die Kühle der Morgenstunden zu nutzen. Zehn nach sechs ist Aufbruch, wir durchqueren das nachtschlafende Nájera. Es geht bergauf, eine Art Taleinschnitt, der in einer Szenerie, die auch einem Wildwestfilm zur Ehre gereichen könnte, endet. Wenig später, umgeben von Getreidefeldern und Weinbergen, erleben wir einen wunderschönen Sonnenaufgang, der zu der sanftvioletten Farbe einer fernen Bergkette einen harmonischen Kontrast bildet. Auf breiten Feldwegen kommen

wir zügig voran, wandern durch Azofra, um kurz danach an einer verwaisten Bodega Frühstücksrast zu machen.
Wenn wir laufen, ziehen wir an manchen Pilgern vorbei, rasten wir oder halten kurz an, werden wir wieder eingeholt. Immer, wenn der Weg ein langes Stück zu sehen ist, sind einzelne Pilger und kleine Grüppchen wahrnehmbar, manche weit vorne, andere in der Nähe. Wir begegnen Bernard, den beiden Slowakinnen, einem japanischen Paar, mit dem ich gestern bei der Fiesta kurz gesprochen habe, und anderen Pilgern, die wir schon kennen. Noch ist es so kühl, dass wir frösteln, als wir wieder weiterlaufen.
In Cirueña, ein paar Hundert Meter abseits des Weges, ist Kaffeepause angesagt. Mit Schokolade und Waffeln kräftigen wir uns für den letzten Streckenabschnitt. Eine temperamentvolle ältere Spanierin aus dem Dorf gesellt sich zu uns, fragt uns ein bisschen aus und schenkt uns ein paar Mandeln und Nüsse. Sie meint, dass es gut sei, bald weiterzugehen, denn am Nachmittag werde es heiß. 30 bis 35 Grad seien für den Alto Rioja gemeldet. Wir folgen dem Rat, auch wir wollen bald in Santo Domingo de la Calzada sein.

Es ist erst kurz vor zwölf, als wir auf der Calle Mayor, dem Weg, den der heilige Domingo vor fast 1000 Jahren erstmals befestigt hat, in die Stadt

Auf dem Weg nach Santo Domingo de la Calzada. Auch der Camino Francés mit seinen vielen Pilgern kennt weiten Raum.

hineinziehen. Schon eine Viertelstunde später sind wir in der kleinen Herberge im Zisterzienserinnenkloster. Es ist die Herberge, über die Hape Kerkeling in seinem Buch ein so verheerendes Urteil gefällt hat. Wir finden sie recht behaglich und beziehen drei Betten in einem relativ geräumigen Zimmer mit sechs Betten und setzen uns dann in den schattigen Patio.

Anschließend bummeln wir zu dritt durch den Ort, schauen uns die hübsche Altstadt an, bis wir uns vorläufig trennen. Ich gehe zur Post und frage nach postlagernden Briefen für mich. Ich hatte Edith diesen Ort als „Briefkasten“ mitgeteilt. Nichts ist da.

Ab halb sechs kochen wir dann einen köstlichen Safranreis und Fisch, dazu Salat, und trinken einen guten Rosé. Vorher ist es mir noch gelungen, für uns drei Ahorcaditos (kleine Erhängte) zu besorgen, die örtliche Gebäckspezialität, die sich auf die wichtigste und bekannteste Legende der Stadt bezieht. Nach ihr kam im Mittelalter einmal ein Elternpaar mit seinem hübschen Sohn als Pilger in die Stadt. Dieser hatte es der jungen Wirtstochter angetan, er verweigerte sich ihr jedoch. Aus Rache und verletztem Stolz legte sie ihm einen silbernen Becher in sein Gepäck. Als dann Eltern und Sohn am nächsten Morgen aufbrechen, meldet die Herberge das Fehlen eines wertvollen Bechers, der zu dessen Entsetzen bei dem jungen Mann gefunden wird. Dieser wird daraufhin verurteilt und schmachvoll gehängt. Voller Gram setzen die Eltern dennoch ihre Wallfahrt ans Apostelgrab fort. Als sie zurückkehren, sehen sie ihren Sohn noch immer am Galgen hängen und – er lebt! Denn der heilige Jakobus hat ihn, den Unschuldigen, die ganze Zeit gehalten. Eilig laufen die Eltern zum Richter und berichten diesem vom Mirakel. Doch der winkt ab. „Euer Sohn ist genauso tot wie dieser Hahn hier.“ Und er zeigt auf den Teller, den er vor sich stehen hat. Da fliegt das gebratene Hähnchen mit einem Mal davon. So kommt der Sohn wieder zu Ehren und die Familie kann glücklich die Heimreise fortsetzen. Zum Andenken an dieses Ereignis sind noch immer in der Kathedrale ein Hahn und ein paar Hühner zu sehen.

Der Tag klingt aus mit der Pilgermesse in genau dieser Kathedrale. Der hohe romanisch-gotische Kirchenbau erinnert mich an Conques und lässt damit die Erinnerungen dieses für mich so wichtigen Tages kurz wieder aufleben. Am Ende des Gottesdienstes, während der Priester die Geschichte von Santo Domingo de la Calzada erzählt, kräht der Hahn in der Kirche, für den der Ort berühmt ist. Das gilt als ein gutes Zeichen. Alle, die den Hahn krähen hören, sollen gut in Santiago ankommen.

Freitag, 27. Juli

Während ich um halb sechs aufwache, hängt mir ein Traum nach. Ein Mann, ich nehme ihn als meinen Vater wahr, obwohl er ganz anders aussieht, will den Freund Ediths erschießen. Ich will ihn davon abhalten, aber es gelingt mir nicht. Er zückt eine kleine Spielzeugpistole und drückt ab. Der Schuss hat keine Wirkung. Missgestimmt wache ich auf, noch voll von den Bildern des Traumes. Ob der Traum damit zu tun hat, dass ich am Vortag bei der Post wieder keinen Brief von Edith vorgefunden habe, den ich mir so wünschte? Die innere Aufgabe, mich mit dem Scheitern meiner Ehe auseinanderzusetzen, hat sich jedenfalls nach elf Tagen scheinbarer Ruhe zurückgemeldet.

Der Missmut steigt, weil ich im völlig dunklen Raum meine Sachen packen muss, nur weil einer in den sechs Betten noch schläft. Also schleife ich alles hinunter in den wohnzimmerähnlichen Aufenthaltsraum zwei Treppen tiefer. Wir laufen los und machen nach zweieinhalb Stunden Rast.

Ich lange in die Taschen, um mein Messer herauszuholen, doch da ist nichts. Es muss auf dem Bett herausgefallen sein und wegen der Dunkelheit habe ich es nicht gesehen. Sofort geht meine Laune gegen null. Einerseits tut es mir leid um das Taschenmesser, das ein Geschenk meiner Familie ist und mir bisher gut gedient hat, andererseits, und das ist das Wichtigere, ärgere ich mich über mich selbst, weil ich wieder einmal nicht auf mich geachtet und aus lauter Rücksicht meine eigenen Bedürfnisse übergangen habe. Mein Bedürfnis wäre gewesen, kurz bei Licht zu prüfen, ob ich alles eingepackt habe. Das hätte keine 20 Sekunden gedauert und außerdem war es schon fast sechs Uhr, also Aufweckzeit in den Albergues. Ich aber habe entgegen meinem dringenden Gefühl das Licht ausgelassen.

Das Problem wird in Belorado gelöst. Pedro, einer der beiden Hospitaleros, ruft für mich in Santo Domingo an, und wirklich, das Messer ist da. Also fahre ich am Nachmittag mit dem Bus zurück, klimatisiert und in 20 Minuten, wozu wir am Morgen fünfeinhalb Stunden gebraucht haben. Es ist ein merkwürdiges Gefühl, den Weg noch einmal zu sehen. Vom Bus aus sieht er glatt und leicht aus, als Pilger spürt man den Staub, die Steine, die Sonnenglut. Seltsam distanziert wirkt das Land durch die Scheiben des Busses. Auch in Santo Domingo komme ich mir komisch vor. So schön das Städtchen ist, es gehört zu gestern, nicht zu heute. Ein wenig habe ich das Gefühl, in die eigene Vergangenheit des Pilgerweges zurückversetzt zu sein, in etwas schon Gelebtes.

Was wie eine Selbstverständlichkeit klingt, wird für mich zu einer beeindruckenden Erfahrung: Leben ist nur vorwärts möglich, nicht rückwärts. „Lass die Toten ihre Toten begraben“, heißt es irgendwo in der Bibel. Mir fällt dabei auch ein, dass Edith mir vor einem Jahr auf meine Frage, ob wir unserer Ehe nicht noch einmal eine Chance geben sollten, klar gesagt hat: „Ein totes Pferd kann man nicht mehr reiten.“

Auf dem Weg heute haben wir die Grenze nach Kastilien überschritten, wo wir jetzt lange bleiben werden. Immer mehr weitet sich die Landschaft zum zentralspanischen Hochland. Schattenlose Weite, faszinierende Weitblicke. Die letzten Getreidefelder werden gemäht und gedroschen.
Auf der Rückfahrt mit dem Bus komme ich an einer Stelle vorbei, wo wir heute Morgen die beiden österreichischen Zwillingsschwestern ein bisschen ratlos vorgefunden hatten, in ihren Armen, eingewickelt ins Kleid, einen kleinen, jungen, völlig erschöpften Hund, den sie mit Wasser aufpäppelten. Der war vorher den beiden Slowakinnen mehrere Kilometer hinterhergelaufen, bis er vor Durst und Erschöpfung nicht mehr weiterkonnte. Die Schwestern hatten versucht, einen spanischen Autofahrer davon zu überzeugen, dass er den Hund in den vorherigen Ort zurückbringen sollte. Aber der weigerte sich und fand Ausflüchte. Erst als ihm die Österreicherinnen Geld anboten, wies er dieses entrüstet von sich, packte aber den Hund in sein Auto und brachte ihn zurück ins Dorf.
Als ich von Santo Domingo „heimkehre“, haben Verena und Dennis schon Ratatouille gekocht. Wir essen zusammen mit Julia und Lucia, den beiden Slowakinnen. Was mir auffällt und gefällt: Immer häufiger wird unsere Dreiergemeinschaft in den Herbergen zum Kristallisationspunkt für eine größere Tischgemeinschaft, wofür sicher auch die gute Kontaktfähigkeit von Verena und Dennis verantwortlich ist. Vor allem an Verena bewundere ich immer wieder die Leichtigkeit, mit der sie neue Kontakte knüpfen kann.

Anschließend ist in der angrenzenden Kirche Santa Maria Gottesdienst mit Pilgersegnung, wo ich den deutschen Text über den Sinn des Jakobsweges vorlese. Es geht dabei um die Gründe, den Jakobsweg zu gehen. Im ersten Teil wird davon gesprochen, dass Gott uns gerufen hat. Im zweiten geht es darum, dass uns persönliche Fragen auf den Weg gebracht haben können und zum dritten darum, dass wir Sterne werden, die die Botschaft des Jakobus im Alltag zum Leuchten bringen sollen. Bernard liest den gleichen Text in Französisch, Julia in Englisch.

Samstag, 28. Juli

Um halb sechs laufen wir los. Die letzten Nachtschwärmer von Belorado feiern vor einer Bar auf der Straße, reichlich beschwipst. Noch ist es stockdunkel und wir brauchen ein paarmal die Taschenlampen, um den Weg zu finden. Doch allmählich erwacht der Tag.

Genau 7.03 Uhr geht über einem fernen Bergzug die Sonne auf. Wir unterhalten uns über Träume, ihre Bedeutung für uns, über deren Auslegung, Tiefenpsychologie, über therapeutische Verfahren und ihre Wirkung und was wir davon an uns schon erlebt haben. Beim Reden kommen wir schnell voran und erreichen Villafranca, Montes de Oca. Am Brunnen machen wir Rast, füllen die Flaschen für den langen Weg durch die Oca-Berge und nehmen uns Zeit für eine kurze Morgenandacht mit dem Pilgersegensgebet aus Los Arcos.

„Sei für uns Weggefährte auf der Pilgerschaft ...
Kraftquelle bei Erschöpfung ...
Schatten in der Hitze ...“,
klingt in mir nach. Zum ersten Mal außerhalb eines Gottesdienstes haben wir drei Weggefährten zusammen gebetet. Unsere Gemeinschaft gewinnt eine neue Dimension dazu.

Im Gegensatz zu gestern, wo die Beschäftigung mit dem Traum und später mein Ärger wegen des verlorenen Messers Energie gefressen haben, halte ich das hohe Tempo heute gut mit. Ich spüre, dass ich meine Energie auf das Laufen konzentrieren kann. Der steile Anstieg hinter dem Ort führt uns nach Tagen wieder durch Wald, farnbestandene Wegränder und Eichen spenden Schatten. Der Weg führt weiter durch den Wald, aber auf einer breiten, schattenlosen Schneise. In der Nähe eines Denkmals für im spanischen Bürgerkrieg von 1936 bis 1939 erschossene Republikaner machen wir Rast.

Schon um halb zwölf laufen wir in San Juan de Ortega ein. Ein winziger Ort von 16 Einwohnern, der geprägt ist von der romanisch-gotischen Kirche, der Albergue und der Bar. Wir tragen uns in die Übernachtungsliste ein, bekommen ein Bett in dem geräumigen Schlafraum. Für die fällige Kleiderwäsche gibt es keine Einrichtungen, nur den öffentlichen Brunnen des Ortes, den wir dann auch nutzen. Da es außer der Besichtigung der Kirche nichts gibt, was man in dem winzigen Ort

unternehmen könnte und wir viel Zeit bis zum Pilgergottesdienst um 19 Uhr haben, verbringen wir sie mit Schreiben, Unterhaltung und Spielen. Wir sitzen an den Tischen vor der Herberge und spielen „Persönlichkeiten raten". Immer zwei denken sich eine Person für den Dritten aus, die dann erraten werden muss. Verena und ich lassen uns für Dennis den heiligen Domingo de la Calzada einfallen, dann, während ich weg bin, berät Dennis sich mit Verena und schlägt ihn auch für mich vor. Natürlich kann es Verena Dennis nicht ausreden, sonst würde er ja merken, dass wir für ihn denselben ausgesucht haben. Die Situation hat einiges an Komik, besonders für Verena, die ja als Einzige weiß, dass wir die gleiche Person erraten müssen. Dennis und ich haben es dann einfacher. Wir nehmen die Slowakin Julia für Verena zum Raten. Mit viel Witz und Esprit geht es dann los. Verenas geistige Beweglichkeit und ihre schnelle Auffassungsgabe werden deutlich und ich merke, dass mir das gut gefällt an ihr.
Das Licht der Sonne ist gleißend hell heute. Verena bekommt Probleme mit den Augen und ich träufele ihr Augentropfen aus meinem Medi-

San Juan de Ortega: ein winziger Ort, geprägt durch Kirche und Herberge.

zinvorrat ein. Ich freue mich darüber, ihr diesen kleinen Dienst erweisen zu können.
Später erzählen wir uns dann eine Rundum-Geschichte. Jeder von uns erzählt einen Satz, dann kommt der Nächste an die Reihe. Sie beginnt mit einem Pilger, der, schon im reiferen Alter, sich auf den Weg nach Santiago macht. Nach vielen Wirrungen findet er ein Kästchen voller Goldstücke, kann es aber nicht behalten, weil dieser Schatz für einen Jüngeren bestimmt ist, der auch auf dem Pilgerweg unterwegs ist. Ein bisschen ähnelt die Struktur unserer Geschichte Paulo Coelhos „Der Alchimist", aber mit anderem Happyend.

Am Nachmittag haben wir keine Chance, etwas zu essen zu bekommen, weil die Bar ihre festen Prinzipien hat, wann sie etwas ausgibt. Nicht einmal ein Eis gibt es, die Hinweistafeln werden demonstrativ weggeräumt. Also pflücke ich auf einem nahe gelegenen Feld ein paar Ähren und wir essen die Körner. Am Abend erleben wir dann Pfarrer Don José Maria Alonso bei der Pilgermesse. Der Altarraum wirkt unaufgeräumt, irgendwo in der Kirche nisten Schwalben, die während der Messe herumfliegen. Der alte Mann, sicher ein Original am Jakobsweg, ist durch sein Alter in der Ausübung seiner Aufgaben beeinträchtigt, aber er tut sie mit Hingabe. „Das war der skurrilste Gottesdienst, den ich bisher erlebt habe", kommentiert Dennis. Er zitiert den 84. Psalm, in dem es heißt: „Denn der Vogel hat ein Haus gefunden und die Schwalbe ihr Nest, da sie Junge hecken; deine Altäre, Herr Zebaoth, mein König und mein Gott. Wohl denen, die in deinem Hause wohnen, die loben dich immerdar."
Anschließend kommen wir noch in den Genuss von Don Josés Knoblauchsuppe, würzig, aber mit viel Fett, was den Magen nach einer unfreiwilligen Fastenzeit seit der letzten Wanderrast auf eine harte Probe stellt.
Mit Morcilla a la Burgos, einer gebratenen Blutwurstspezialität, gibt es in der Bar doch noch ein kraftvolles Abendessen zu einem echten Pilgerpreis. Dort lernen wir Matthias aus Lübeck und Jan, einen holländischen Pilger, kennen. Ich bin bald müde heute, trotz des ruhigen Tages. Um halb neun schaue ich auf die Uhr und gähne. „Ich fühle mich so, als wäre es schon halb zehn", sage ich voller Ernst. Da müssen meine Weggefährten lachen, und ihre Heiterkeit macht mich wieder etwas munterer.

Sonntag, 29. Juli

Wieder stehen wir um fünf Uhr auf und um sechs Uhr geht es los. Da es noch Nacht ist und kühl, kommen wir wieder gut voran. Außerdem ist Nebel, der die Landschaft geheimnisvoll einhüllt. Bald schon passieren wir Agés. Alles schläft noch, nur zwei junge Frauen sind unterwegs. Entlang der Straße geht es nach Atapuerca.

Von hier aus gäbe es die Möglichkeit, die Ausgrabungsstätte zu besichtigen, in der ein Vorläufer des Menschen – 800 000 Jahre alt – gefunden worden ist. Wir haben aber erst mal körperlichen Hunger und weniger Wissensdurst. Nachdem wir auf den nassen Stühlen im Garten der Albergue gefrühstückt haben, finden wir ein offenes Café und einen Laden, wo wir uns für den Tag versorgen.

Hinter Atapuerca steigt der Weg an. An einem hohen Kreuz halten wir kurz an. Noch ist dichter Nebel. Ein Polstersessel steht in der Landschaft. Daneben ein großes Labyrinth in Spiralform, gelegt aus Steinen. Das ganze Bild macht einen fast surrealistischen Eindruck. Etwa einen Kilometer weiter, an einem Aussichtspunkt, lichtet sich der Nebel ein wenig und lässt für Momente den Blick auf die Meseta von Burgos zu. Der Weg fällt leicht ab, wir durchqueren Quintanilla-Riopico. Bald nach Überquerung der Autobahn und einer Strecke an ihr entlang kommen wir in die Ausläufer der Stadt. Zwei Amerikaner aus Washington D. C. holen uns ein und laufen ein Stückchen mit uns. Während ich mich mit ihnen über Literatur zum Jakobsweg unterhalte, verpassen wir den Abzweig zum Kartäuserkloster Miraflores.

Wir sind schon ein Stück daran vorbei, bis wir den Río Arlanzón überqueren und zum Kloster über der grünen Parkanlage hinaufsteigen können. Die Klosterbesichtigung ist für Pilger kostenlos. Wir bewundern die spätgotischen Rippenbögen, das Grabmal der Eltern von Isabella der Katholischen, der ersten Königin Spaniens nach der Vereinigung von Kastilien-Leon und Aragon, sowie den figurenreichen Hochaltar. Von außen wirkt der Bau relativ bescheiden, innen ist große handwerkliche Kunst zu bewundern.

Dann, schön im Schatten des Parks entlang des Río Arlanzón, geht es hinein in die Stadt. Heute wollen wir nicht in die Pilgerherberge, sondern in ein Hostal, um abends bummeln zu können und um lange auszuschlafen. Wir finden eines nahe der Altstadt, in der Nähe der Iglesia de San Lesmes, und nehmen ein Dreierzimmer. Dennis wählt sein Bett zuerst und so kommt es, dass Verena das Bett neben mir hat. Ganz leise spüre ich in mir, dass mir das angenehm ist.

Nachdem wir alle drei Waschtag gemacht haben, das Zimmer so voller Wäsche hängt wie ein italienischer Hinterhof und wir uns selbst auch stadtfein gemacht haben, führt unser erster Gang danach zur Kathedrale, deren reichhaltiges Inneres wir über zwei Stunden lang erkunden.

Geheimnisvoller Morgen vor Burgos.

Immer wieder kommen uns bei der Deutung von Statuen, Bildern und Reliefs Dennis' Theologie- und Bibelkenntnisse zugute. Mich beeindruckt vor allem die Mandalaform der Kirchenkuppel sowie das Chorgestühl, das eine Bilderfolge der Genesis und weiterer Bilder des Alten Testaments darstellt. Darunter sind Szenen des Neuen Testaments angeordnet, die wir nach und nach zu entschlüsseln versuchen, soweit wir nahe genug herankönnen, um sie genauer zu betrachten.

Danach setzen wir den Bummel durch die Stadt fort und treffen immer wieder Pilger, die wir kennen.
Zwei Pilgerinnen, Mutter und Tochter, die gerade von Bilbao gekommen sind und ihren Camino in Burgos beginnen wollen, begegnen wir im Zentrum. Dennis, der ihren suchenden Blick wahrnimmt, zeigt ihnen den Weg zur Herberge. Später werden wir die beiden besser kennenlernen: Es sind Michaela und Patricia aus Erfurt.
Endlich finden wir auch ein kleines Lokal, um unseren Hunger zu besänftigen. Was wir bekommen sind Vorspeisen-Tellerchen zu Hauptspeisen-Preisen, sodass wir beinahe noch hungrig aufstehen. Während die Nacht allmählich über Burgos hereinbricht, lade ich meine Weggefährten noch zu einem Glas Wein in eine der zahlreichen Bars ein.
Gegen 23 Uhr werden wir müde, kein Wunder, wir sind ja schon seit 18 Stunden wach. Selig schlummern wir und lange, bis acht Uhr.

Montag, 30. Juli

Nach dem Frühstück führt der erste Weg zum Hauptpostamt auf der anderen Seite des Río Arlanzón. Ermutigt von meinen Pilgerfreunden habe ich mich von weiteren Ausrüstungsstücken, darunter auch vom Zelt, getrennt. Bei der Post stellt sich heraus, dass alles zusammen drei Kilo ausmacht, ohne das geknickte Zeltgestänge, das im Müll landet. Wieder gebe ich ein Stück Sicherheitsbedürfnis und ängstliche Sorge, was alles notwendig sein könnte, auf. „Es gibt eigentlich nur ganz wenig Materielles, was man wirklich braucht, das ist meine Erfahrung bisher auf dem Weg“, unterstützt mich Verena. „Doch das wenige braucht man dann tatsächlich.“ Ich fühle mich erleichtert, weil endlich die Entscheidung gefallen ist und werde die Erleichterung auch auf meinem Rücken und an den Beinen spüren.

Wir steigen noch zum Castillo hinauf, von wo aus ein umfassender Blick auf die Stadt Burgos, besonders die Altstadt, möglich ist. Die durchqueren wir anschließend auf dem Weg zum Hostal und stoßen immer wieder auf das Zeichen der Muschel. Kurz vor zwölf brechen wir auf, um nach Tardajos zu laufen, zehn Kilometer von der Stadt entfernt. Durch einen Park geht es an einer Pilgerherberge vorbei und am eindrucksvollen Gebäude der juristischen Fakultät der Universität von Burgos, wohl eine alte Klosteranlage. Durch die Nachmittagshitze führt der Weg auf weißen, die Augen blendenden Schotterstraßen bis Tardajos, das wir um 15 Uhr erreichen. Wir gehören zu den ersten Pilgern, die eintreffen. Später wird die Herberge so voll, dass einige auf Liegeunterlagen auf der Wiese vor der Albergue schlafen.
Wir machen es uns gemütlich, gehen Pizza essen und planen unsere Strecken, denn wir haben beschlossen, für die nächsten drei Tage getrennt zu laufen, um wieder – oder neu – die Erfahrung des Ganz-auf-sich-allein-gestellt-Seins zu machen. Mir ist diese Erfahrung von meinem langen Weg durch Frankreich schon vertraut und ich bräuchte sie nicht wieder, nachdem ich jetzt die Gemeinschaft so genieße. Aber meine beiden Weggefährten sind bisher ja nur in der Gruppe gelaufen und wollen auch die Erfahrung des Alleinseins machen. Ich möchte ihnen dabei nicht im Wege stehen. In der Herberge begegnen wir auch Hans und Doris wieder, dem Ehepaar aus Südhessen. Mit ihnen habe ich auf der Etappe nach Logroño erstmals Bekanntschaft gemacht. In der Zwischenzeit haben Dennis und Verena mir erzählt, dass sie mit den beiden schon im Zug von Biarritz nach St. Jean Pied de Port in einem Abteil waren. Doris leidet an Fußproblemen. Beide waren schon bis zum nächsten Ort gelaufen, mussten aber dort umkehren, weil alle Herbergen geschlossen waren.

Dienstag, 31. Juli

Wieder wache ich mit den anderen um fünf Uhr auf. Ich starte als Letzter, noch ist es Nacht, bisweilen schwierig, die gelben Pfeile der Markierung zu finden. Beim gemeinsamen Gehen hat immer einer etwas gesehen. Jetzt sind wir getrennt und ich muss mich wieder selbst zurechtfinden. Mit ein paar Zweifeln finde ich den richtigen Weg. Die Morgenkühle tut gut, der Mond ist unmittelbar nach Vollmond und weist den Weg nach Westen. Es ist immer noch Nacht, als ich durch Rabé de las Calzadas laufe. Die stillen Straßen hallen wider vom Takt meines Bambus-Pilgerstabes und dem Klappern des Flaschenkürbisses an seinem Ende. An einem kleinen Platz plätschert der Brunnen, sonst ist Stille.

Dann wird es dämmrig, nach und nach verblasst der Mond am heller werdenden Firmament und im Osten färbt sich der Himmel gelbrot. Gelb, ja golden sind auch die Felder, die sanft geschwungen bis zum Horizont reichen. Ein Reh kreuzt in einiger Entfernung meine Bahn. Später, als die Sonne aufgeht, werfen die Steinchen des Feldweges lange Schatten.

Es ist eine Stimmung und Landschaft großer Weite und Freiheit, durch die der Camino hier führt. Ich spüre dieses Gefühl, andererseits hängt mir aber ein Traum der letzten Nacht nach, bei dem es wieder um meine Beziehung zu Edith ging, oder genauer darum, dass sie in ihrem Herzen nicht mehr meine Frau ist, sondern zu einem anderen Mann gehört. Mein Unterbewusstsein signalisiert mir also zum wiederholten Mal auf der Pilgerreise, sich damit zu arrangieren und zurechtzufinden. Das geht so in Schüben. Tagelang denke ich nicht bewusst an dieses Thema, bin von dem Geschehen auf dem Weg mit seinen täglichen Eindrücken und Erfordernissen ganz eingenommen. Aber innerlich arbeitet es in mir offenbar immer weiter, mein Hauptthema. Plötzlich, durch einen Traum, ist es wieder da, nimmt auch meine bewussten Gedanken ein. Es ist gut, dass ich heute alleine laufe und Zeit habe, den Traum nachwirken lassen zu können.

In Hornillas del Camino will ich gerne einen Kaffee trinken, aber die Bar ist noch zu. In der Zwischenzeit sind mir auch die beiden adretten Österreicherinnen entgegengekommen, die wir schon mehrmals, zum ersten Mal in Estella, getroffen haben. Sie sind wieder auf dem Rückweg nach Burgos, denn ihre Pilgerreise ist für heuer zu Ende.

Nach weiterem Laufen erreiche ich nach eineinviertel Stunden San Bol. Dieser Platz hat sich durch Erzählungen schon lange in meinem Bewusst-

sein eingeprägt. Als ich die kleine Herberge am Rand eines Pappelwäldchens sehe, beschließe ich dort Rast zu machen und treffe Verena, was mich sehr freut. Wir trinken Kaffee, vespern unser Mitgebrachtes, unterhalten uns ein bisschen mit dem Regieassistenten aus Lübeck, mit dem wir in der Bar von San Juan de Ortega an einem Tisch saßen und mit einer Freundin Verenas, die hier seit Längerem lebt.
Dann brechen wir nacheinander auf, Verena zuerst. Die Hitze und vor allem die Intensität der Sonneneinstrahlung nimmt zu, während ich auf Hontanas zulaufe. Lange sehe ich nichts von dem Ort, bis ich schließlich fast am Dorfrand stehe, denn das Dörfchen liegt in einer Senke.
Während ich in einer Bar beim Kaffee noch überlege, ob ich hierbleiben oder nach San Antón oder Castrojeriz weiterlaufen soll, wozu ich aber in der Hitze nicht viel Lust habe, kommt Verena daher. Sie hat schon in der kommunalen Herberge Platz gefunden und das gibt auch bei mir sofort den Ausschlag für die Entscheidung, den Rest des Tages hierzubleiben.
Nachmittags ist Zeit für eine schöne Siesta. Das Licht im abgedunkelten Schlafsaal tut den Augen gut, draußen ist gleißendes Licht. Wieder helfe ich Verena mit meinen Augentropfen, und diesmal habe ich sie auch selbst nötig. Verenas helfende Hand freut mich.
Wir unterhalten uns dann intensiv über Verhaltensmuster, wie sie auf dem Camino bewusst werden können und wie es ist, daran zu arbeiten. Wir sprechen über Befürchtungen am Beginn der Pilgerreise, die sich darauf bezogen, wie man zum Beispiel mit den Herbergen, den vielen Leuten, den Sanitäranlagen und auch damit zurechtkommt, nur wenig Kleidung dabeizuhaben. Verena stellt fest, dass sich diese Befürchtungen aufgelöst haben, nicht immer, weil die Dinge alle anders sind als gedacht, sondern weil sich beim Pilgern oft herausstellt, dass die eigenen Grenzen weiter sind als zunächst vermutet und man mit Verhältnissen klarkommt, bei denen man sich das daheim nicht vorstellen konnte. Ich beschreibe meine Erfahrung, dass sich meine eigenen Grenzen in Bezug auf die Notwendigkeit einer abgesonderten Privatsphäre auf dem Camino auch erweitert haben.
Im Erzählen eröffnen wir einander mehr und mehr persönliche Eigenarten und Befürchtungen.
So und mit einer Phase des Dösens vergeht der Nachmittag schnell. Bevor wir zum Essen gehen, frage ich Verena noch, ob sie mich morgen notfalls wecken würde, falls ich nicht von alleine aufwache, denn ich habe gar keinen Wecker dabei. Ihre zunächst recht schroffe, ablehnende Reaktion verstört mich und tut mir weh. Habe ich bei ihr eine Grenze überschrit-

ten, die ich nicht wahrgenommen habe? Bin ich ihr in dem sehr persönlichen Gespräch vorhin zu nahe gekommen?
Um 19 Uhr gibt es Pilgermenü, das wir zunächst zu zweit essen. Später kommt Tom noch an unseren Tisch. Er wohnt in Dublin und stammt von den Aran-Islands im Westen Irlands. Ich unterhalte mich mit ihm über meine irische Zeit. Die drei Monate 1974, als ich als Rechtsreferendar bei einem Dubliner Anwalt einen Ausbildungsabschnitt absolvierte, waren eine ungeheuer intensive, prägende Zeit für mich. Ich weiß heute noch, dass ich mir damals, zurückgekehrt nach Würzburg, in mein Tagebuch notierte: „Was haben diese Iren nur mit mir gemacht, dass ich so schwungvoll bin?" Beflügelt von diesem kurzen, aber wichtigen Lebensabschnitt habe ich dann Edith wenige Wochen später in Würzburg kennengelernt, wo ich meine Referendarzeit abgeschlossen habe und sie Pädagogik studierte. Unsere Hochzeitsreise führte uns dann drei Jahre später nach Irland. Ich frage Tom, der damals bestenfalls ein Baby gewesen sein kann, ob es den „Stags Head", einen Pub, in dem meine jungen Anwaltskollegen und ich nach Dienstschluss oft ein Bier zusammen tranken, immer noch gibt. „Klar gibt's den noch", bestätigt er. Verena amüsiert sich und staunt darüber, dass Tom und ich in solchen Details Anknüpfungspunkte finden. Später kommen auch noch Julien und Valerie an unseren Tisch, die wir jetzt ein paar Tage lang verloren hatten. Es wird eine fröhliche Runde, bis wir kurz vor zehn in unser Quartier gehen müssen.

Mittwoch, 1. August

Nachts schon wieder ein Traum aus der Beziehungsreihe, aber mit einem versöhnlichen Ausgang. Ich wache kurz vor fünf mit einem guten Gefühl auf. Eine Ahnung ist in mir, dass ich meine gescheiterte Ehe jetzt losgelassen haben könnte. Es ist seltsam. Gestern noch abends die Erinnerung an den Beginn meiner Liebe zu Edith, angestoßen durch das Gespräch mit Tom, dann nachts der Traum mit dem Thema Abschied und dem stimmigen Gefühl dabei.
Verena und ich frühstücken gemeinsam in der Bar. Dann laufen wir kurz hintereinander los. Der Morgen ist nicht ganz so kühl wie gestern. Schon am Dorfausgang ist es dämmrig, sodass die Orientierung kein Problem ist. Im weiten Tal des Arroyo de Garbanzuelo führt der Weg zum Convento de San Antón. Der Camino führt auf einer Straße mitten durch das alte Kloster hindurch, das auch Pilgerherberge war und selbst als Ruine noch sehr imposant ausschaut. Ich folge der Straße nach Castrojeriz mit seinen vielen Kirchen und Klöstern und einer Burgruine auf der Hügelspitze. Leider sind wieder einmal alle Kirchen geschlossen.

An der Außenwand der Iglesia Santo Domingo fallen mir zwei Totenköpfe auf, die mit O Mors und O Aeternitas bezeichnet sind und so an die Vergänglichkeit und Ewigkeit gemahnen. Ich bleibe gedanklich an der Vergänglichkeit hängen. Nichts auf Erden hat Dauer. Selbst ein Jawort, in tiefem Ernst und in der Absicht gesprochen, ein ganzes Leben mit einem anderen Menschen zu teilen, kann dahinsiechen und schließlich sterben, trotz aller Versuche, es zu heilen. So ist es mit Ediths Jawort zu mir gegangen und ich habe diese Realität jetzt wohl angenommen. „Bis dass der Tod euch scheidet." Ist es wirklich nur der Tod des Leibes, der hier gemeint ist? Ich spüre Dankbarkeit für die Achtung und den Respekt, mit dem Edith und ich uns dennoch weiterhin begegnen. Und für die grundlegende Solidarität, die immer noch zwischen uns da ist. Eine Weile sinne ich darüber nach.
Doch bald hat mich die äußere Realität des Camino wieder.
In einem kleinen Laden ergänze ich meine Lebensmittelvorräte, denn am heutigen Zielort San Nicolás gibt es nichts zu kaufen. Hinter Castrojeriz steigt der Weg an. Inzwischen ist es auch wärmer geworden. Der Weg führt wieder einen Höhenzug hinauf. Vor der Spitze bietet sich ein weiter Blick ins Tal und auf die Ketten ferner Windräder. Am Rastplatz oben hole ich Verena ein, die Rast macht. Wir wechseln ein paar Worte. Ich ziehe weiter. Über einen fast ebenen Bergrücken geht es eine Zeit lang voran und dann öffnet sich der Blick über die tiefer liegende weite Ebene mit ihren Kornfeldern, hier alle nur noch goldene Stoppeläcker, und das weiße Band des Weges, der sich in der Ferne verliert. Es ist ein wunderbares Gefühl von Weite, von Raum und Freiheit, das ich bei diesem Anblick spüre. Wie schön, hier pilgern zu können!
Während ich eine Vesperpause an einem kleinen Brunnen einlege, holt mich Verena wieder ein und zieht bald weiter, denn das Etappenziel ist nahe. Wirklich, nach eineinhalb Kilometern sehe ich eine alte Kapelle, ein kleines Häuschen daneben und ein paar Schatten spendende Bäume, wo Verena schon sitzt. Der Fleck Erde, den wir da betreten haben, hat etwas fast Unwirkliches.
Die Herberge ist im Innenraum der kleinen Kirche, auf einer Seite der Altar, mit Ikonen geschmückt, in der Mitte ein langer Tisch, auf der anderen Seite die Betten.
Während wir warten, bis wir uns einrichten können, stoßen Patricia und Michaela zu uns, Tochter und Mutter aus Erfurt. Wir kommen gleich in Kontakt und unterhalten uns gut. Beide haben ihre erste lange Etappe hinter sich und Michaela hat überall Schmerzen. „Das ist so am Anfang", tröstet sie Verena. „Wenn du da durch bist, geht es dir gut." Später, als die

beiden direkt über Verena und mir ihre Betten beziehen, fällt mir auf, dass zu ihrer Camino-Ausrüstung auch eine Bibel gehört. Gegen halb acht sammeln sich alle elf Pilger im Chorraum der Kirche, wo die italienischen Hospitaleros die Fußwaschung geben, als Dienst im Sinne des Evangeliums. Dann wird jeweils ein Willkommensritus gesprochen, auf den wir alle mit „Amen!" antworten. Die Hospitaleros sind in Mäntel gekleidet, die denen der Templer gleichen. Was wir erleben, ist wie aus einer anderen Zeit und doch Gegenwart. Noch nirgends bisher ist der Geist der tausendjährigen Pilgertradition so kraftvoll spürbar gewesen wie hier in dieser alten Kirche aus dem 13. Jahrhundert. Anschließend gibt es das gemeinsame Mahl bei Kerzenschein und es entsteht eine gute Gemeinschaftsatmosphäre.

Der heilige Jakobus in der Kirchenherberge St. Nicolas behütet unseren Schlaf. Es wird eine unglaublich ruhige, kraftspendende Nacht.

Wir lernen dabei auch Sebastian, einen Geschichts- und Sportstudenten aus Schwerin, der in Darmstadt studiert und seine Freundin Michaela, Studentin der Zahnmedizin in Mainz und aus der Pfalz stammend, kennen.
Ein älterer Franzose singt mir auf meinen Wunsch hin am Ende noch das Ultreia-Lied vor, das mich in Conques so beeindruckt hat. Ich möchte mir die Melodie einprägen. Gegen halb elf ist Nachtruhe. Langsam, nach und nach, löscht die Hospitalera Lea die Kerzen. Es wird eine unglaublich ruhige, kraftspendende Nacht.

Donnerstag, 2. August
Ich wache kurz vor fünf auf und gehe hinaus in die Mondscheinnacht. Ein leichter Wind weht schon und es ist mild. Drinnen wird bald ein reichliches Frühstück serviert, natürlich auch bei Kerzenschein, denn es gibt kein elektrisches Licht in der Kirche, sondern nur im Nebengebäude mit den Sanitäranlagen. Lea verabschiedet uns mit einem Küsschen und einer Umarmung. So viel Herzlichkeit beim Empfang, bei der Bewirtung und der Versorgung hat es noch nirgends in einer Herberge gegeben. Es ist fast sechs, als Verena und ich den gastlichen Ort verlassen. Wir überqueren die Brücke über den Río Pisuerga und betreten damit die Provinz Palencia.

Dann trennen wir uns. „Ich werde jetzt ein bisschen langsamer machen, damit du allein laufen kannst", biete ich Verena an. Sie marschiert etwas schneller davon und ich laufe langsam weiter. Es fällt mir nicht leicht, sie ziehen zu lassen, aber ich will ihr die Möglichkeit geben, die Erfahrung des Alleinseins auf dem Weg zu haben. Ich spüre, dass ich ihre Nähe immer mehr schätze und möchte gleichzeitig darauf achten, ihr in diesem Bedürfnis nicht zu nahe zu kommen. Es wächst dabei eine leichte Befangenheit in mir heran.

Noch ist es Nacht. Während ich weiterlaufe und der Himmel sich langsam aufhellt, staune ich über mich selber. Daheim noch hätte ich jeden für verrückt erklärt, der mir vorher gesagt hätte, dass ich einmal das Aufstehen um fünf als normal empfinden und diesen Übergang von der Nacht bis zu den ersten Strahlen der aufgehenden Sonne wirklich lieben würde. Jetzt mag ich es, wenn das Mondlicht langsam verblasst, der Himmel hinter mir sich erst türkis und dann gelb zu verfärben beginnt, wenn schließlich die gerade aufgegangene Sonne den langen Schatten des Pilgers auf den Weg zeichnet und sich die Stoppelfelder von graugelb langsam in ausgebreitetes Gold verwandeln. Wenn der Schatten schärfer wird und allmählich kürzer. So erlebe ich das auch heute zwischen Itero de la Vega und Boadillo del Camino.

Die Ultreia-Melodie kommt mir in den Sinn, ich singe das Lied wie ein Mantra fast bis Fromista.

Kurz vor Boadillo kommt mir ein älterer Spanier entgegen, der in einem kleinen Büchlein Adressen oder Grußworte von Pilgern sammelt. Auch ich trage etwas ein, meine Freude über den Weg und den herrlichen Morgen. Boadillo ist ein kleiner Ort, auf dessen Kirchturm viele Störche nisten, von denen manche am Himmel kreisen. Bald ist der Canal de Castilla erreicht, an dessen schilfgesäumten Ufer auf einem Damm der Camino dem Treidelpfad folgt, bis zum Rand von Fromista. Ich freue mich, dass es wieder einmal an einem Gewässer entlanggeht. Die alten Schleusenkammern, die 14 Höhenmeter überwinden und mindestens 150 Jahre alt sind, bringen mich zum Staunen.

Es ist halb zehn, als ich im Zentrum von Fromista eintreffe. Ein kleiner Einkauf steht an, anschließend treffe ich Tom, Verena und eine deutsche Lehrerin in der Bar. Noch ist die sehenswerte Kirche St. Martin geschlossen. Während wir Kaffee trinken, unterhalten wir uns über pädagogische Konzepte, Grenzen und Strafen bei der schulischen Kindererziehung, natürlich auf Englisch, damit Tom einbezogen ist. Er ist „social worker"

Zwei ungleiche Pilger in Villacásar de Sirga.

und erzählt von einem interessanten Modell der Familienbildung, bei der Familien zusammen klettern und die dabei gemachten Erfahrungen auf den Familienalltag hin reflektiert werden. Dies interessiert mich, arbeite ich selbst doch auch vermehrt mit Familien und Eltern. Schließlich ist es nach zehn. Patricia und Michaela kommen des Wegs. Wir alle schauen die Kirche an, die 1066 gebaut worden ist. Reichhaltig mit Steinmetzarbeiten verzierte Kapitelle, aber ein ansonsten schlichter Kirchenraum, der mich in seiner Kargheit an Zisterzienserkirchen erinnert. Leise singe ich „Laudate omnes gentes ...“ und spüre die außerordentlich gute Akustik des Kirchenraums.

Dann laufe ich weiter. Ich will die Ultreia-Melodie wieder aufnehmen, aber sie ist wie weggeblasen. Ich finde sie nicht mehr. Hinter Población de Campos geht es auf einem Alternativweg entlang von Bewässerungsleitungen und Feldern nach Villarmentero de Campos, wo mir riesige Getreidehaufen auffallen, die zum Trocknen auf einem weiten Platz am Ortsrand aufgeschüttet sind, ganz ohne jede Einfriedung und ohne Regenschutz.

Obwohl ich jetzt schon fast 30 Kilometer gelaufen bin, komme ich immer noch zügig voran. In Villacázar de Sirga, dem vereinbarten Ort unseres

Zusammentreffens, ist Dennis schon da. Er hat die Nacht vorher in Fromista verbracht und heute nur einen kurzen Weg gehabt. Ich freue mich sehr, ihn wiederzusehen. Wir begrüßen uns wie alte Freunde, die sich monatelang nicht gesehen haben. Der Hospitalero, ein Deutscher namens Ralph, empfängt mich herzlich. Später hilft er mir auch, die verlorene Ultreia-Melodie wiederzufinden, denn er hat die Noten für das Lied. Bald trifft auch Verena ein. Nach den rituellen Arbeiten – Duschen und Waschen – erzählen wir drei Weggefährten uns in einer Bar neben der Kirche von unseren Erlebnissen. Dennis berichtet lächelnd, dass Spanier ihn unterwegs gefragt haben: „Du hast wohl deine Familie verloren?“ Verena stellt fest, dass es als einzelner Pilger leichter gelingt, Kontakt mit anderen Pilgern aufzunehmen, die auch alleine gehen. Beide erzählen wir vor allem von der Gastfreundschaft in San Nicolás. „Wollen wir auch weiter zusammenbleiben?“, fragt Dennis. Alle drei sagen wir Ja dazu.

Um 18.30 Uhr finden wir uns in der Kirche ein, die riesig ist im Vergleich zu dem kleinen Städtchen.
Um das Taufbecken versammeln sich über ein Dutzend Pilger aus vielen Ländern im Kreis. Ralph stimmt ein Taizé-Lied an, „Ubi caritas et amor, ibi Deus est“. In mehreren Sprachen wird das Evangelium gelesen, es ist Zeit für persönliche Bitten, ein Moment großer emotionaler Dichte. Vor allem die Bitte von Hans und Doris berührt uns drei stark, wie wir später in einem Gespräch feststellen. Das Vaterunser spricht jeder in der eigenen Sprache. Die Namen der Pilger, die gestern da waren, werden vorgelesen und es wird für sie gebetet.
Es ist ein merkwürdiges Gefühl, für Menschen zu beten, die man nicht kennt, von denen man aber weiß, dass sie die gleichen Strapazen auf sich nehmen wie man selbst, um Santiago zu erreichen – und dabei gleichzeitig zu wissen, dass morgen hier andere Pilger stehen werden, die dasselbe für uns tun. Am Schluss segnet Ralph jeden von uns persönlich für den weiteren Weg. Ich bin von dieser harmonischen, Gemeinschaft stiftenden Gebetszeit sehr beeindruckt. Das Abschlusslied „Laudate omnes gentes, laudate Dominum“ klingt noch lange in mir nach.
Abends kaufen wir zusammen mit Julien und Valerie, Hans und Doris ein. Im kleinen Dorfladen deutet Hans auf ein Stück Wurst hinter der gläsernen Ladentheke. „Esta?“, fragt die ältere Geschäftsinhaberin. „Si, des da!“, bestätigt Hans auf Hessisch. Wir lachen über diese europäische Spracheintracht. Dann bereiten wir ein gemeinsames Essen, an dem auch

Charles und Pascale aus Frankreich teilnehmen. Zwei Italiener setzen sich später noch dazu. Wieder einmal sind wir drei Weggefährten zum Kristallisationspunkt einer fröhlichen Tischgemeinschaft geworden.
Wir bilden eine frohe Runde, bis wir gegen halb elf ins Bett gehen. Doch an Schlafen ist nicht zu denken, weil gerade jetzt auf dem vorher stillen Platz vor der Albergue ein Fest losgeht, mit Feuerwerk, lauter Musik und ausgelassener Stimmung. Es ist wahrscheinlich schon zwei Uhr nachts, bis endlich der Lärm aufhört und Ruhe eintritt.

Freitag, 3. August
Trotz der kurzen Nacht wache ich um fünf Uhr auf. Wir packen zusammen, frühstücken gemeinsam, verabschieden uns herzlich von Ralph, starten und trennen uns dann am Ortsrand. Ich habe den Eindruck, dass Dennis die erste Zeit des Tages für eine Meditation über einen Bibeltext nutzen möchte, bei der er ungestört sein kann. Wir vereinbaren, uns in zwei Stunden zu treffen. Der Erste wird haltmachen und auf die anderen warten. Gestern hat mir Ralph noch die Ultreia-Melodie wiedergegeben, ich singe sie wieder als Mantra auf dem Weg.
Wir finden uns wieder zusammen auf Strohhaufen in einem Feld nach Carrion de los Condes und machen Rast in der Morgensonne. Ab jetzt gehen wir wieder gemeinsam. Der Weg führt entlang der alten Römerstraße Via Aquitania, eine schnurgerade Strecke, deren steiniger Untergrund durch die Stiefel drückt. Schatten gibt es keinen, dafür weht ein kühlender Wind. Auf fast 18 Kilometer keine Wasserstelle. Um uns herum nur die Weite der Meseta, vor und hinter uns immer wieder Pilger, einzeln oder in kleinen Grüppchen. Als endlich der Kirchturm von Calzadilla de la Cueza sichtbar wird, dauert es noch eine Dreiviertelstunde, bis wir im Ort sind. Die einzige Bar dort ist Pilgertreffpunkt. Auch wir rasten. Dennis bricht früher auf, er will ein Stück alleine gehen. Verena und ich starten wenig später. „Wir können gerne zusammengehen", meint sie, „aber ich möchte ein bisschen schweigen." Das tun wir dann auch, bis kurz vor unser Ziel. Am frühen Nachmittag erreichen wir Ledigos, das durch seine vielen Lehmbauten auffällt. Dort finden wir drei wieder zusammen. Die private Herberge hat einen schattigen Eingangsbereich und Innenhof, die Betten sind eng beieinander, Toiletten und Duschen gut.
Wir durchstreifen den Ort nach einem Laden und finden keinen. Als wir in der Bar erfahren, dass es erst um halb neun Abendessen gibt, scheinen

wir so entsetzt zu schauen, dass die Wirtin den bisher verborgenen Laden aufschließt und wir die Zutaten für einen Reiseintopf kaufen können, zu dem wir Hans und Doris einladen, die sich sehr darüber freuen.

Samstag, 4. August

Wieder brechen wir im letzten Dunkel der Nacht auf. Wir wollen heute Bercianos erreichen, haben wir gestern vereinbart. Bis Terradillos de los Templarios gehen wir gemeinsam, dann läuft jeder ein Stück alleine, ich diesmal voran. Unterwegs der Sonnenaufgang. Schon in dieser frühen Zeit ist es wärmer als üblich und die Temperatur steigt. Gegen elf Uhr erreichen wir Sahagún. Dort stellen wir die Rucksäcke in der Herberge der Stadt ab, erkunden das Zentrum und stoßen auf die Iglesia de San Lorenzo mit den ausdrucksstarken Figuren und Altären für die Prozessionen der Semana Santa. In Sahagún ist Markttag und es macht Spaß, durch das Gewirr der Stände zu schlendern. Nach eineinhalb Stunden sind wir müde, es wird heiß und heißer. Verena entscheidet für sich: „Ich gehe heute nicht weiter!" Ich bin durch diese klare Entscheidung irritiert. Mir ist wichtig, dass unsere Gemeinschaft auf jeden Fall zusammenbleibt, ich bin selbst auch ausgedörrt und verwerfe so schnell die Idee, trotz der drückenden Hitze noch eine Station weiterzugehen. Auch Dennis bleibt hier. Für ihn, so erklärt er später, war es bei dieser Entscheidung wichtig, Pläne und Vorhaben auch einmal sein lassen zu können, wenn er merkt, dass jetzt etwas anderes ansteht.

Wenig später finden wir Michaela und Patricia aus Erfurt, die schon vor uns eingetroffen sind. Wir wollen abends zusammen kochen. Auch Michaela und Sebastian, die ich in San Nicolás erstmals gesehen habe, sind dabei. Die Herberge ist im Inneren einer großen früheren Kirche, unten der Empfang und ein Konzertsaal, oben der Bettentrakt mit den jeweils abgetrennten Kastenabteilen pro acht Betten, recht geräumig und luftig. Ich erkunde noch ein Abendgebet bei den Benediktinerinnen, zu dem wir drei, Patricia und Michaela aufbrechen. Da ich allerdings nicht berücksichtigt habe, dass am Samstagabend schon der Sonntagszeitplan gilt, kommen wir um halb zehn vergeblich hin.

Beim Abendbummel durch die Stadt sehen wir kurz vor 22 Uhr ein Thermometer. Es zeigt 32 Grad Celsius an der Plaza Mayor de Sahagún. Wir beschließen, lange zu schlafen und am Sonntag nur eine kleine Etappe bis Bercianos del Real Camino zu machen, um die dortige besonders empfohlene Herberge anzusteuern.

Sonntag, 5. August

Wir brechen kurz nach sieben nach einem ausgiebigen Frühstück auf. Da wir nur 12 Kilometer laufen, kommt es uns fast wie ein Sonntagsspaziergang vor. Der Weg führt ohne Höhepunkte an der Straße entlang. Kurz vor Bercianos del Real Camino machen wir an einer kleinen Eremita kurze Essensrast. Als wir den Ort erreichen, ist die Herberge noch nicht geöffnet. Fast ein bisschen unmutig weist uns einer der Hospitaleros weiter. „Es ist noch früh am Tag, ihr könnt noch weiter", meint er. Doch wir wollen hierbleiben und dem Rat des gelben Führers, den Dennis und Verena haben, folgen. Uns ist es wichtig geworden, bei mehreren Möglichkeiten diejenigen Herbergen zu wählen, die nicht nur für das leibliche Wohl sorgen, sondern auch einen spirituellen Impuls an die Pilger geben.

Bisher haben wir damit immer gute Erfahrungen gemacht. Dabei lassen wir die meisten kommerziellen Herbergen aus, selbst wenn sie mit Liegewiese und Swimmingpool locken. Für diesen „Verlust" fühlen wir uns gut entschädigt.

So verbringen wir die Zeit bis ein Uhr in der Bar und in einem Wortgottesdienst mit Kommunionausteilung. „Das ist schon ein bisschen seltsam", meint Dennis am Ende. In seine evangelische Glaubensvorstellung passt es nicht, dass Christus im Brot auch präsent ist ohne die in diesem Gottesdienst unmittelbar gesprochenen Wandlungs-, oder wie er sagen würde, Einsetzungsworte. Ich selbst kann dieser Gottesdienstform auch nicht viel abgewinnen, auch wenn ich natürlich die katholische Auffassung davon gut kenne. Denn für mich ist es klarer, wenn es entweder eine Eucharistiefeier gibt oder einen reinen Wortgottesdienst als diese Mischform, die mir als ein Resultat des Priestermangels in der katholischen Kirche vorkommt.

Kurz nach eins tauchen wir dann in der Herberge, die in einem 240 Jahre alten Backsteinhaus in Lehmbauweise untergebracht ist, auf und werden jetzt sehr freundlich empfangen. Sie ist im größten Haus des Ortes, dem früheren Pfarrhaus. Der Flur ist mit Kieselsteinen in Mustern gestaltet und es gibt sogar einen Meditationsraum. Ein großes Plakat mit der Aufschrift „YO SOY EL CAMINO" – „Ich bin der Weg", ein Jesuswort – prägt den Raum. Im Stockwerk darüber die Betten. Es gibt viel Platz. Insgesamt hat das Gebäude einen sehr wohnlichen Charakter.

Den ganzen Tag ist es sehr heiß, 32, 33 Grad. Dazu weht ein kräftiger Wind. Die Sonne lässt sich nicht blicken, es ist völlig bewölkt. Die warme

Luft macht mich und auch die anderen Pilger müde und schlapp. Der Schlafraum wirkt wie ein Lazarett in den Tropen, wo alle an Fieber leiden. Viele hängen erschöpft auf den Betten herum. Nur den Schwalben kann die Hitze nichts anhaben, sie fliegen munter im Hausflur herum.
Trotz der Schwüle erkunde ich nach einiger Zeit den Ort, streife durch die stillen Straßen. Das Dorf ist eine merkwürdige Mischung von Verfall und trotzigem Widerstand dagegen. Die alte Kirche und manche Häuser sind eingestürzt oder kurz davor, in anderen findet man ganz neue, mehr oder weniger geschmacklose Türen aus dem Sortiment eines großen Baumarktes, die zu dem alten Gemäuer passen wie die Faust aufs Auge. Der heiße Wind scheint jeden Gedanken auszutrocknen heute. Ich erinnere mich, von einem spanischen Wind gelesen zu haben, von dem es sprichwörtlich heißt: „Er bläst keine Kerze aus, aber er tötet den Mann." Der heutige wirkt so, als könnte er beides.
Ich komme gerade rechtzeitig zur Albergue zurück, um am Abendgebet teilnehmen zu können. Gebete und Psalmen werden in verschiedenen Sprachen gelesen, das Vaterunser beten wir gemeinsam, jeder in seiner

„Ich bin der Weg" – Glauben und Camino ähneln sich. Vieles ist vorbereitet von anderen, aber gehen kann man den Weg nur selbst.

Sprache. Zum Schluss stimmen Dennis und ich ein „Laudate omnes gentes ...“ an.

Ich freue mich über diese Gebetszeit in der Herberge, verbindet sie doch die Pilger unterschiedlicher Nationen und Bekenntnisse miteinander. Es hat etwas stark Gemeinschaft Stiftendes, obwohl natürlich längst nicht alle Pilger daran teilnehmen.
Beim Abendessen, das die französischen Hospitaleros für alle vorbereitet haben, sind die Pilger dann komplett. Die Runde ist ganz international, deutsche, französische, spanische, italienische und englische Sprachfetzen fliegen hin und her. Gespräche sind oft lustig. Geht es in einer Sprache nicht weiter, wird einfach ein Wort aus einer anderen genommen, dann mal ein Halbsatz in einer dritten. Manchmal übersetzt auch einer, der weiterhelfen kann, und so verstehen sich doch alle in diesem speziellen „Camino-Esperanto“.
Zum Sonnenuntergang steige ich auf die alte Bodega, den Weinkeller des früheren Pfarrhauses.
Dort sitze ich mit anderen Pilgern und blicke nach Westen. Dennis und Verena haben einen der hohen Strohhaufen in der Nähe des Ortes erklommen. Langsam sinkt die Sonne über der Meseta, verschwindet hinter sehr fernen Wolken. Da hinten also liegt Santiago, mache ich mir bewusst.
Kurz vor der Nachtruhe unterhalte ich mich mit Finn, einem Briten aus Kent, der Philosophie und Deutsch studiert und ausgezeichnet spricht. Wir reden über den spanischen Text eines großen, die Wand des Speisesaals dominierenden Plakates, den ich zu übersetzen versuche:

„Niemand ging gestern
noch geht heute
noch wird morgen
auf Gott zugehen
auf dem mir eigenen Weg
den ich gehe.
Denn es hält bereit
für jeden Menschen
einen neuen Strahl Sonnenlicht
und einen jungfräulichen Weg
Gott.“

Die Nacht ist schwer, es bleibt heiß, selbst in der Nähe des Fensters. Ein paar Regentropfen haben Schwüle gebracht. Trotzdem schlafe ich bis etwa vier Uhr gut.

Montag, 6. August

Als ich aufwache, ist es ganz still im Dormitorio. Um fünf Uhr wird es lebendig. Auch wir machen uns fertig. Im Osten zucken Blitze am Himmel. Wir frühstücken zusammen und ziehen dann durch das schlafende Dorf. Kurz danach geht der Weg schnurgerade, von jungen Platanen auf der Südseite gesäumt, neben der Straße entlang.
Die Meseta ist hier wirklich tischeben. Meine Weggefährten und ich haben vereinbart, dass jeder in seinem Tempo läuft und wir uns in El Burgo Ranero wiedertreffen. Als ich dort ankomme, geht gerade die Sonne auf. Wir gehen kurz zur Albergue, wo ein etwas schroffer Hospitalero uns nur widerwillig auf die Toilette lässt. Dann ziehen wir weiter, Richtung Reliegos. Wieder geht es schnurgerade durch die flache, steppenartige Landschaft. Es ist ein gedankenverlorenes Laufen, nichts gibt es, was Aufmerksamkeit auf sich lenken würde. Es ist Meditation im Gehen.
An einem Flüsschen, kurz vor der Abzweigung nach Villamarco, machen wir Rast und stärken uns eine halbe Stunde lang.

Beim Weitergehen zieht Dennis einen Vergleich zwischen dem Glauben an Jesus und dem Camino, angeregt durch das Plakat „Yo Soy el Camino".
„Der Weg ist bereitet", erklärt er, „Markierung, Wasser, Herbergen sind da, man kann sich auch darauf verlassen, dass andere den Weg mitgehen, aber – man muss ihn selbst gehen, jeder mit seinen Schritten."
Nur viereinhalb Stunden nach unserem Aufbruch haben wir die 20 Kilometer nach Reliegos geschafft. Vor der Bar im Ort sind bereits viele Pilger. Wir setzen uns dazu, trinken Cafe con Leche und schauen uns das Kommen und Gehen an. Dann machen wir uns auf die letzten sechs Kilometer nach Mansilla de las Mulas, wo wir am alten Stadttor auf Hans und Doris stoßen, die aber noch einen Ort weiter wollen. Im Zentrum liegt die Herberge, die um einen mit Geranien geschmückten Innenhof gebaut ist. Den größten Teil des Nachmittags verbringen wir in diesem Patio. Mit meinen beiden Caminofreunden spiele ich Schach, wozu ich schon jahrelang keine Gelegenheit mehr hatte.

Außerdem erkunden wir das Städtchen, das großenteils von einer Stadtmauer umgeben ist, die seltsam wirkt, ist sie doch fast vollständig aus großen Flusskieselsteinen errichtet, die mit Mörtel zusammengehalten werden.
Abends essen wir wieder zusammen.
Ich liebe diese Tischgemeinschaft.

Dienstag, 7. August
Der Hang zum frühen Aufstehen wird bei vielen offenbar immer größer, ab fünf Uhr ist an Schlafen nicht mehr zu denken. Ich wache mit einem leicht fiebrigen Gefühl auf. Am Vorabend habe ich beim Hospitalero meine vielen „Mückenstiche" auf dem Arm inspizieren lassen. Der diagnostizierte Flohbisse, was ihn aber nicht zu beunruhigen schien. Nicht nur mein Arm, sondern auch die Beine, der Rücken und der Hintern sind zerstochen. Es juckt überall und fühlt sich heiß an. Ich habe latent schlechte Laune.
Wir brechen noch in der Nacht auf, überqueren die große Brücke über den Río Esla und laufen dann direkt neben der Straße in Richtung León. Der starke Straßenverkehr blendet, sodass es schwer ist, den Weg zu sehen. Teilweise führt der Camino auf dem schmalen Seitenstreifen der Straße entlang, was lebensgefährlich ist. Erst gestern haben wir gehört, dass bei León ein Pilger bei einem Verkehrsunfall tödlich verunglückt sein soll. Langsam wird es jetzt wenigstens hell, sodass wir besser sehen und gesehen werden. Hinter Puente Villarente verlässt der Camino endlich die Straße und führt durch die Reste von Natur, bis schließlich Gewerbegebiete und Straßen kommen mit viel Verkehr, wo Pilger irgendwie vorankommen müssen. Hier finden wir Hans und Doris wieder. Der Weg wird heute nicht schöner.

Der Höhepunkt ist erreicht, als der Camino eine vierspurige, autobahnähnliche Straße kreuzt, aber nicht etwa mit einer Brücke oder einer Unterführung, sondern quer über die Fahrbahn, wofür ein kurzes Stück die Leitplanken fehlen. Dann geht es auf dem Standstreifen dieser Ausfallstraße Richtung León weiter. Noch mehr Straße, Gewerbegebiete, hässliche Wohnhäuser. Mitten in einem Kreisverkehr ein paar Bänke und ein Kreuz, ein Pilgerrastplatz. Da wir auch Hunger haben, nutzen wir diese „herrliche" Gelegenheit. Ich vergebe in Gedanken den 1. Preis für den hässlichsten Pilgerweg in eine Großstadt an León. Es dauert lange und

das ästhetische Empfinden wird auf eine harte Probe gestellt, bis endlich die Altstadt erreicht ist.
Sofort wandelt sich das Bild, León beginnt mich zu faszinieren. Wir steuern die Herberge der Benediktinerinnen im Zentrum an, aber wir sind die 18 Kilometer so schnell gelaufen, dass sie noch zu ist. Wir finden eine urgemütliche Kaffeebar mit alten Kaffeeutensilien als Dekoration und lassen es uns gut gehen. Ich lese meinen Weggefährten das Kapitel über León aus meinem kleinen roten Pilgerführer vor, denn was Geschichte, Kultur und Karten betrifft, ist er der informativere. Um elf Uhr gehen wir zurück, checken ein und werden freundlich empfangen. Die Hospitaleros meistern den Ansturm mit bewundernswerter Gelassenheit und Freundlichkeit. Wir ergänzen unsere Credenciale mit Einlegeblättern, die die Benediktinerinnen bereithalten. Denn natürlich sammeln wir täglich unsere Stempel in den Herbergen, darüber hinaus auch manchmal an markanten Orten, sodass der Platz im Pilgerpass am Schluss eng werden könnte. Die Schlafräume sind groß und wie alle vorher nicht getrennt nach Frauen und Männern, wie es der Führer beschreibt. Das freut uns, denn so können wir zusammenbleiben.
Sobald wir unsere Betten belegt haben, gehen wir zur Kathedrale. Begeistert betrachten wir die Glasfenster, die größten bis zu zwölf Meter hoch. Die ganzen Wände sind aufgelöst in farbiges Licht. Ich habe bisher nur wenige Kathedralen erlebt, in denen der Geist und die Baukunst der Gotik so lebendig sind wie hier.
Mit Reims, Straßburg und Chartres kann dieser wunderbare Dom gut mithalten. Nach und nach erkunden wir die Fenster, bestaunen die 16-geteilte Rosette im Querschiff und lassen die Geschlossenheit und Stimmigkeit des Gesamtbaus auf uns wirken.
Anschließend suchen wir die Real Basilica de San Isidoro, ein Meisterwerk der Romanik. Da gerade Gottesdienst ist, setzen wir uns und bleiben bei der heiligen Messe dabei.
Die königliche Grabkammer bei der Real Basilica de San Isidoro mit ihren romanischen Fresken, die auch Sixtinische Kapelle der Romanik genannt wird, heben wir uns für den Nachmittag auf.

Dazwischen fordert der normale Pilgeralltag wieder seinen Tribut. Wir nutzen die Gelegenheit, zusammen einen großen Waschgang mit der Maschine zu machen. Ich bin froh, fast die ganze Kleidung einschließlich des Schlafsacks waschen zu können, schon um eventuell unliebsa-

mes Kleingetier, das ich mir in Bercianos eingesammelt haben könnte, loszuwerden.
Der anschließende Besuch in San Isidoro, diesmal eben der Grablege und der Schatzkammer, begeistert uns alle drei aufs Neue. Der Reichtum an romanischen Fresken im besten Erhaltungszustand, die wenigen, aber hochwertigen Ausstellungsstücke der Schatzkammer und vor allem die wertvollen Bücher der Bibliothek, darunter eine Bibel aus dem 10. Jahrhundert, wären alleine schon eine Reise nach León wert.

Daraufhin schlendern wir noch ein wenig durch die Altstadt und kaufen für morgen so ein, dass wir die Sachen gut teilen können. Denn morgen wollen wir noch gemeinsam aus León hinauspilgern, uns dann aber für vier oder fünf Tage trennen, um uns in Ponferrada oder Cacabelos wieder zu treffen. Vor allem Dennis reizt die Herausforderung der über 37 Kilometer langen Etappe bis Hospital de Orbigo im Alleingang, mir ist es lieber, den Weg nach Astorga in zwei etwa gleich langen Teilstücken zu gehen. Am Abend essen wir in einem Restaurant nahe der Herberge. Für ein paar Tage feiern wir Abschied. Bianca, die sich mit ihrem Freund hier in León treffen und ihre Pilgerreise beginnen will, stößt zu uns.
Sie kommt aus Berlin.
Um halb zehn abends gehen wir drei zur Herberge und beten mit vielen Pilgern und den Benediktinerinnen die Complet in der Hauskapelle des Klosters. Anschließend fallen wir müde und zufrieden, voll von den Eindrücken des Tages, ins Bett.

Mittwoch, 8. August
Es wird eine unruhige Nacht. Ab drei Uhr mache ich kein Auge mehr zu. Die Betten mit ihren Stahlspanngittern quietschen bei jeder Bewegung. Um vier Uhr stehen die Ersten auf, auch mein Bettnachbar packt zusammen. Die Unruhe steigt von Minute zu Minute. Dabei hieß es, dass um sechs Uhr gemeinsames Wecken sei. Wahrscheinlich hätte ich noch schlechter geschlafen, wenn wir beim Abendessen mit dem Wein sparsamer gewesen wären. Verena ist richtig sauer, auch auf die vielen Schnarcher. Die Unterkunft erhält von uns den 1. Preis für die bisher unruhigste Herberge.
Um wenigstens den Tag nach dieser verunglückten Nacht gut zu beginnen, frühstücken wir ordentlich – was vom Haus angeboten wird, gutes Brot, gute Marmelade, Butter und natürlich Kaffee so viel man will.

Um 6.45 Uhr sind wir aus dem Haus, finden den Weg aus der Stadt leichter als befürchtet und laufen bis an den Stadtrand von León und auch noch durch Virgen del Camino. Nach etwa zwei Stunden ist dann Zeit für den Abschied. Wir sprechen zusammen und füreinander den Pilgersegen, den wir in Los Arcos erstmals bekommen haben. Dennis beginnt:
„Oh Gott, der du deinen Diener Abraham aus der Stadt Ur in Chaldäa errettet hast, ihn beschützt hast auf all seinen Pilgerfahrten und der du der Führer des hebräischen Volkes durch die Wüste warst, wir bitten dich, dass du uns, deine Diener, behütest, die um deines Namens willen nach Santiago de Compostela pilgern."

Verena setzt fort:
„Sei für uns
Weggefährte auf der Pilgerfahrt,
Wegweiser an Kreuzungen,
Kraftquelle bei Erschöpfung,
Schutz in der Gefahr,
Herberge am Weg,
Schatten in der Hitze,
Licht in der Dunkelheit,
Trost in der Mutlosigkeit
und die Kraft für die Durchsetzung unserer guten Vorsätze."

Ich schließe ab:
„Damit wir dank deiner Hilfe wohlbehalten das Ziel unseres Weges erreichen und dass wir, bereichert an Gnade und Tugend, unbeschadet nach Haus zurückkehren,
voll ersprießlicher und immerwährender Freude!
Für Jesus Christus, unseren Herrn."

Gemeinsam bekräftigen wir:
„Amen."

Mit einer Umarmung verabschieden wir uns, dann zieht jeder seine Bahn. Es fällt mir nicht leicht, die beiden ziehen zu lassen, ich wäre gerne mit ihnen weitergelaufen. Es war der Wunsch von Dennis und Verena, die Erfahrung des Alleinseins machen zu können. Ich hatte diese Erfahrung schon viele hundert Kilometer in Frankreich und weiß, wie gut sie tut.

Deshalb war ich einverstanden, obwohl mein Bedürfnis derzeit mehr nach Gemeinschaft ausgerichtet ist. Eine Zeit lang sehe ich Dennis noch vor mir, bis er schließlich in der Ferne verschwindet. Verena verliere ich aus den Augen, als ich eine kleine Pause mache, sehe sie aber in Oncina de la Valdoncina in der Bar noch einmal. Sie läuft dann weiter, während ich noch Kaffee trinke und mich später mit einem Schotten, Arthur, und einem Kanadier, Chris, unterhalte.

Als sie hören, dass ich schon in Frankreich lange unterwegs war, wollen sie mehr wissen über die dortigen Verhältnisse auf dem Jakobsweg.

Der Weg, der vor Oncina durch eine weite, steppenartige Landschaft geführt hat, geht jetzt durch Felder auf einer fast unbefahrenen Nebenstraße. Langsam wird es wärmer. In León hatten die Thermometer noch acht bis zehn Grad gezeigt, jetzt wirkt sich die Sonne aus, aber es bleibt angenehm.

Schon um zwölf Uhr habe ich die insgesamt gut 24 Kilometer lange Strecke nach Villar de Mazarife geschafft, also in fünfeinviertel Stunden, dabei etwa eine halbe Stunde Rast.

Wie vorher schon ausgedacht, mache ich Schluss in der Albergue Refugio de Jesús, bisher nach San Nicolás die originellste Herberge. Die Zimmer und ein Balkon, auf dem man schlafen kann, gruppieren sich um einen hübschen Innenhof. Es ist viel Platz, ein großer Garten mit Swimmingpool und ein hölzernes, betretbares Schiffsmodell. Es ist friedlich, interessante künstlerische Graffiti an den Wänden, ein kleines Paradies. Ich genieße es in vollen Zügen.

Später erkunde ich den Ort mit seiner Jakobskirche. Ein sehr freundlicher älterer Mann erklärt mir ausführlich die Bildtafeln des Hochaltars, die alle wichtigen Stationen der Jakobuslegende darstellen. Später schreibe ich lange Notizen, dann komme ich mit Maria, einer sympathischen Spanierin aus Barcelona, ins Gespräch. Ich hatte sie vorher schon mehrmals gesehen, in Mansilla de las Mulas hatte sie das Bett mir gegenüber. Sie hat eine Sehnenentzündung und kann vorläufig nicht weiter. Ich gebe ihr das Gel-Tissue, das ich in Frankreich von Francois geschenkt bekommen habe.

Wir unterhalten uns ein bisschen über andere Jakobswege in Spanien und über Wandermöglichkeiten in den Pyrenäen, wo sie oft unterwegs ist.

Ich mache ihr Mut und erzähle ihr, wie ich meine Sehnenentzündung überwunden habe. Dann will sie viel über den französischen Jakobsweg wissen.

Am Abend laden mich Hans und Doris zum Essen ein. Auch sie haben in dieser Herberge haltgemacht.
Wir sitzen lange zusammen und unterhalten uns. Hans mit seiner Erfahrung als Landwirt erzählt von seinen Beobachtungen, vor allem, was die optimale Bewässerung der Felder betrifft. Er hebt hervor, wie die Techniken hier die Naturkräfte nutzen. Ich bekomme durch seine Beobachtungen einen Blickwinkel, den ich vorher nicht hatte und bin dankbar dafür.
Wir unterhalten uns dann später am Abend auch darüber, was für uns die Motivation für die Pilgerreise war. Sie erzählen, dass sie den Weg für einen durch Krankheit plötzlich querschnittsgelähmten Verwandten machen. Jetzt wird mir auch die Fürbitte klar, die Hans, tief bewegt, in der Kirche von Villacázar de Sirga gesprochen hat und die auch uns drei so anrührte. Ich erzähle von meiner Trennung und von der Notwendigkeit, neue Lebensperspektiven und neuen Lebensmut zu finden, von der Verzweiflung und Perspektivlosigkeit der letzten Jahre und über den harten Kampf um das tägliche Brot. Es ist das erste Mal, dass wir solche persönlichen Dinge miteinander teilen. Ich bewundere im Stillen ihren Einsatz, weiß ich doch, dass Doris sich immer noch täglich mit Fußproblemen herumplagt. Ein tiefer Respekt vor den beiden breitet sich in mir aus. Für mich ist das Gespräch auch eine erneute Möglichkeit, mir selbst Rechenschaft darüber abzulegen, wohin mich mein innerer Weg auf dem Camino bisher geführt hat. „Viele, die hier unterwegs sind, tragen außer ihrem Rucksack noch ein anderes Bündel mit sich", darüber sind wir uns einig.
Bei Einbruch der Nacht verabschieden wir uns. Ich beziehe mein Bett mit Blick auf die Sterne. Michaela und Sebastian, die beiden Studenten, schlafen ums Eck auch auf dem Balkon, während Doris und Hans eins der kleinen Zimmer für sich haben.

Donnerstag, 9. August

Die innere Uhr ist auf fünf gestellt. Obwohl es in der Herberge noch ganz ruhig ist, wache ich fast auf die Minute genau auf. Am Himmel stehen die Sterne des Orion. Nach dem Frühstück mache ich mich auf den Weg. Er führt schnurgerade an Feldern vorbei auf einer Ortsverbindungsstraße. Leise rauscht und gluckert das Wasser der Bewässerungskanäle am Straßenrand. Ich laufe flott und bin fast allein. Um halb acht geht die Sonne auf, direkt in der Richtung, aus der ich gekommen bin.

Nach etwa zwei Stunden knickt der Camino ab, überquert die N 120 und führt dann in einem Bogen nach Hospital de Órbigo. Dort stoße ich auf die seltsamste und längste Brücke des Wegs. 20 Bögen schwingen sich über Fluss und Uferwiesen. Kerzengerade führt der Camino durch den Ort. Ein kurzer Blick in die barocke Kirche, dann geht es weiter. Am Ende des Ortes teilt sich der Weg. Die längere und schönere Strecke geht rechts, die kürzere, die der Straße folgt, geradeaus. Ich wähle die schönere. Mir fällt dabei ein, dass ich in Frankreich sicher noch die kürzere gewählt hätte. Mit steigender Freude und Ausdauer beim Laufen ändern sich die Entscheidungen. Etwa in der Mitte der Strecke, in Villares de Órbigo, mache ich Kaffeepause, treffe einen Ungarn. Er ist Maschinenbauingenieur und gelegentlich Lastwagenfahrer, der seinen Job gekündigt hat. Jetzt geht er den Jakobsweg, dann nach England.

Der Weg wird schmal und schön, erstmals weicht die Meseta sanften Hügeln. In der Ferne die Montes de León, wo auch das Cruz de Ferro steht. Die Berge, schon seit zwei Tagen schwach sichtbar, bekommen langsam klare Konturen und Einzelheiten werden sichtbar. Über den staubigen Weg geht es durch eine von Feldern, Ödland und lichtem Eichenwald geprägte Landschaft. Ich spüre die Freude, wieder eine abwechslungsreichere Gegend zu haben.

Während ich so laufe, denke ich an Verena und Dennis und was ich an ihnen mag.

Bei ihr sind es das helle Lachen, die aufrechte Gestalt, der bestimmte, kraftvolle Gang, die kurzen braunen Haare mit einem Schimmer von Gold darin, die hohe, klare Stirn, der Glanz in den braunen Augen, der schnell auffassende Geist, das hohe Engagement für Werte, ihre Entschiedenheit, die Hilfsbereitschaft, das soziale Einfühlungsvermögen, ihre Kontaktfähigkeit und die Würde und Ehrfurcht, wie sie sich in Kirchen bewegt und die auch beim Gebet und im Gottesdienst deutlich werden.

Bei Dennis fallen mir die blonden Haare ein, die mich immer ein wenig an den „Kleinen Prinzen“ erinnern, auch wenn er einen Kopf größer ist als ich, die etwas jungenhaft schlacksige Art, sich zu bewegen, sein Lächeln, sein Humor, der immer wieder für Leichtigkeit auf dem Weg sorgt, das Engagement und die Ernsthaftigkeit, mit der er evangelische Theologie vertritt, sein großes Wissen über Kirchengeschichte und die Bibel, die Offenheit, sich auf das „Katholische“ bei uns und in den spanischen Kirchen einzulassen, seine selbstverständliche, unaufdringliche und vielleicht gerade deswegen so ansteckende Glaubensüberzeugung, seine Fä-

higkeit, Einfaches nicht kompliziert und Kompliziertes einfach zu machen. Ich freue mich darauf, die beiden in Ponferrada wiederzusehen.
Am Cruz de Santo Toribio ist der Blick frei auf Astorga.
Das Stadtbild sieht von hier aus wohltuend geschlossen und abgerundet aus. Dann dauert es noch eineinviertel Stunden, bis ich in die Stadt komme. Auf der Suche nach der Herberge verliere ich die gelben Pfeile. Plötzlich vor mir Verena. Ich rufe, sie bleibt stehen. Welche Freude! Sie zeigt mir den Weg zur Herberge, wo sie und auch Dennis eingecheckt haben. Nach dem Pilgerritual mache ich mich auf den Weg zumBischofspalast des großen spanischen Baumeisters Antonio Gaudí. Er enthält ein Museum des Jakobswegs, das aber museumspädagogisch viel zu wünschen übrig lässt. Was mich hingegen fasziniert, ist die Architektur.
Die der Gotik nachempfundene Bauweise entfaltet eine fast feierliche Atmosphäre und Lichteinfall und Raumgestaltung mit Säulen und Spitzbögen sind großartig. Hier Feste feiern können, das wär's! Auch den Dom gleich nebenan lasse ich mir nicht entgehen. Er ist ein mächtiges Bauwerk, das aber an die Schönheit der Kathedrale von León nicht heranreicht. Die Capilla Mayor zerstört wie bei vielen spanischen Kathedralen die Raumwirkung des Mittelschiffs. Dagegen ist das Deckengewölbe eindrucksvoll.
Danach eile ich schnell zur Herberge zurück. Dennis und Verena haben für uns drei gekocht und es gibt leckere Nudeln mit Garnelen und Käsesoße, Salat als Vor- und Melone als Nachspeise. Ich habe das Gefühl von Familie. Jeder von uns hat den Tag über etwas anderes getan und erlebt, jetzt kommen wir zusammen und erzählen. Anschließend bummeln wir noch durch die Altstadt, schauen von einem Straßencafé aus dem lebhaften Treiben auf der Plaza Mayor zu und gehen kurz vor Sonnenuntergang zur Herberge zurück. Verena und ich verabschieden noch den Tag mit der gerade untergehenden Sonne von der Terrasse über der Stadtmauer Astorgas aus, dann macht auch jeder von uns sich fertig für die Nacht. Meine italienischen Zimmergenossen essen noch unten, während ich schon im Bett bin.
Vor dem Einschlafen ziehe ich Bilanz. Es war ein Tag voller Verbundenheit mit den anderen und dabei gleichzeitig auch ein Tag eigenen Weges. Ein Gedanke, der mir unterwegs kam, beschäftigt mich noch weiter. Ich will Ediths neuen Freund kennenlernen.
Das hat für mich damit zu tun, mich der veränderten Realität meiner Beziehung zu Edith zu stellen. Nur wenn ich die beiden zusammen

erlebe, kann ich wirklich wissen, ob ich Edith als meine Ehefrau losgelassen habe.
In den Jahren, in denen unsere Liebe noch jung war, hatte ich immer gehofft, sie könne an meiner Seite glücklich werden für ein ganzes Leben. Ich wollte sie nicht fesseln, sondern zu so einer großen Liebe fähig sein, dass ich – sollte sie irgendwann einmal merken, dass sie an meiner Seite nicht glücklich leben könnte – sie wieder freigeben und loslassen können würde. Als es dann so weit war, konnte ich es nicht.
Ich klammerte mich an sie. Als sich Jahre nach der Trennung bei ihr eine neue Partnerschaft entwickelte, merkte ich immer mehr, wie glücklich sie darin war. Ich liebte sie mit einer fesselnden, anklammernden Liebe weiter, die mich auch selbst unfrei machte. Jetzt, durch alles, was auf meinem bisherigen Jakobsweg geschehen ist, spüre ich, dass sich nicht die Intensität, aber die Qualität meiner Liebe verändert hat. Ich bin mir sehr sicher, dass ich diese Fähigkeit jetzt habe. Aber wirkliches Wissen darüber, ob ich mir nichts vormache, erlange ich erst, wenn ich sie und ihren Freund miteinander erlebe. Dem will ich mich bewusst stellen.

Freitag, 10. August
Kurz vor halb sechs stehe ich auf. Wir frühstücken zusammen. Endlich einmal Knuspermüsli, was uns alle freut. Dann gehen wir nacheinander los, ich starte um halb acht. Wieder begegnen mir in der Stadt die letzten Nachtschwärmer, angeheiterte Jugendliche, die den Pilgern Lieder nachsingen. Noch einmal vorbei an Gaudís Bau und an der Kathedrale führt der Weg dann schnell aus der Stadt hinaus. Ein paar Pilger sehe ich vor mir, auch ein junges Paar, das einen Säugling in einem Tragetuch dabei hat. So haben Edith und ich früher Martina auch getragen und sind gewandert, aber so einen weiten Weg hätten wir uns nie zu gehen getraut. Der Weg führt entlang der Straße durch eine karge, schöne Landschaft. Nach und nach rücken die Berge näher. Murias de Recivaldo erreiche ich schnell.
An der Albergue stoße ich auf Bianca und Manfred aus Berlin, die gerade mit Verena im Gespräch sind. Wir erörtern mögliche Tagesziele. Ich habe mich entschieden, ohne bisher mit meinen Weggefährten darüber gesprochen zu haben, bis Foncebadón zu gehen, wo eine Herberge in der alten Kirche ist. Diese Entscheidung ist ein Versuch, meine innere Autonomie zu bewahren, denn ich merke, um die Nähe Verenas zu suchen, würde ich mich leicht ihrer Entscheidung anpassen.

Die Entscheidung für Foncebadón hat noch einen weiteren Grund. Ich kann dann morgen das Cruz de Ferro bei aufgehender Sonne erleben. Diese Wegmarke ist für mich, das war mir schon in der Vorbereitung klar, ein besonderer Punkt, der wichtigste neben Santiago. Dort will ich mit meinem Stein auch die Last, die innere Not, die Verzweiflung, die Mutlosigkeit, die innere Versteinerung eines Lebensabschnitts von einem Jahrzehnt ablegen. Wenn die Sonne des neuen Tages aufgeht, will ich einen neuen Anfang machen, einen neuen Lebensabschnitt beginnen.

Ich laufe zügig weiter. Nach drei Stunden bin ich in Ganso und wähle eine der beiden Bars. Als ich gerade aus dem Haus komme und meinen Kaffee zum Gartentisch balanciere, kommt mir Verena entgegen. Ein paar Minuten später folgen auch die beiden Berliner.

Nach der Rast folgt der sanfte Aufstieg nach Rabanal del Camino. Während ich so laufe, kommt mir ein Bild, das gestern schon kurz aufblitzte. Es ist das Bild eines Hündchens, das gestreichelt wird und dann dem Streichelnden hinterherläuft. Es hat etwas mit meiner Thematik von Anpassung und Eigenständigkeit zu tun. Wenn ich merke, dass jemand mir guttut, mache ich mich leicht abhängig davon und achte weniger darauf, was ich selbst will.

Gleichzeitig wächst die Angst, zur Last zu fallen und zurückgestoßen zu werden, und so beginnt eine Befangenheit dem- oder derjenigen gegenüber.

In Rabanal, einem hübschen Ort mit Pilgerherberge und Benediktinerkloster, kaufe ich für den Weg über die Berge ein. Da kommt Verena und sagt, dass auch sie sich entschieden hat, heute nach Foncebadón zu gehen. Ich freue mich sehr darüber. Wir stoßen auch auf Dennis, der hier in der Albergue der Benediktiner bleibt.

Auf dem weiteren Weg unterhalten Verena und ich uns über Erkenntnisse, die wir auf dem Camino inzwischen gewonnen haben und wie überhaupt Erkenntnisse dabei entstehen.

„Sei dort, wo du jetzt bist, in der Gegenwart. Und das mit Kopf, Geist und Herz", nennt sie als Erstes. „Mache alles mit deiner ganzen Aufmerksamkeit, widme dich dem ganz."

Wirkliche Präsenz, erinnere ich mich, ja, davon hatte auch Frère Wolfgang in Taizé gesprochen. Die Erfahrung der Vergänglichkeit hat sie, wie

auch ich, immer wieder auf dem Weg gemacht. „Wenn du etwas tun willst, tue es gleich", leitet sie daraus für sich ab. Wir erzählen einander, wie der Weg uns immer offener macht für Einsichten in uns selbst. „Was mich der Camino lehrt, ist, mehr und mehr auf meine innere Stimme zu achten. Ich finde, das ist sehr wichtig", erklärt sie mir.
„Wie hörst du diese Stimme?", frage ich sie.
„Es ist eine Art innerer Gewissheit. Damit sie entstehen kann, braucht es Ruhe und Aufmerksamkeit für mich selbst", antwortet sie. „Es ist nicht einfach zu erklären.
Vielleicht ist diese innere Stimme auch schon immer da, eine Art Funke Gottes in uns. Sie wird spürbar als eine Form von Glück, mich im sinngebenden Zusammenhang mit der Welt zu erleben. Dabei entsteht eine neue Erkenntnis, ich weiß dann, was richtungsweisend ist, was zu tun ist", erklärt sie nachdenklich. Ich erzähle ihr, dass auch ich auf dem Weg immer wieder Situationen erlebt habe, wo plötzlich eine solche innere Gewissheit da war, sowohl in kleinen als auch in zentralen Dingen. Etwa in dem Moment, wo ich meinen Ring ablegte, oder nach dem Traum in Hontanas. Auch diese Stimmigkeit, die entsteht, wenn ich mich dem inneren Wissen anvertraue, habe ich kennengelernt. Für mich, das fällt mir dabei auf, spricht die innere Stimme in Intuitionen, jedoch auch in Träumen und Bildern. Ich mache deutlich, wie ich das meine und schildere ihr auch das Bild mit dem gestreichelten Hündchen. Es entwickelt sich ein aufschlussreiches Gespräch über meine Entscheidung, in Hontanas zu bleiben und wie ich Verenas Reaktion auf meinen Wunsch, von ihr notfalls geweckt zu werden, in die Schublade „Ablehnung" eingeordnet habe.
Ihr war es darum gegangen, wirklich alleine gehen zu können, wie wir es ja in Burgos vereinbart hatten. Außerdem war es ihr wichtig, dass jeder von uns unabhängig sei vom anderen und sich keine Abhängigkeiten entwickeln. Mir wird mein Muster durch das Gespräch verständlich. Nicht selten mache ich mich schwach und abhängig, um Zuneigung wenigstens in der Form von Fürsorglichkeit zu bekommen.
Auch Verena erzählt von ihrem Umgang mit Autonomie und Entscheidungen, spricht Situationen bei ihrer Arbeit an und wie es bei ihr als Kind mit dem Fällen von Entscheidungen war.

Etwas außer Atem durch das viele Erzählen erreichen wir schließlich das fast verfallene Dorf Foncebadón.

Hier ist Paulo Coelho dem fürchterlichen Hund begegnet. Tatsächlich gibt es drei Hunde, die müde im Schatten einer Mauer dösen und die Pilger kaum eines Blickes würdigen.
Wenn es für mich zwei große Ängste vor Beginn des Jakobsweges gab, dann bezog sich die eine auf die zahllosen frei herumlaufenden Hunde, die in meiner Vorstellung überall dem armen Pilger auflauerten und sich auf ihn zu stürzen versuchten. Nichts davon ist Realität geworden. Wenn es wirklich einmal eine Situation gab, in der ein Hund zu nahe kam, dann hat ein kräftiges Aufstoßen des Wanderstabs meist genügt, um ihn zu vertreiben.
Spätestens, wenn der Stab in Richtung des Hundes gehalten und ein Zischlaut ausgestoßen wurde, zog der Hund den Schwanz ein und war verschwunden.
Die zweite Angst war die vor unerträglichen Zuständen in den Herbergen. Ich, der ich sonst in Tagungshäusern auch als Teilnehmer großen Wert auf mein Einzelzimmer lege, sollte mit großen Schlafsälen zurechtkommen? Davon abgesehen, dass echte Massenschlafsäle eher die Ausnahme sind, komme ich überraschend gut zurecht. Was es an Störungen und schlechter Luft ab und zu gibt, wird zehnmal aufgewogen durch die wertvollen menschlichen Begegnungen und tiefen Gespräche, die sich überall entwickeln können. Eines weiß ich jetzt sicher: Auch wenn ich noch alleine pilgern würde, ich ziehe diese Begegnungs-Wirklichkeit jedem Hostal-Einzelzimmer vor.

Die Pilgerherberge ist Teil der alten Kirche. Im anderen Teil ist eine kleine Kapelle eingerichtet. Im Ort gibt es nur zwei ständige Bewohner, viele Häuser sind verfallen, aber es zieht auch neues Leben in den Ort ein.
Am Nachmittag sitzen wir eine Zeit lang im Aufenthaltsraum der Albergue. „Es ist merkwürdig auf dem Weg", sagt Verena plötzlich, „nirgends sind wir lange und überall fühle ich mich gut aufgehoben. Der ganze Weg ist, als wäre man daheim."
Der Hospitalero, der uns nach dem gemeinsamen Abendessen mit Chorrizo-Kartoffel-Eintopf das Dorf zeigt, weist auf einen Neubau hin, den deutsche Institutionen der Jugendhilfe als Ort der Stärkung für Jugendliche in schwierigen Lebenssituationen bauen. Sie sollen dort alleine oder in kleinen Gruppen leben können und in ihrer Sinnsuche und Lebensorientierung durch geeignete Begleitpersonen Unterstützung finden. Dabei wird auch die Pilgerfahrt nach Santiago eine zentrale Rolle einnehmen.

Eigentlich hatte ich von Foncebadón aus vorgehabt, die legendäre Aussteiger-Kommune Matavenero zu besuchen, die hier in der Nähe in den Bergen liegt. Bei einer meiner „Sams"-Führungen in Bamberg war ich wenige Wochen vor dem Start nach Taizé mit einem Teilnehmer aus Forchheim ins Gespräch über meine Jakobsweg-Pläne gekommen. Er hatte mir erzählt, dass sein Bruder in diesem einsamen Bergdorf lebt und hatte mir eine Visitenkarte mitgegeben.
Als ich in der Bar erfahre, dass der Weg hin und zurück wohl einen Wandertag in Anspruch nehmen würde, gebe ich das Vorhaben mit einem leisen Bedauern auf. Ich möchte den Anschluss an meine beiden Caminofreunde nicht verlieren.

Der Tag endet mit einer Abendandacht in der kleinen Kapelle.
„Laudato si, o mi signore. Laudato si, o mi signore ...", dieses Lied nach einem Gebet des heiligen Franziskus von Assisi – der den Jakobsweg auch gegangen ist – wird gesungen.
Die Gebetszeit endet mit einem Küsschen aller für alle.

Samstag, 11. August
Kurz vor sieben brechen wir auf, den einen Kilometer hinauf zum Cruz de Ferro. Ich habe meinen Stein ausgepackt, der mich seit Monistrol d'Allier begleitet. Ich werde ihn, wie es Brauch ist, am Cruz de Ferro ablegen. Als ich noch einmal in mir aufsteigen lasse, was dieser Stein symbolisiert, die harten Jahre nach der Trennung und die schwierigen Jahre davor, kommen mir die Tränen. Jeder weint einmal auf dem Camino, heißt es. Jetzt ist es für mich so weit. Ich habe den Stein vor fast zwei Monaten in Monistrol d'Allier aufgehoben, ohne ihn genauer zu betrachten. Es war der Moment, wo ich nicht wusste, ob ich überhaupt noch weiterlaufen kann. Jetzt fällt mir auf, dass es eigentlich ein Teil eines größeren Steins ist, mit einer glatten Bruchfläche. So, wie meine Ehe zerbrochen ist und ich mich noch jahrelang an die Hälfte in meiner Hand geklammert habe, so umklammere ich jetzt den Stein. Den Stein mit der Form eines verletzten Herzens, den ich aus Bamberg mitgenommen hatte, habe ich schon in Frankreich verloren, und auch das ist für mich zeichenhaft.
Im Moment, in dem die Sonne am Cruz de Ferro aufgeht, werfe ich meinen Stein in die Luft. Jetzt liegt er am Fuß des Kreuzes, zusammen mit Zehntausenden von Steinen, die alle wohl für ein Leid, eine Bürde stehen

In dem Moment, in dem die Sonne am Cruz de Ferro aufgeht, werfe ich meinen Stein in die Luft.

oder eine Schuld, die ein Pilger loswerden oder abtragen wollte. Ja, da gehört er hin, mein Stein, hier ist er in würdiger Gesellschaft. Für mich soll, das nehme ich mir vor, mit dem Loslassen des Steins auch die Last abgeworfen werden, die mein Leben in den letzten Jahren bedrückt und mir alle Lebensfreude genommen hat, sodass ich zu einem Schatten meiner selbst geworden bin.
Ein neuer Lebensabschnitt beginnt soeben. Ich staune über die Sicherheit, mit der ich mir das selbst sage. Aber es ist eine ganz starke Wahrheit in mir. Ich weiß, dass das stimmt. Ich erzähle Michaela und Patricia, die ebenso wie Dennis und Verena mit mir unterm Kreuz stehen, von diesem für mich wichtigen Schritt. Ich habe das Gefühl, dass Michaela mich in diesem Moment am besten verstehen kann. Später erzählt sie mir, dass auch für sie der Moment unter dem Eisenkreuz einer der zentralen Augenblicke der Pilgerreise war.

Mit diesem Gefühl von Befreiung und Neubeginn setze ich meinen Weg fort und tauche wieder in den Alltag des Camino ein. Bald erreicht der Weg eine Stelle, von wo aus der erste Blick auf Ponferrada möglich ist. Das Tal ist recht zersiedelt, große Industrieanlagen und ein Kraftwerk zeigen, dass die Naturlandschaften Kastiliens sich dem Ende zuneigen. Der Weg führt abwärts, aber zunächst weniger steil als befürchtet. Ich durchquere das hübsche Dorf El Acebo, denn in der Bar, wo ich eigentlich Kaffee trinken wollte, kann man nicht draußen sitzen. Also kehre ich erst ein Dorf später in Riego de Abros ein. Ich treffe Verena wieder, die in der etwas abseits des Weges liegenden Bar ebenfalls Pause macht. Während sie schon weitergeht, bleibe ich noch ein bisschen.

Durch ein Tal, teils durch ein Wäldchen, geht es auf einem schmalen Pfad steil bergab. Zeitweise habe ich die Vorstellung, wieder in Frankreich zu sein, so deutlich und schnell ändert sich die Landschaft ins Grüne. Bald erreiche ich Molinaseca, wo die Hitze zunimmt. Immerhin bin ich jetzt deutlich niedriger als bei Tagesbeginn, es wird auch schwüler. Über die alte Brücke geht es entlang des Camino Real schnurgerade durch das Städtchen. Die letzten acht Kilometer nach Ponferrada sind wenig schön, obwohl ich die empfohlene bessere Route wähle. Wieder einmal führt der Weg an einem Gedenkkreuz für einen Pilger vorbei, dessen Weg nach Santiago hier ein letztes Ende gefunden hat. Ich verweile für die Zeit eines Gebetes.

In der Stadt finde ich erst die Herberge nicht und treffe dabei auf einen Pilger aus Frankreich, von dem mir Verena kurz vorher erzählt hat. Er ist in Le Puy gestartet, wie ich später herausfinden werde, am 20. Juni. Denn wir begegnen uns in der Herberge im gleichen Zimmer wieder. Als ich die Herberge erreiche, ist Dennis in der Warteschlange ein bisschen vor mir, später kommt Verena, die sich in Ponferrada auch verirrt hat.

Ich spüre, dass soeben ein neuer Lebensabschnitt beginnt.

Ich gehe mit Dennis einkaufen, wir finden einen Supermarkt mit Aircondition, genießen die Kühle und kaufen für sechs Personen ein. Es macht Spaß, mit ihm einzukaufen, so unkompliziert und gleichzeitig umsichtig, wie er Entscheidungen trifft. Wir wollen zusammen mit Hans und Doris und Jeromy, ei-

nem Amerikaner, der an der Harvard-Universität studiert und den Dennis unterwegs kennengelernt hat, essen.
Vorher machen wir allerdings erst Sightseeing und schauen die alte Templerburg an. Von außen ist sie eindrucksvoll, innen lohnt sie sich wegen der schlechten museumspädagogischen Aufarbeitung allerdings kaum. Auch die Stadt erreicht in Gänze bei Weitem nicht die Schönheit anderer Städte. Während wir unterwegs sind, löst ein Gewitter in den Bergen einzelne Brände aus und wir sehen Löschhubschrauber im Einsatz, die Wasser aus dem Fluss holen, um es zu den Brandherden zu bringen. Zu sechst haben wir einen schönen Abend bei einem guten Essen.

Sonntag, 12. August
In der Nacht spüre ich, dass es mir gesundheitlich nicht gut geht. Früh erwache ich und fühle mich elend.
Ich komme kaum aus dem Bett hoch, bringe keinen Bissen hinunter und kaum einen Schluck Kaffee. Es ist mir speiübel. Ich bitte meine Caminofreunde deshalb, nur eine kurze Etappe zu laufen. Sie willigen ein. Der Weg führt aus der Stadt hinaus, dann durch Vororte. Nicht sehr schön, aber das ist mir heute egal. Unterwegs kehren wir ein und ich trinke nur einen Osborne, um meinen Magen in Ordnung zu bringen. Ich bin froh, als wir endlich Cacabelos erreichen.
Eine sympathische Frau verwickelt uns in der Hauptstraße in ein Gespräch, erzählt von dem tödlichen Verkehrsunfall eines Pilgers, der sich in der Nähe des Städtchens kürzlich ereignet hat. Ich kann mich kaum noch auf den Beinen halten.
Ich lege mich auf die Steinbänke vor der Kirche bei der Herberge, weil wir noch warten müssen, bis sie öffnet. Dort, das merke ich später am Tag, verliere ich meine Uhr, die aus der Hosentasche rutscht. Es ist eine schöne Solaruhr, an der ich hänge. Mein späteres Suchen bleibt vergeblich. Wieder einmal muss ich loslassen, diesmal auf der materiellen Ebene.
Ein Trost für mich ist, dass mir Verena spontan ihre Armbanduhr leiht, als sie von meinem Missgeschick erfährt.

Um zwölf Uhr macht die Herberge auf, die wie eine Kirchenburg entlang der ringförmigen Mauer um die Kirche angelegt ist. Zweibettzimmer. Kaum sind wir eingezogen, bin ich schon im Bett. Verena bringt mir noch einen Tee. Dann schlafe ich fast sechs Stunden wie ein Stein. Immerhin geht es mir danach wenigstens um so viel besser, dass ich einen Teller Spaghetti

vertrage. Aber ich fühle mich noch unwohl. Während ich vorsichtig esse, immer darauf achtend, wie viel ich mir zutrauen oder zumuten kann, und dem Gespräch meiner beiden Caminofreunde zuhöre, habe ich die Ahnung einer Veränderung in unserer Gemeinschaft. Das Dreieck beginnt sich zu verschieben. Dennis und Verena erscheinen mir näher zusammengerückt, ich bin im früheren Abstand an der dritten Dreiecksspitze. Dafür, dass meine beiden Weggefährten mit meiner Schwäche so rücksichtsvoll umgegangen sind, bin ich sehr dankbar und sage es ihnen auch.
„Das ist doch wohl selbstverständlich gewesen", meinen beide. Nachts schwitze ich stark.

Montag, 13. August
Früh, als mich Dennis weckt, erwache ich aus einem turbulenten Traum. Ich kann die Bilder nicht genau erfassen, aber irgendwie hat es etwas mit Angst vor dem völligen Alleinsein zu tun. Jetzt, wo ich seit Hontanas Edith innerlich freigegeben habe, meldet sich, wieder zwölf Tage später, meine Einsamkeit. Ich kann nicht länger an der Illusion der letzten Jahre festhalten, ich hätte noch eine Frau an meiner Seite, die eben nur woanders

Mein Magen spielt verrückt. In Cacabelos kann ich mich nicht mehr auf den Beinen halten und lege mich vor der Herberge hin.

wohnt. Nein, jetzt stehe ich allein. Hier, auf der Pilgerreise, schützen mich meine Caminofreunde vor diesem schwer erträglichen Gefühl. „Nur diese Nähe nicht verlieren!“, fleht es in mir.

Noch bin ich nicht voll bei Kräften, aber es geht mir deutlich besser. In der letzten Stunde der Nacht brechen wir auf, erst ein Stück entlang der Straße. Hier irgendwo muss der französische Pilger ums Leben gekommen sein. Dann geht es durch die Weinberge nach Villafranca del Bierzo. Wir halten Rast in der Herberge Ave Fénix, wo wir herzlich empfangen werden, Dennis und Verena eine wirksame Beinbehandlung bekommen und wir alle ein gutes Frühstück. Wir treffen auch Bianca wieder, die Probleme mit dem Bein hat. Die Herberge bietet auch Rucksacktransporte an, die wir aber ablehnen. Die Atmosphäre der Herberge ist von Wärme und Herzlichkeit geprägt. Die Bilder an den Wänden und die Verhaltensweise der Hospitaleros zeigen ihre Verbindung zur Spiritualität.
Nach Villafranca del Bierzo nehmen wir den Camino Duro, der mit einem sehr steilen Anstieg beginnt, dafür aber dann mit wunderbaren Ausblicken auf die Berge und in das Tal belohnt, in dem die andere Caminotrasse entlang der Nationalstraße und der Autobahn verläuft. Die Herausforderung, diesen als so schwierig beschriebenen Weg zu meistern, reizt uns alle drei.
Auf dem Höhenweg geraten wir in ein lebhaftes Gespräch über Persönlichkeitstypen und deren Kommunikationsmuster. Wir erzählen einander über persönliche Erkenntnisse und Entwicklungen bei der Beschäftigung mit Schulz von Thuns Modell der Vierohrigkeit des Hörenden und den vier Seiten einer Botschaft, mit Virginia Satirs Beschreibung von vier Arten von Kommunikationsverhalten, mit Fritz Riemanns Buch „Grundformen der Angst“ und den darin beschriebenen vier Persönlichkeitsstrukturen. Besonders dieses Buch war es, das mir viel geholfen hat, mich persönlich weiterzuentwickeln, meine Strukturen zu erkennen und durchlässiger zu machen. Ich erzähle meinen Caminofreunden eine für mich dabei zentrale Situation. Das Erklärungsmodell des Enneagramms von Richard Rohr mit seinen neun Gesichtern der Seele klingt an, dann auch die „Fünf Sprachen der Liebe“ von Gary Capman, ein Buch, das meine Weggefährten kennen, ich noch nicht. Mir wird dabei nochmals klar und ich sage es auch: Jede Typisierung ist ein oft hilfreicher Versuch, die Wirklichkeit zu beschreiben und zu erklären, jedoch nicht die Wirklichkeit selbst. Menschliches Verhalten ist letztlich nicht in Schubladen zu sper-

ren. Es bleibt immer ein Rest von Unergründlichkeit und Geheimnis, den wir auch bei uns selbst nur schwer und wahrscheinlich nie ganz durchdringen können. Unser Gespräch macht eine Wendung und geht zu Prägungen, die von der Geburtssituation herrühren.

Während wir weiter durch die lichten Maronenwälder wandern, wandelt sich das Gespräch noch einmal. Dennis stellt einige moralische Dilemmata zur Diskussion, über die wir nachdenken und uns austauschen. „Wie verhältst du dich, wenn du siehst, dass ein Eisenbahnwagen talwärts rollt und du die Fahrtrichtung verändern kannst, indem du eine Weiche verstellst. In einem Fall werden fünf, im anderen Fall wird eine Person überfahren. Greifst du ein und wenn, dann wie?", stellt er als Aufgabe. Wir denken nach, wägen ab, begründen einander unsere Entscheidung. Dennis lässt weitere Aufgabenstellungen folgen. Durch das angeregte Gespräch vergeht die Zeit auf dem Weg schnell.

Der Abstieg nach Trabadelo ist steil. Wir kaufen ein paar Dinge ein, dann geht es an der Nebenstraße entlang nach Las Herrerías, wo wir einkehren und auf Hans stoßen, einen 65 Jahre alten Pilger aus Landshut, den wir schon öfter immer wieder kurz gesehen haben. Er hat Fußprobleme und kommt heute nicht so gut vorwärts wie er gerne möchte. Dann kommt noch eine junge Dänin dazu, die erzählt, dass sie viel träumt in den Nächten auf dem Camino. In Reliegos in der Bar ist sie mir zum ersten Mal aufgefallen.

Bald ist Vega de Valcarce erreicht. Wir nehmen die brasilianische Herberge am Anfang des Ortes. Wenig später trifft eine große Gruppe italienischer Fahrradfahrer ein.

Mercedes, eine blonde 18-jährige Kindergärtnerin und ihre Mutter aus Murcia sind schon da. Den beiden sind wir früher schon begegnet.

Mercedes hat bei unserem letzten Treffen wohl ein Auge auf einen jungen dunkelhaarigen Mann aus Oberbayern geworfen, mit dem wir in der Herberge waren. „Habt ihr ihn gesehen?", fragt sie uns. Wir verneinen.

Später bummeln wir durch den Ort, kaufen ein und schauen uns den strohgedeckten Kornspeicher im Zentrum an. Dann, zurück in der Herberge, heißt es warten auf das Abendessen. Für 19 Uhr ist es angekündigt, hungrig sitzen wir herum, bis schließlich um fast halb neun das „typische" brasilianische Essen, Reis und Bohnen mit Wurst, dazu Salat, serviert wird.

Was eigentlich gut gemeint ist, nämlich eine namentliche Vorstellung aller Pilger, bei der man auch noch ein Wort über den Jakobsweg loswerden kann, nervt bei etwa 35 Teilnehmern und knurrendem Magen nur. Nachdem der Heißhunger gestillt ist, haben wir einen lustigen Abend.

Dienstag, 14. August

Kurz vor sechs stehen wir auf und bereiten Kaffee und Müsli vor. Die ersten Kilometer bis Ruitelán führen mehr oder weniger an der Straße entlang. Das Tal um uns herum ist grün und erinnert mich mehr an Frankreich als an die bisherigen Etappen in Spanien. Wieder einmal, die Vegetation macht es unübersehbar, ist eine neue Phase der Pilgerreise dabei, zu beginnen.

Es ist kühl und so bleibt es auch den ganzen Tag. Hinter Las Herrerías, schon der zweite Ort, der so heißt, steigt der Weg immer mehr an, zum Schluss ziemlich steil, bis wir La Faba erreichen. An der Pilgerherberge machen wir Rast und beten gemeinsam in der alten Kirche den Pilgersegen, der uns jetzt schon lange auf dem Weg begleitet. Die Herberge wäre auch ein schöner Ort zum Übernachten gewesen. Der kleine Ort, an dessen Rand sie liegt, streckt sich idyllisch auf einem Bergrücken. Als wir weiterziehen, kämpfen sich auch Radpilger den steilen, steinigen Weg hinauf. Nun steigt es ständig, der Blick weitet sich immer mehr auf grüne Hügel und Berge.

In Laguna, dem letzten Ort in Kastilien, machen wir vor einer Bar halt. Durch die offene Tür klingt eine Musik, die so gar nicht zu Spanien zu gehören scheint. „Das klingt ja wie im Film ‚Titanic', das passt ja überhaupt nicht", meint Verena. In ihr ist vielleicht gerade eine ganz andere Stimmung. Es ist keltische Musik aus Galicien, mit dieser Sehnsucht und sanften Schwermut in der Melodie, die auch die traditionelle Musik Irlands, Schottlands und der Bretagne prägt. Sie stößt etwas in meiner Seele an. Der letzte Abschnitt des Weges beginnt. Noch eine Woche bis Santiago wahrscheinlich. Dann wird unsere so intensive Gemeinschaft sich auflösen. So lange, wie wir jetzt zusammen waren, werden wir uns nie mehr im Leben begegnen. Außer in meiner Kindheitsfamilie und meiner eigenen sowie mit Albrecht, einem Freund aus Jugend- und Studententagen, mit dem auch heute noch eine enge Verbindung besteht, war ich noch nie mit anderen Menschen so lange an einem Stück zusammen wie mit Dennis und Verena. Ich werde in eine leere Wohnung nach Hause zurückkehren. Eine Wehmut steigt in mir auf und der Wunsch, die Nähe dieser Caminofreundschaft festzuhalten.

Wir setzen den Weg fort, vorbei am Grenzstein Kastilien-Leon/Galicien und an einem Kilometerstein, der nach Santiago noch 152,5 Kilometer anzeigt.

Der Anstieg zum Pass O'Cerbreiro. Galicien ist erreicht. Jetzt sind es nur noch 150 Kilometer bis zum Ziel.

Weiter, wenn auch sanfter, geht es bergauf, bis O'Cerbreiro erreicht ist. Jeder Pilger wird hier mit einem Horntuten empfangen und mit Texten in seiner Sprache. Ein Segensgebet macht mich nachdenklich:

„Herr Gott,
der du denen, die dich lieben, dein Erbarmen gewährst
und nie fern bist von denen, die dich suchen,
helfe diesen Pilgern und Pilgerinnen,
die auf dem Weg nach Compostela sind.
Führe ihre Schritte mit Güte, dass am Tag dein Schatten sie schütze und in der Nacht das Licht deines Blickes sie erhelle, damit sie – begleitet durch dich – glücklich vor dem Grab des Apostels Santiago niederfallen können. Durch Jesus Christus, unseren Herrn. Amen."

Den Schutz Gottes und seine Führung habe ich auf dem Weg in verschiedener Weise immer wieder erleben dürfen. Aber eine Frage bleibt offen in mir: Werde ich am Ende der Pilgerreise im Angesicht der bevorstehenden Heimkehr wirklich glücklich vor dem Grab des Apostels niederfallen können?

Der Ort O'Cerbreiro wirkt für uns künstlich, eine Art Museumsdorf, auf Pilger- und Touristennepp ausgerichtet. Wir fühlen uns alle drei nicht richtig wohl. Wir kaufen das Notwendigste ein, trinken Kaffee, um uns ein bisschen aufzuwärmen. Immerhin sind wir 1330 Meter hoch und es ist richtig kalt geworden. Jetzt kommt auch die Fleecejacke, die im 30 Grad heißen Kastilien immer etwas seltsam anmutete, endlich voll zu ihrem großen Auftritt. Während der Wind zunimmt und die Wolken tief hängen, laufen wir noch bis zur kleinen Herberge in Hospital de la Condesa. Wir erreichen sie um halb eins, eine halbe Stunde später wird sie geöffnet. Sebastian und Michaela, denen wir immer wieder begegnet sind, sind auch schon da. Während wir warten, schaue ich mir noch einmal die Texte an, die wir in O'Cerbreiro bekommen haben. Mit Hinblick auf unsere Weggemeinschaft gefällt mir der zweite Text sehr gut:

> *„Wandere nicht vor mir,*
> *ich kann dir nicht folgen.*
> *Wandere nicht hinter mir,*
> *ich kann dich nicht führen.*
> *Wandere an meiner Seite*
> *und lass uns einfach Freunde sein."*

Die Herberge hat noch nicht lange aufgemacht, da ist sie auch schon voll. Sie wirkt auf mich ungemütlich, kalt und herzlos, das Beste sind noch die Betten. Draußen pfeift ein eisiger Wind, der mir das Erkunden des Dorfes vorläufig verleidet. Die Küche ist nur mit dem Allernötigsten ausgestattet, mehr als fünf Personen können gleichzeitig nicht essen, weil es an Tellern fehlt. Trotzdem gelingt es uns, ein gutes Abendessen zusammenzubringen und den Tisch mit Blumen und Steinen zu schmücken, die Dennis und ich draußen gesammelt haben. So schaffen wir uns ein Mindestmaß an Wohnlichkeit.
Am Abend gehen wir dann noch in die einzige örtliche Bar und unterhalten uns auch mit zwei Mädchen aus Freiburg, die wir hier zum ersten Mal treffen. Dort ist es warm und angenehm. Wir bleiben bis kurz vor Schließung der Herberge.

Mittwoch, 15. August

Es ist dunkel und es gießt draußen, als wir zusammenpacken. Frühstück mit Müsli, dann hinaus in die Dunkelheit und den Regen. Ich weiß, dass ich dafür nicht gut ausgerüstet bin. Wir steigen zum Alto de Palo hinauf. Ich bin schon ziemlich nass. Dann laufen wir weiter. Dennis und Verena ziehen davon und unterhalten sich angeregt, ich bleibe gegen meinen Willen mehr und mehr zurück. Ich schaffe es nicht, das Tempo mitzuhalten. Bald sehe ich sie nicht mehr. In Fonfria ist nicht nur die Quelle kalt, sondern auch ich durch und durch. So nass und so durchgefroren war ich auf der ganzen Pilgerreise nicht. Ich schaue kurz in die Bar, die beiden sind nicht da. Ich stapfe weiter durch den Regen, bald werde ich buchstäblich keinen trockenen Faden mehr am Leib haben. Außerdem komme ich mir abgehängt vor von meinen Weggefährten. Auf der emotionalen Oberfläche ist es Ärger, den ich spüre, darunter ist Bitterkeit. Ich hätte mir mehr Rücksicht gewünscht. Es schmeckt bitter, nach einer so langen Zeit gemeinsamen Gehens abgehängt zu werden. Darunter ist ein See von Traurigkeit über meine Einsamkeit.

In Triacastela halte ich an der ersten Bar. Meine Finger sind so kalt, dass ich kaum die Tasse Kakao halten kann, die ich als Erstes trinke. Weil ich immer noch total friere, trinke ich auch noch einen Kaffee und esse ein Schokoladengebäck. Draußen hört es auf zu regnen und die Sonne scheint leicht. Als ich schließlich wieder aufbreche, bin ich zwar immer noch am ganzen Körper nass, aber nicht mehr ganz so durchgefroren.

Im Ort schaue ich mich nach den anderen um, finde aber keine Spur. Es sind Enttäuschung und Trauer, die mich voll ergriffen haben.

Also laufe ich alleine weiter. Es ist kurz nach elf, als ich Triacastela verlasse und Richtung Samos gehe.

Der Weg ist zwar schön, aber nass. Die Orte erscheinen mir schmutzig und unattraktiv. Immer noch scheint ein wenig die Sonne, aber kurz vor Samos kommt wieder der nächste Schauer. Mein Gefühl von Bitterkeit und Traurigkeit hat mich immer noch fest im Griff, und so bin ich wenig offen für den Blick auf das Kloster, der sich von oben bietet. Es ist grau in grau und passt zu meiner Stimmung.

Als ich im Ort ankomme, sehe ich Bianca, die sich gerade von ihrem Freund verabschiedet, der allein weiterläuft, weil er früher in Santiago sein muss. Auch sie ist etwas grauer Stimmung.

Sie ruft kurz Dennis an, um ihm zu sagen, dass ich in Samos bin. Ich erfahre, dass die beiden lange auf mich gewartet haben und jetzt auf

halbem Weg von Triacastela nach Samos sind. Bianca und ich beschließen, uns mit einem Glas Wein zu trösten.
Als wir später zur Herberge gehen, sind Dennis und Verena schon da und ich freue mich ehrlich, sie zu sehen. Dennis erklärt: „Wir haben uns so gut miteinander unterhalten und dabei zuerst gar nicht gemerkt, dass wir dich verloren haben.“ In Triacastela haben sie dann auf mich gewartet. Sie berichten, was sie alles unternommen haben, um mich in dem Städtchen zu finden. Verena erzählt eine hübsche Situation. Als sie in die dortige Herberge ging, um mich mit den Worten „Busco a un amigo“ zu suchen, sei ihr vom Hospitalero ein junger Mann gezeigt worden: „Wie wär's mit dem?“
Wir lachen. Obwohl ich den beiden also wirklich nicht mehr böse sein kann und will, ändert sich an meiner grauen Stimmung nur kurzzeitig etwas.
Wo ist nur dieses Grundgefühl tiefer Freude geblieben, das mich seit Langem auf dem Weg immer erfüllte, egal, was auf der Oberfläche an Unangenehmem und Widrigem geschah? Tief in mir entsteht eine Ahnung, dass da heute Morgen noch etwas anderes, sehr Wesentliches aufgerührt worden sein muss, das ich noch nicht fassen kann.

Das Kloster Samos zeigt sich grau in grau und passt zu meiner Stimmung.

Der Schlafsaal ist zwar hübsch bemalt, ansonsten aber fehlt es an allem, was ihn wohnlich machen würde, vor allem an einer Küche. Also gehen wir essen. Da es aber warme Speisen erst ab 20 Uhr gibt, müssen wir uns mit Bocadillos, belegten Broten, zufriedengeben.
Wir bleiben so lange, dass wir gerade noch pünktlich vor dem „Einschluss" zur Herberge zurückkommen.

Donnerstag, 16. August
Um sechs Uhr ist offizielles Wecken. Wir sind bald aus dem Haus, essen in der Bar, in der wir gestern Abend waren, ein Frühstück. Heute laufen wir zu viert. Bianca ist auch mit uns unterwegs. Es fehlt mir die Gelegenheit, mit Dennis und Verena über meine gestrigen Gefühle zu sprechen. Für mich ist das eine Angelegenheit unter uns dreien. So hängen sie mir noch immer nach. Es gelingt mir nicht, sie „am anderen Flussufer" zurückzulassen. Ich merke, dass ich irgendwie neben mir stehe. Nur dabei bleiben, nicht wieder alleine sein, bestimmt mein Denken. Es ist wohl die Angst vor der Einsamkeit, die diese Gedanken gebiert.
Die gute Laune meiner Weggefährten und ihr fröhliches Lachen kann mich da nicht herausholen heute.
In Sarria besorgen wir uns etwas zu essen und ich mir ein Paar neue Wandersocken.
Wir laufen heute nach Barbadelo und kommen wieder in eine der sterilen, herzlosen Herbergen der Regierung von Galicien. Eine Küche gibt es, aber ohne alle Ausstattung. Stattdessen einen Wohnwagenkiosk mit überhöhten Preisen. Mich deprimieren diese Herbergen. Wir besuchen den Pilgergottesdienst in der alten Kirche und sind mit einer Spanierin und dem Priester zusammen die einzigen Anwesenden. Wenig später versammeln wir uns noch in dem Restaurant im Ort, wo wir zusammen mit anderen Pilgern, darunter Michaela und Sebastian, ein Pilgermenü bekommen. Es wird eine lustige Runde, bei der auch viel Wein fließt. Ich bin dabei und beteilige mich, und doch spüre ich, dass noch immer ein Teil in mir abgespalten ist und voller Trauer und Wehmut. Mir fällt ein Lied von Reinhard Mey ein, in dem er davon singt, so viel zu trinken, „bis ich endlich so betrunken bin, dass ich auch dieses lausige Hotel ertragen kann". So geht es mir an diesem Abend auch.
Und es ist wahrscheinlich noch viel mehr als nur das „Hotel", das ich ertragen können möchte.

Freitag, 17. August

Es ist ein herrlicher Morgen, kalt und klar. Der Himmel ist rötlich und türkis verfärbt, als wir nach draußen gehen. Noch immer spüre ich meinen Groll, vor allem als ich höre, dass es kein Frühstück gibt. Schließlich bekommen wir doch noch eins am überteuerten Wohnwagenkiosk. Auf dem Weg danach gelingt es mir, die Erfahrung des vorletzten Tages mit Verena zu besprechen. Ich erzähle ihr, wie sehr ich darunter gelitten habe und immer noch leide, allein gelassen worden zu sein.

„Ich denke, dass für dich die Bedeutung unserer Gruppe viel größer ist als für mich", erklärt sie mir. Das ist so, wird mir klar. „Ja, für mich hat unsere Gemeinschaft einen sehr hohen Stellenwert. Zum ersten Mal seit der Trennung erlebe ich mit euch wieder Nähe. Das brauche ich und es tut mir gut. Ich war zu lange und zu viel allein. Mit dem Auszug meiner Frau ist auch fast mein gesamter Freundeskreis zusammengebrochen. Ich wollte auf dem Camino auch neue Freunde finden."

„Jeder ist mit verschiedenen Intentionen auf dem Camino unterwegs", stellt sie fest. „Für mich ist er nicht primär der Ort, meine soziale Seite auszuprobieren. Ich weiß, dass ich das kann und es gehört natürlich auch dazu. Aber das steht für mich hier nicht im Vordergrund." Das Gespräch kreist weiter um die Themen individuelle Entscheidung versus Gruppenentscheidung beziehungsweise Abklärung, Rücksichtnahme versus Eigeninteresse. Ich erläutere ihr, wie ich ihre Art der Entscheidung für die Herberge in Sahagún wahrgenommen habe und wie sie auf mich gewirkt hat. Verena bedankt sich für diese Rückmeldung. Später erzählt sie mir, dass ihr dadurch etwas Wichtiges klar geworden ist. Auch ich erkenne etwas in diesem Moment. Die Irritation, die ich wegen der Deutlichkeit der Entscheidung Verenas für ihre Bedürfnisse erlebt habe, war die Folge eines Zielkonfliktes. „Für mich war wichtig, meine eigenen Bedürfnisse zu erkennen und dann danach zu handeln", formuliert Verena ihre Intention. Für mich hatte in jenem Moment die Bewahrung der Gemeinschaft und die Sicherung der freundschaftlichen Nähe von uns drei Weggefährten absoluten Vorrang.

Trotz der unterschiedlichen Positionen spüre ich deutliche Erleichterung nach demGespräch. Ich konnte meine Gefühle ansprechen und verstehe auch die Situation von vorgestern etwas besser. Es ist ein sonniger Tag, noch kühl, aber wunderbar klar.

Mit Verena im Gespräch über den schwierigen Tag vor Samos. Anschließend geht es mir besser.

Die Zahl der Pilger ist nochmals angestiegen, seit Sarria passiert ist. Hier beginnen viele Spanier ihren Weg nach Santiago, um die „Compostela" zu bekommen, die lateinische Urkunde, die jeder Pilger erhält, der nachweist, dass er die letzten 100 Kilometer zu Fuß oder die letzten 200 Kilometer mit Fahrrad oder Pferd zurückgelegt hat. Viele fremde Gesichter, manche erwidern nicht einmal den Gruß. Das Gefühl der Pilgergemeinschaft schwindet. Mir scheint, dass Dennis und Verena ihren Humor dadurch nicht verlieren. Wenn Dennis in seiner unnachahmlichen Art die Härte der kastilischen Sprache, wie wir sie mit ihren vielen „...dad" am Ende oft in den Kirchen gehört haben, parodiert, ist Verenas helles, fröhliches Lachen seine Begleitmusik und auch ich kann nicht anders, als herzlich mit einzustimmen. „Lache, und jede Situation wird erträglicher", hat Verena einmal als eine ihrer Erkenntnisse auf dem Camino formuliert. Sie kann das wirklich.

Es heißt bald ankommen, soll noch Platz in der Herberge sein. Um halb eins stehen wir vor deren Tür im nördlichen Teil der Stadt Portomarín. Der Ort ist, obwohl in den Sechzigerjahren wegen des Stausees an den Berghang umgesiedelt, recht hübsch. Wir ordnen uns ans Ende der schon stattlichen Schlange ein und kommen unter, aber bald darauf ist die Herberge voll belegt.

Später stoßen wir im Städtchen auf Doris und Hans, die wir längst vor uns vermutet haben. Aber Doris hatte auch eine Magenverstimmung und sogar Durchfall. So haben sie an einem Tag nur ein paar Kilometer geschafft. Sie müssen eine andere Herberge nehmen, aber wir freuen uns alle drei riesig, die beiden zu sehen. Im Ort kaufen wir einen kleinen Topf, damit wir in den unausgestatteten Herbergen ein Abendessen bereiten können. Wir sind enttäuscht von einer italienischen Pfadfindergruppe, die Töpfe hat und sie nicht mehr braucht, sie aber nicht verleiht. „Die haben ihre tägliche gute Tat wohl schon vorher vollbracht“, kommentiert Dennis bissig. „Ach, Dennis“, rate ich ihm und uns allen, „am besten setzen wir unsere Enttäuschung am anderen Ufer ab.“

Es gelingt uns, auch mit unserer knappen Ausrüstung ein schmackhaftes Abendessen zu bereiten. Den Rest des Abends verbringen wir im Park neben der Herberge, bis es zu kühl wird. Die Nacht ist ruhig, trotz des relativ großen Schlafsaals.

Die Zahl der Pilger hat zugenommen, seit wir Sarria hinter uns haben.

Samstag, 18. August
Heute Morgen haben wir keine Eile, frühstücken gemütlich und gehen kurz vor sieben los. Es ist neblig und die Landschaft ist in einen feinen Schleier eingesponnen. Die alten Eichen unterwegs sind geheimnisvoll. Spinnennetze voller Tautropfen hängen im Ginster. Nach Gonzar beginnt sich der Nebel zu lichten. Viele Pilger sind unterwegs. Mich erinnert das Ganze an den Tag vor Burgos.
Als wir Hospital da Cruz erreichen und dort Rast machen, hat sich der Nebel in die Täler zurückgezogen.
Danach geht das Wandern zügig weiter, Ligonde und andere kleine Orte werden durchquert. Dennis, Verena und ich unterhalten uns dabei über die Probleme von Scheidungskindern, über den Umgang der evangelischen Kirche mit geschiedenen Pfarrern, über die Bedingungen für die Taufe und über sinnvolle Vorbereitung darauf und vieles mehr. So vergeht die Zeit schnell.
Wir erreichen Palas de Rei, finden die Herberge im Zentrum und bekommen zu dritt gerade noch einen Platz. Bianca, die unterwegs viel fotografiert hat, muss in einer anderen Herberge übernachten. Unter schwierigen Bedingungen kochen wir zusammen mit Michaela und Sebastian ein gemeinsames Abendessen. Für den Abend habe ich ausfindig gemacht, dass es um 20 Uhr eine Pilgermesse gibt. Beim Ausforschen der Gottesdienstzeiten stoße ich vor der Kirche auf Marie, die Französin, mit der ich in Miramont-Sensacq am 11. Juli in der Herberge war. Sie hatte Fußprobleme, musste in St. Jean Pied de Port pausieren und kam am 20. Juli über den Pass. Eine Freude, sie nach fast sechs Wochen wiederzusehen!

In der Abendmesse konzelebriert ein italienischer Priester mit dem spanischen Pfarrer, die Lesung ist in Italienisch, das Evangelium in beiden Sprachen und die vier Geschwister aus Schweden, die in unserer Herberge schlafen, singen Taizé-Lieder. Ich fühle mich rückgebunden an die Zeit des Anfangs der Pilgerreise und freue mich sehr. Nach dem Ende der Messe singen wir noch eine halbe Stunde lang Taizé-Lieder in der sich leerenden Kirche, bis sie dann geschlossen werden soll.
Ich kehre zur Herberge zurück, es ist fast 22 Uhr, aber ich kann noch nicht schlafen. Unten vor dem Eingang finde ich die vier Schweden. Ich unterhalte mich mit dem ältesten. Er hat in Tübingen evangelische Theologie studiert, kennt und liebt Bücher von P. Anselm Grün. Seine Schwester, die zweitälteste der vier Geschwister, war „Permanent“ in

Vor einem der typischen galicischen Kornspeicher.

Taizé, also eine von den engagierten jungen Leuten, die einige Monate ihres Lebens in den Dienst der Brüdergemeinschaft und der vielen Leute stellen, die Woche für Woche dorthin kommen, um eine Zeit der Besinnung, des Gebets und der Begegnung zu verbringen. Sie kennt den jüngsten Sohn von Heinrich und Dorothee, also der beiden Freunde, die mich am Anfang der Pilgerreise nach Taizé mitgenommen haben, und weiß auch, dass er jetzt Bruder in Taizé ist. Wir staunen über die schöne Fügung, die uns hier so zusammengeführt hat. Mich erinnert das alles wieder so stark an den Anfang der Pilgerreise. Dankbar gehe ich zu Bett. Doch plötzlich ist der Zahnschmerz, den ich von Frankreich kenne, wieder da. In meiner Not greife ich zu Aspirin und verbringe eine unruhige Nacht. Doch am nächsten Tag ist alles vorbei.

Sonntag, 19. August

Kurz vor sechs ist Wecken. Wir frühstücken wieder Müsli. Bianca ist aus ihrer Herberge gekommen und erzählt, dass leichter Nieselregen fällt. Der hat sich aber schon verkrümelt, als wir losgehen. In San Julian machen wir eine erste Rast. Einen Kilometer weiter, am Ortsschild von Casanova, machen wir ein paar lustige Fotos. Weiter geht es dann durch Heideland und kleine Siedlungen bis Furelos. Dort finden wir Hans und Doris. „Am Dienstag in Santiago", machen wir aus.

Gleich nebenan in der St.-Johannes-Kirche, die uns der Pfarrer erklärt, fällt ein Christusbild auf, bei dem sich der Gekreuzigte mit einer Hand vom Kreuz gelöst hat und zur Erde zeigt. Wir finden ein kleines Gebet zu diesem Christus von Furelos:

„Jesus Christus, einziger Sohn des Vaters
und Sohn von Maria,
Gott und Mensch,
der unsere menschliche Natur mit uns geteilt hat,

um uns von der Sünde zu befreien
und uns zu einem Leben mit Gott zu führen.
Die nicht angenagelte Hand dieses Christus zeigt uns,
wie Jesus jeden Einzelnen von uns sucht,
um uns in den Himmel zu führen. Amen."

Wieder geht es zügig weiter. Um die Mittagszeit erreichen wir Melide, wo Markt ist und offenbar Feria. Pulpo, also das Fleisch von Kraken, wird in großen Kesseln gekocht. Das Städtchen ist lebendig und in Feststimmung. Wir kaufen für den Abend ein. Der Weg danach geht auf und ab. Eukalyptusbäume dominieren, ihr Duft tränkt die Luft. Junge Pflanzungen ab und zu, Bäume mit fast runden und grünvioletten Blättern. Man glaubt kaum, dass es die gleiche Baumart ist wie die ausgewachsenen mit ihrer abblätternden Rinde.
Später wird Puente erreicht mit seiner Kirche. Wieder zeigt der Pfarrer den Altar mit seiner Jakobusdarstellung und segnet Verena und Dennis wie ein Paar. Beide empfangen den Segen, nebeneinanderkniend, mit großem Ernst. Ich stehe daneben und wundere mich. Es verstärkt sich in mir die Ahnung, dass das Beziehungsgeflecht unserer Gemeinschaft sich wandelt. Dennis und Verena laufen jetzt oft voraus, lebhaft im Gespräch. Ich laufe manchmal mit Bianca, aber oft allein.

Der Weg führt weiter auf und ab. Bianca tut das Knie weh, sie kämpft sich voran. Die Herberge in Ribadiso am Río Isa ist voll, Michaela und Sebastian haben gerade noch Platz gefunden, wir nicht. Sie ist in einem alten Haus, hübsch am Ufer gelegen, macht einen gemütlichen Eindruck und hat sogar eine teilweise ausgestattete Küche. Aber selbst auf dem Boden ist kein Platz mehr. Wir gehen also weiter nach Arzua und nehmen die private Herberge „Don Quichote". Sie hat geräumige Schlafräume und gute Duschen, aber – was wir erst in der Nacht merken – für den Schlafraum mit 48 Betten, der nur durch Vorhänge in drei Bereiche geteilt ist, gibt es keinerlei Frischluftzufuhr.
Da eine Küche fehlt, gehen wir abends notgedrungen auswärts essen und finden ein Pilgermenü, das wirklich sein Geld wert ist und sehr schmackhaft. Dennis' humorvolle Art, Loriot-Sketche zu erzählen, lässt den Abend lustig werden und heitert auch mich etwas auf. Wir beschließen den Tag mit einer guten Flasche Bierzo-Wein aus Cacabelos und einem Fußbad zu dritt mit Eukalyptusblättern.

Was ich heute den ganzen Tag gemerkt habe, ist, dass sich meine Stimmung ändert, je mehr wir uns Santiago nähern. Irgendetwas stimmt mit unserer Gemeinschaft nicht mehr. Ich habe das Gefühl, dass Verena mir aus dem Weg geht, und das tut mir weh. Während ich meine Notizen schreiben will, stoße ich in meinem Tagebuch auf den Eintrag vom 20. Juni, also von vor fast genau zwei Monaten.
„LEBEN – LIEBEN – LEIDEN", lese ich. „LERNE LOSLASSEN", steht da auch. „Nicht schon wieder", stöhne ich innerlich.

Montag, 20. August
Um vier Uhr früh klingelt ein Wecker fünf Mal, bevor der Besitzer ihn ausschaltet. Ich bin wach und ärgerlich über so viel Rücksichtslosigkeit. Die Luft im Raum ist zum Schneiden und stinkt nach viel Mensch. Dennoch und mit viel Trotz schlafe ich nochmals ein, unruhig.
Kurz vor sechs geht es dann raus.
Auf dem Weg unterhalte ich mich mit Dennis über die Erkenntnisse vom Camino. Er hat erfahren, wie wichtig es ist, Erwartungen und auch Tagespläne loszulassen und sich keine Sorgen über den morgigen Tag zu machen. Er erinnert an eine Bibelstelle bei Matthäus: „Seid also nicht besorgt für den morgigen Tag; denn der morgige Tag wird für sich selber sorgen. Jeder Tag hat genug an seiner eigenen Plage." Also mit Offenheit auf das zugehen, was kommt. Mit dieser Gelassenheit zu leben, ist für ihn der wertvollste innere Schatz geworden, den er auf dem Camino finden konnte. „Letztlich ist es Gottvertrauen", fasst er diese Erkenntnis in Worte und fügt hinzu: „Ich kann das gut brauchen, denn zu Hause wird sehr viel Neues auf mich zukommen."

Für mich selbst kristallisieren sich immer deutlicher ein paar wichtige Veränderungen und Einsichten heraus:
Ich sehe das Leben wieder voller Möglichkeiten.
Die Einengung und Engführung, die ich bisher mit zunehmendem Alter erlebt habe, ist aufgebrochen. Neue Lebenskonzepte tauchen vor meinem inneren Auge auf.
Ich habe neuen Lebensmut gefunden, fühle mich seelisch und körperlich kräftiger als seit Langem.
Ich habe gemerkt, dass ich mehr Menschen um mich herum aushalten kann, als ich dachte. Das ist mir vor allem in den Herbergen deutlich geworden.

Ich kann mir jetzt vorstellen, auch mein Haus für mehr Begegnung zu öffnen. Ich habe neue Ideen für die berufliche Nutzung der Caminoerfahrungen. Was ich auch entdeckt habe: die Erfahrung des „carpe diem“. Was ich jetzt nicht aufnehme, nutze, tue, ist vorbei.
Nichts Zukünftiges ist wirklich planbar. Es kommt immer wieder anders. Also Offenheit und Wachheit für die Erfordernisse des Moments.
Ich fühle mich geleitet, geschützt und getragen.
Doch auch ein Schatten wird deutlich: Bei Menschen, die ich gerne mag, gerate ich leicht in Abhängigkeit.
Wir laufen und laufen. Die Kilometer bis Santiago schmelzen immer schneller, ein Eindruck, den ich schon seit einer Woche immer stärker habe. Als wir Petrouzo erreichen, hat sich schon eine lange Schlange von Rucksäcken vor dem Eingang der Herberge gebildet. Sie markiert, ständig wachsend, die Rangfolge. Wir kommen unter und können in der ausgestatteten Küche gut kochen.

Seit Bianca mit uns dreien mitläuft, spüre ich verschiedene Veränderungen. Vor allem in den letzten zwei, drei Tagen entscheiden die drei, so

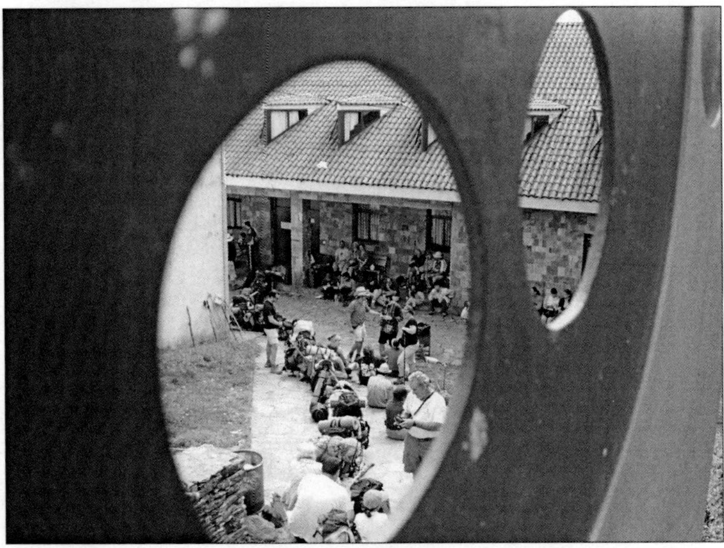

Am Eingang der Herberge von Petrouzo, unserer letzten vor Santiago, hat sich schon eine lange Schlange von Rucksäcken gebildet.

kommt es mir wenigstens vor, immer mehr ohne mich, ich gerate mehr und mehr an den Rand und Verena weicht mir aus. Das wird mir auch am Abend beim gemeinsamen Essen deutlich und schmerzt mich. An mir selbst stelle ich eine merkwürdige Lähmung fest. Ich komme mir irgendwie willenlos vor, nur von dem Bestreben getrieben, die Nähe von Verena und Dennis nicht zu verlieren. Ich laufe einfach nur noch mit. „Was passiert da eigentlich? Woher kommt diese Ohnmacht, woher dieses Anhaften, woher fließt dieser Schmerz, woher kam auch diese tiefe Trauer und Verletzung in Samos?", frage ich mich.

Dienstag, 21. August

Um fünf Uhr merken wir, dass wir alle vier wach sind und beschließen, aufzustehen. Wir frühstücken in der Herberge. Kurz nach sechs geht es hinaus auf den Camino. Es ist dunkle Nacht und wir haben einige Schwierigkeiten, den Weg zu finden. Mit Taschenlampen tasten wir uns durch den Eukalyptuswald. Gegen sieben Uhr ist es dann so hell, dass der Weg kein Problem mehr darstellt. Wir kommen gut voran.

Meine Stimmung ist gedämpft, fast traurig. Ich leide unter der Ablehnung, die ich von Verenas Seite seit einigen Tagen spüre. Ich habe auch die Intuition, dass sie nicht mit mir, wie früher gedacht, sondern alleine weiter nach Finisterre gehen will.

Nach einer Rast in Lavacolla nehme ich meinen Mut zusammen und spreche mein Gefühl, abgelehnt zu werden, direkt an und frage Verena nach dem Grund. Sie erklärt mir, dass mein Verhalten sie an jemanden erinnere und dass sie mit dieser Art nicht gut zurechtkomme und deswegen Abstand brauche.

„Welches Verhalten meinst du genau? Sag es mir bitte", fordere ich sie auf.

„Ich bin da unsicher, ich habe auch gar nicht das Recht, andere Verhaltensweisen von dir zu verlangen", sagt sie zögernd.

„Mir ist ganz wichtig, es zu wissen", bekräftige ich meinen Wunsch.

Dann sagt sie mir doch, dass ich mich an sie anhänge und dadurch nicht selbstständig genug für mich entscheide. „Ich fühle mich dann indirekt verantwortlich für deine Entscheidungen", erklärt sie mir. „Damit komme ich in eine Rolle, die ich nicht will und in der ich mich eingeengt fühle." Ich versuche ihr zu erklären, dass immer dann, wenn Menschen mir ans Herz gewachsen sind, so wie sie und in anderer Weise auch Dennis, für mich die Gefahr besteht, dass ich zu viel von mir aufgebe. Ich traue mich nicht, ihr klar zu sagen, wie sehr ich sie mag. Ich beschreibe,

dass ich viel emotionale Wärme brauche, und um die zu bekommen, Nähe auch durch das Aufgeben eigener Bedürfnisse suche. Sie sagt mir, dass das, was dabei herauskommt, für sie als Enge wirkt, sodass sie Abstand braucht.
„Was machen wir denn jetzt?“, fragt sie ratlos.
Ich verstehe den Teufelskreis jetzt klarer. Je mehr Nähe ich auf diese Art suche, desto mehr Abstand bekomme ich. Doch was das Handeln betrifft, bin ich völlig orientierungslos. Mein Bedürfnis nach Nähe zu ihr ist mächtig. Gleichzeitig kämpft die Absicht, ihren Wunsch nach Abstand zu erfüllen, dagegen an. Ich suche für das Jetzt eine Lösung und formuliere aus meinem in diesem Moment ziemlich wirren Kopf eine Idee: „Dann werde ich eben versuchen, deinen Wunsch zu akzeptieren und mein Bedürfnis nach Nähe hinter meine Entscheidungen für selbstständiges Handeln zurücknehmen.“ Die Reaktion ist heftig und trotzdem gut für mich. Das sei wohl nicht der richtige Weg. „Du machst dich zu einem Opfer und ich bin die Böse. Das ist eine Rolle, die ich nicht will.“ Dann teilt sie mir mit, dass sie den Weg nach Finisterre allein gehen will. Das

„Animo“, guten Mutes sein: Diese Aufforderung kann ich auf den letzten Kilometern vor Santiago gut brauchen.

habe ich intuitiv schon gespürt, aber es macht mich trotzdem traurig. Ich sage ihr, dass ich den Entschluss respektieren will, auch wenn ich mir etwas anderes gewünscht habe.

Auf den letzten Kilometern vor Santiago habe ich das Gefühl, wieder ganz alleine zu sein. Ich habe mit leeren Händen am Anfang gestanden, jetzt stehe ich wieder mit leeren Händen da. Als wir die Innenstadt und die Kathedrale von Santiago erreichen, scheint die Sonne.

In mir nicht.

Mehr und mehr wird für mich deutlich, dass der Camino an diesem letzten Tag die eigentliche Tragik meines Lebens widerspiegelt.

Immer wieder habe ich, um Gemeinschaft, um Nähe und Liebe zu erhalten, meine Wünsche und Bedürfnisse und so mehr und mehr von mir selbst ausgeklammert und oft sogar aufgegeben, habe mich angepasst, so auch hier auf dem Weg allmählich und verstärkt in den letzten Tagen – und am Ende stand ich immer alleine da. Mir fallen einige Beispiele ein, nicht zuletzt meine Ehe. Ich bin dem Camino dankbar für diese Erkenntnis, auch wenn sie die härteste des ganzen Weges ist. Traurig, tief betroffen und sehr nachdenklich sitze ich mit den anderen in der Kathedrale. Ich hätte mir diesen Moment ganz anders gewünscht, aber der Camino hat mir an diesem letzten Tag etwas sehr, sehr Hartes, Wahres widergespiegelt.

Als wir die Kathedrale von Santiago erreichen, scheint die Sonne. In mir nicht.

Im Gottesdienst ist es mir wichtig, beim Friedensgruß besonders auch Verena einzubeziehen.

Es ist ein ergreifender Moment, als mit Orgelspiel das Botafumero geschwungen wird, dieses riesige, silberne Weihrauchfass, total überraschend für mich und für uns alle. Am Schluss des Gottesdienstes habe ich das dringende Bedürfnis, Verena für ihre Offenheit zu danken und ihr zu sagen, was für eine wichtige Erkenntnis für mich dadurch möglich geworden ist.

Dann sehe ich direkt in der Bankreihe hinter mir Alfred aus Bamberg. Er ist ja den Küstenweg gegangen und am selben Tag wie ich angekommen.

Wir treffen viele Mitpilger vor dem Pilgerbüro in Santiago, wo wir unsere Compostela abholen.

Ich freue mich riesig über diese überraschende Begegnung.
Auch der Franzose, der kurz nach mir in Le Puy gestartet ist und den ich in Bercianos zum letzten Mal gesehen habe, ist da.
Bei einem Rundgang in der Stadt kaufe ich drei gelbe Pfeile und schenke meinen beiden Weggefährten je einen.
Die Entscheidung für ein Quartier gestaltet sich schwierig. Also holen wir erst noch unsere Compostela ab. Gerüchte hatten wissen wollen, dass man neun Stunden lang anstehen muss. Wir schaffen es in einer halben. Dann finden wir ein schönes Quartier mit weitem Blick über Teile der Stadt, erstmals seit Burgos keine Pilgerherberge.
Im Laufe des Tages frage ich noch Dennis, wie er mein Verhalten wahrnimmt und ob ich seiner Beobachtung nach nicht eigenständig genug entscheide und ob er sich durch meinen Gemeinschaftswunsch eingeengt fühlt. Er gibt mir die Rückmeldung, dass ich mich sicher mehr der Gemeinschaft verpflichtet fühle und dass ihm aufgefallen sei, dass ich mir dadurch manchmal Freiheit nähme, dass ich mich zugunsten der Gemeinschaft entscheide. Er selbst habe diesen Gemeinschaftssinn nicht als einschränkend erlebt. Zu meinem Gefühl, dass am Ende alles abbröckele,

was an Gemeinschaft aufgebaut wurde, meint er, das träfe für ihn nicht zu. Er hoffe doch sehr, dass die Verbindung weiter bestehe. Ich fühle mich ein wenig erleichtert, als ich das höre.

Am Abend essen Verena, Dennis, Bianca und ich zusammen mit Sebastian und Michaela an einem hübschen Platz in der Stadt.

Mittwoch, 22. August
Der Tag vergeht mit verschiedenen Besorgungen, mit Fotografieren, dem Erledigen von Post und einigen Besichtigungen. Eine davon führt Dennis und mich ins Museum der Kathedrale. Am Abend kochen wir alle zusammen. Plötzlich taucht die Frage auf, wer wie lange in der Herberge bleibt. Hier wirkt sich die noch vorhandene Verstimmung zwischen Verena und mir aus. Ich will noch einen Tag in der privaten Herberge bleiben und dann nach Finisterre weiterlaufen. Nachdem Bianca morgen abreist, denke ich zunächst an ein Dreierzimmer, wie wir es in Burgos hatten. Das möchte Verena nicht. Die Stimmung verkrampft sich. Dennis spricht mit Verena. Anschließend, wir brechen gerade zu einem Stadtbummel auf, eröffnet mir Dennis, dass er und Verena entdeckt haben, dass sie einander lieben. Da ist auch die Zimmerfrage geklärt.
Trotz der noch vorhandenen Anspannung spüre ich, dass diese Liebe eine Wahrheit ist, deren Entwicklung ich eigentlich schon sehen konnte, die ich aber nicht ganz an mich herangelassen habe. Es überrascht mich selbst, aber irgendwie fühle ich mich erleichtert. Ich kann jetzt auch Verena besser verstehen und beginne, innerlich hinter Dennis zurückzutreten und sie loszulassen. Er bittet mich, auch noch einmal mit Verena zu sprechen. Ich meine, sie weiche mir aus. Auf Vermittlung von Dennis gelingt dann doch noch ein Gespräch. Sie fühlt sich von mir eingeengt, bedrängt. Sie fragt sich, was ich eigentlich von ihr wolle. Ich bekenne wieder meinen Wunsch nach emotionaler Wärme. Heftig weist sie mich darauf hin, dass wir in zwei verschiedenen Lebensperioden stehen. „Ich weiß nicht, was du eigentlich von mir willst! Ich bin 26, du 60." Aus tiefem Herzen antworte ich: „Manchmal halten sich Gefühle nicht an solche Grenzen." Ich mache mich ganz auf und verletzlich. Sie fragt mich, ob ich sie auch an Martina erinnere. Ich bestätige und nenne Klarheit, Entschlossenheit, Wachheit und Ähnliches. Verena versteht. Ihr Blick zeigt es. Mir fällt ein Stein vom Herzen.
„Können wir jetzt umschalten?", fragt sie.

Wir nehmen wieder das Gespräch mit Dennis und Bianca auf. Beim Heimgehen halten sich Verena und Dennis zum ersten Mal bei den Händen, ein wunderschönes Bild. Durch das Grau meiner verwundeten Seele, die durch Verenas Verstehen schon im Genesen ist, beginnt die Sonne der Freude über das Glück der beiden hindurchzuscheinen.

Auf dem Rückweg zur Herberge halten sich meine Weggefährten zum ersten Mal bei den Händen, für mich ein wunderschönes Bild. Durch das Grau meiner Seele beginnt die Sonne der Freude über das Glück der beiden hindurchzuscheinen.

Donnerstag, 23. August

Heute ist die Stimmung völlig verwandelt. Meine innere Freude ist wieder da und durchdringt auch die schwierige Zeit und die leidvollen Erfahrungen der letzten Tage. Dennis und Verena brechen früh auf, um beim Frühstück im Parador, dem staatlichen Luxushotel am Kathedralenvorplatz, an der Pilgerspeisung teilzunehmen, was immer nur zehn Pilgern, heute auch den beiden, gelingt. Dennis schlägt anschließend vor, in die Markthallen unterhalb der Pension zu gehen. Das tun wir auch in ganz entspannter Laune. Die Spannungen zwischen Verena und mir sind weg. Es wird ein schöner Tag voller Friedlichkeit. Wir bummeln über den Markt, bestaunen die Vielfalt, besichtigen später das Kloster San Martin de Pinario. Wir schauen, beraten über das Gesehene in gleicher Eintracht wie oft zuvor in schönen Kirchen am Weg. Wie immer hilft uns die gute Bibelkenntnis von Dennis weiter.

Es geht auf 16 Uhr zu, da verlasse ich die anderen, um meinen Besuch bei St. Jakobus zu machen. Während ich in der Warteschlange stehe, denke ich an die vielen Begegnungen am Weg und bete für alle, die meine Pilgerschaft unterstützt haben, zu Hause und unterwegs. Alle Situationen vom Beginn, durch die verschiedenen Orte Frankreichs hindurch bis zum Ende kommen mir wieder in den Sinn und nach und nach auch alle Personen, die mir geholfen haben und auch diejenigen, die mir aufgetragen haben, am Grab des Apostels für sie zu beten. Bald kann ich hinter dem Hochaltar hinaufsteigen und umarme wie viele Millionen Jakobspilger vor mir die Statue des Apostels und küsse sie. Ein kurzer, ergreifender Moment. Das ist, so sagt man, das Ende der Pilgerschaft.

Verena, Dennis, Bianca und ich essen zusammen bei der Pilgerspeisung im Parador zu Abend. Dann begleiten wir Bianca ein Stück des Wegs zum Bus, denn sie fährt nach Madrid, um von dort aus heimzufliegen. Ich denke für mich, dass unter für mich günstigeren Umständen vielleicht eine ähnlich herzliche Verbindung zu ihr hätte wachsen können, wie Dennis und vor allem Verena sie zu Bianca entwickelt haben.

Dann gehen wir zur Kathedrale, wo um 21 Uhr ein Pilgergebet beginnt. Durch das Südportal der Kirche gehen wir rechts in eine hohe, kuppelüberwölbte Seitenkapelle, wo sich etwa 15 Pilger und Pilgerinnen eingefunden haben. In verschiedenen Sprachen lesen wir Bibeltexte – vom Turmbau zu Babel, vom Pfingstereignis –, teilen die Erfahrungen des ersten Tages der Pilgerreise, teilen die Erfahrungen des ganzen Wegs. Es ist eine offene und nachdenkliche Stimmung.
Der junge, sehr sympathische Priester leitet den Gottesdienst mit viel Feingefühl.
Höhepunkt und emotional dichtester Moment ist, als wir zum Grab des Apostels hinabsteigen und Fürbitten formulieren. Einige Pilger sind den Tränen nahe. Ich bitte für die Frau, deren Notiz ich in der Kathedrale von Le Puy aus einem Häufchen von Zetteln mit unterschiedlichen Anliegen gezogen habe. Eine ihrer Bitten war, dass sie den richtigen Begleiter für den Rest ihrer Tage finden möge. Ich spüre jetzt deutlich, dass auch in mir die Offenheit für eine gute Begleiterin am Wachsen ist. Wir beten das Vaterunser, jeder in seiner Sprache. Danach segnet uns der Priester und zeigt uns am Portal noch das umgekehrte Alpha und Omega, nämlich O – A. Der Camino ist nach Santiago zu Ende, der neue Weg beginnt. „La meta es Christo“, erklärt er uns das neue Ziel.
Ja, das trifft auch mein starkes Empfinden. Der eigentliche Weg beginnt soeben.

Ergriffen und voller Freude über das intensive Erlebnis gehen wir in unser Quartier zurück und feiern Abschied. Verena und Dennis haben Wein und Knuspersachen besorgt. Verena bittet mich, ihr die Armbanduhr zurückzugeben, die sie mir spontan in Cacabelos nach dem

Verlust meiner eigenen geliehen hatte. Dann schenkt sie mir das kleine Taizé-Kreuz, das sie zwischen Zubiri und Pamplona, also am ersten Tag unseres Weges zu dritt, bei einer Rast gefunden hatte. Sie hat es den ganzen Weg nach Santiago mitgenommen und jetzt gibt sie es mir. Ich bin gerührt. Wir erinnern uns an die Situation des Fundes und rekonstruieren dann den ganzen Weg nach unseren sich ergänzenden Erinnerungen. Alle Höhepunkte lassen wir so aus dem Herzen und dem Gedächtnis aufsteigen, jeden Tag bis zum Eintreffen in Santiago. Wir spüren, wie reich dieser Weg für uns war. Als ich die beiden so glücklich mir gegenüber sehe, sage ich: „Wenn ich durch meinen Wunsch, zusammenzubleiben, ein klein wenig dazu beigetragen habe, dass ihr euch kennen und lieben lernen konntet, dann war das das Schönste, was ich auf dem Weg getan habe."

Ich spüre große Dankbarkeit und Freude über das gemeinsam Erlebte und gleichzeitig Wehmut über den Abschied, der unumgehbar gekommen ist. Zum Schluss beten wir noch einmal das Pilgergebet, das uns auf dem Camino begleitet hat, diesmal für unseren Lebensweg. Wir umarmen uns zum Abschied, auch Dennis und Verena laden mich zu sich ein, so wie ich sie zu mir. Mit großer Freude und sanfter Wehmut lege ich mich schlafen. Es ist nach 24 Uhr.

Freitag, 24. August

Ich erwache, als es dämmrig wird, mache mich und den Rucksack reisefertig. Ich frühstücke in Ruhe, während die Sonne aufgeht und auf dem Markt unten das Leben beginnt. Kurz bevor ich gehe, schreibe ich auf die Rückseite einer Pilgermenüwerbung noch einen kurzen Brief an Verena und Dennis und schiebe den Zettel dann durch den Türschlitz.

„Liebe Verena, lieber Dennis, noch einen Gruß, bevor ich meinen Camino fortsetze. Ich wünsche Euch alles Gute und die gelingende Integration der Erkenntnisse des Camino in den Alltag. Wie Ihr ja wisst: Omega – Alpha. Ihr habt mit mir einen guten Freund gewonnen. Herzlichst Gerhard."

Dann breche ich auf, kurz vor neun.

Angenehm führt der Weg aus der Stadt heraus, wird zum Pfad durch Eukalyptuswälder. Für kurze Zeit ist am Horizont die Silhouette der Kathedrale gegen die Sonne zu sehen. Der Weg führt auf und ab, manchmal ist er ein Pfad, manchmal ein Sträßchen. Er führt an kleinen Feldern vorbei, oft durch silbergraue Eukalyptuswälder.

Nach zwei Stunden mache ich am Alto de Vento eine Kaffeepause und schreibe Notizen. Drei junge spanische Pilger sitzen am Nachbartisch und grüßen. Als ich am Nachmittag in Negreira ankomme und die Herberge aufsuche, begrüßen mich die drei jungen Spanier. Sie fragen mich, wo ich gestartet bin.
Als ich „Taizé" sage, bekommen sie große Augen.
„Madre de Dios!", entschlüpft der jungen Dame.
Sie kennen Taizé, waren schon bei den großen Treffen, die immer am Jahresende in verschiedenen europäischen Großstädten stattfinden, dabei. Sie selbst sind von Bilbao aus den Küstenweg und dann den Camino Primitivo gegangen, hart, aber landschaftlich sehr schön.
Sie erzählen mir, die Betten der Herberge seien voll, aber auf den Matratzen gäbe es noch Platz.
Am Nachmittag, während ich einen Tee trinke, denke ich über den heutigen Tag nach. Während die Wehmut über den Abschied nach und nach abklingt, steigt in mir immer mehr Freude und Dankbarkeit über die gemeinsame Zeit mit Dennis und Verena auf. Alle Erfahrungen mit ihnen, die vielen schönen und die schweren der letzten Tage vor Santiago, sind Teil meines inneren Schatzes geworden. Ich spüre aber auch, dass es gut ist, den Weg nach Finisterre allein zu gehen, um so den Übergang in die Zeit nach dem Heimkommen sanfter zu gestalten.
Es war lange Zeit mein Wunsch, dass es anders sein möge. Ich habe mir schöne Dinge für diese Zeit mit Verena ausgemalt. Aber etwas anderes war für mich vorgesehen.
Im Tiefsten weiß ich, dass es so richtig ist. Wieder einmal spüre ich die Führung auf dem Weg.
Der Nachmittag wird interessanter als gedacht. Es gibt mehr Spanier hier, dazu eine Studentin der Archäologie aus Brasilien, mit der ich mich ein wenig unterhalte, außerdem eine sympathische Spanierin, die mich von ihren Nudeln mitessen lässt. Zur Nacht kommt die Hospitalera und macht aus dem Aufenthaltsraum einen Schlafsaal mit Gymnastik-Matratzen.
Ich ergattere den Platz am Fenster und schlafe gut.

Samstag, 25. August
Kurz vor fünf wache ich ausgeruht auf. Ich starte, der Weg führt durch viel Eukalyptuswald und nur selten sehe ich andere Pilger. Dennis kommt mir in den Sinn. Heute fliegt er zurück nach Deutschland. Dort wartet dann schon die Nachricht auf ihn, wo er seine erste Vikariatsstelle haben wird.

Ich denke viel über die Erlebnisse des spanischen Camino nach und über das Geschenk von Verena, das Taizé-Kreuz. Meines habe ich am Anfang des spanischen Wegs in St. Jean Pied de Port liegen gelassen.
Es war als innere Verbindung gedacht zu meinem Ausgangspunkt. In den letzten Stunden unseres gemeinsamen Wegs hat Verena durch ihr Geschenk diese Rückbindung an den Anfang wieder hergestellt.
Mir kommt das Bild Alpha – Omega wird zu Omega – Alpha. Vom Anfang zum Ende und jetzt vom Ende zum Anfang. Ich denke auch über meine Erfahrungen mit dem Loslassen nach.
In Frankreich ging es um das Loslassen der ehelichen Beziehung zu Edith, um das Loslassen meiner gescheiterten Ehe. Das geschah in mir ganz leise, nach und nach, bis ich in den letzten Tagen vor St. Jean Pied de Port als äußeres Zeichen und auch erst versuchsweise den Ring ablegte. In den Träumen in Spanien hat sich dieser Prozess noch fortgesetzt, bis er nach Hontanas und letztlich dann am Cruz de Ferro abgeschlossen war. Eine tiefe Dankbarkeit für die gefüllten Jahre mit Edith in guten und schlechten Zeiten steigt in mir auf. Auch sie sind Teil meines inneren Schatzes geworden.
Ich denke auch darüber nach, wann und wie meine Zuneigung zu Verena gewachsen ist. Der erste Anfang war wohl in Nájera, bei der St.-Jakobs-Feier, als wir tanzten. In San Juan de Ortega habe ich ihren Geist und Witz zu lieben gelernt. In Burgos tat es mir wohl, sie im Bett neben mir zu wissen. Gern hätte ich ihre Hand sanft berührt. In Hontanas blieb ich, weil ich ihr nahe sein wollte. Danach war es mir wichtig, in ihrer Nähe zu sein, bis sich das erlebte Dilemma entwickelte. Jetzt habe ich sie wieder losgelassen oder bemühe mich zumindest darum, und ein wenig Wehmut schwingt noch mit und eine Freude über die jetzige Qualität der Freundschaft. Was als Aufgabe für mich bleibt, ist die Klärung von Beziehung und Autonomie. Denn eine Beziehung, in der es beiden Partnern auf Dauer gut geht, gelingt nur, wenn dabei die eigene Autonomie erhalten bleibt, wenn Nähe und Distanz in einem dynamischen Gleichgewicht sind.
Noch viele Bilder der Pilgerreise steigen aus dem Herzen auf. Ich mache mir bewusst, was ich an Verena und Dennis lieb gewonnen habe.
Ich setze den Weg fort. Es wird richtig heiß. In einer Bar auf halber Strecke finde ich die drei jungen Spanier wieder, die ich schon gestern gesehen habe. Sie laden mich an ihren Tisch in den Schatten ein.

Gegen halb drei komme ich in der Herberge von Olveiroa an, von allen galicischen Herbergen bisher die schönste. Alte Dorfhäuser wurden renoviert, mehrere Bauten bilden ein Ensemble. Es gibt sogar eine eingerichtete Küche, die sehr gemütlich ist, und einen eigenen Comedor. Die drei Spanier, Jaime, Paula und Guillermo, kümmern sich, dass ich ein Bett bekomme und laden mich auf ein Bier und später sogar zum Abendessen ein. Jaime ist Lehrer, sie studiert Innenarchitektur und ihr Bruder geht noch zur Schule. Ich unterhalte mich intensiv mit ihnen, soweit meine Spanischkenntnisse das zulassen. Es ist eine freundliche, offene Atmosphäre, in der ich mich wieder sehr wohl fühle. Am späteren Abend verabschieden wir uns und tauschen Adressen. Während wir zum Abendessen in der Bar waren, ging plötzlich für zehn Minuten ein heftiger Regen nieder. Meine Stiefel vor der Herbergstür wurden von einem anderen Pilger gerettet. Ich gehe bald zu Bett, dankbar für diesen Tag, mit einem Gefühl stiller Freude.

Sonntag, 26. August

Um fünf Uhr wache ich auf, im Schlafsaal ist es noch still. Leise packe ich zusammen, frühstücke in der schönen Küche und ziehe hinaus in die Nacht. Lange führt der Weg entlang der schlafenden Straße. Es ist warm und schwül. Links das sanfte Rauschen von Windkraftanlagen, sonst nur meine Schritte und das „Tak-tak" des Wanderstabes auf dem Asphalt. Als der Weg die Straße verlässt, ist er gerade hell genug, dass ich die gelben Pfeile auf dem schwarzen Asphalt erkenne. Der Weg führt durch Heide und Wald, dann wieder zur Straße. Ich denke wieder viel nach über die Erlebnisse und Erfahrungen des Camino. Es ist gut, diese Zeit zum Ordnen und Wirkenlassen von Eindrücken zu haben. Vor zehn Tagen und kürzer habe ich es mir ganz anders gewünscht. Ich weiß, dass Verena noch da ist und vielleicht auch nach Finisterre will. Ich überlasse es ganz bewusst dem Willen Gottes, ob wir uns noch einmal sehen. „Dein Wille geschehe", nicht meiner.

Ich denke an Jaime, Paula und Guillermo. Es kommt mir vor, als seien drei Engel zu mir gesandt worden. Ihre aufmerksame, liebevolle Art hat mir sehr gutgetan.

Auf halber Strecke erreiche ich Senande und mache Rast, schreibe Notizen mit dem Kugelschreiber, den mir Jaime gestern geschenkt hat. Er hatte gesehen, dass ich mit dem Bleistift schreibe und mir den Kugelschreiber überlassen. Mir fällt ein Gespräch ein, das die drei gestern mit einem Spanier geführt haben. Der ist aufgrund eines Gelübdes ganz ohne

Geld unterwegs, putzt und arbeitet in den Herbergen mit, bekommt alles von anderen. Wie hatte Frère Wolfgang in Taizé den Auftrag Jesu bei der Aussendung der Jünger interpretiert: „Seid Leute, die auf die Güte anderer angewiesen sind." Welch ein Vertrauen!
Weiter führt der Weg durch viel Wald und Heide auf meist kleinen Feldwegen. Um halb vier erreiche ich die Herberge von Muxia. Als ich mich gerade auf den Weg zum Tourismusbüro mache, um meine Urkunde zu bekommen, treffe ich – Doris und Hans. Wir begrüßen uns voller Freude über das unerwartete Wiedersehen und vereinbaren, abends zusammen essen zu gehen, was wir auch tun.
Statt anschließend zur Kirche Santuario de Virxen da Barca zu laufen, um den Sonnenuntergang zu sehen, öffnen wir lieber eine zweite Flasche Wein und tauschen uns über Erfahrungen der Pilgerzeit aus. Die beiden waren vorher am Cabo Finisterre und sind jetzt auf ihrer letzten Etappe gewesen. Sie wollen einige Tage in Muxia verbringen, während ich morgen nach Finisterre laufe. Der Sonnenuntergang über dem Meer fällt wegen der aufkommenden Bewölkung sowieso aus. Wir haben einen schönen Abend zusammen.

Nach rund 2000 Kilometern über Land: das Meer bei Muxia.

Montag, 27. August

Um sechs Uhr wache ich auf, um sieben Uhr bin ich aus dem Haus. An der nächtlichen Küste geht es entlang. Langsam wird es heller, als die Straße die Meeresbucht verlässt. Ich finde einen Wegweiser, interpretiere ihn wohl falsch und laufe eine Straße entlang. Ich vermute, es ist acht Uhr, als ich merke, dass etwas nicht stimmt. Also wieder zurück, bis ich endlich eine Frau treffe, die ich fragen kann. Ich habe mich verlaufen und mindestens eine Dreiviertelstunde verloren. Schließlich finde ich auf den Camino zurück.

Auf halber Strecke mache ich Rast. Ich sehe Pilger, die von Finisterre kommen. Gestern haben Hans und Doris mir erzählt, dass sie Verena in Finisterre gesehen haben. Sofort erwacht in mir die Sehnsucht, sie in Spanien vielleicht doch noch einmal zu sehen. Wie alle Süchte ist auch Sehnsucht nur schwer zu beherrschen. Es fällt mir unheimlich schwer, meinen Vorsatz aufrechtzuerhalten, alles in die Hand Gottes zu geben und den eigenen Willen loszulassen. Hier, auf halber Strecke, wo wir uns eigentlich treffen müssten, falls sie den Weg von Finisterre nach Muxia nimmt, verliere ich meine Mitte, werde unruhig. Vielleicht ist das der Grund, warum ich mich gerade in diesem Teil zum zweiten Mal verlaufe und wieder eine Stunde Umweg gehe, bis ich schließlich in Lires auf den Camino zurückfinde.

Als ich schließlich in den Randbereichen von Finisterre ankomme, bin ich erschöpft, habe fast kein Wasser mehr und die Hoffnung längst aufgegeben, in der Albergue noch unterzukommen. Doch wider Erwarten ist noch Platz.

Auch andere haben sich verlaufen und kommen nach mir. Die kühle Dusche weckt die Lebensgeister rasch wieder. Ich trinke wie ein Kamel und die Unternehmungslust erwacht, obwohl ich sicher 36 Kilometer hinter mir habe. Zunächst wird der Ort erkundet, dann der Strand, immer dabei auch der Blick, ob ich Verena sehe. Irgendwann finde ich mich damit ab, dass sie nicht da ist. Wenn es sein soll, werden wir uns begegnen, wenn nicht, ist es vielleicht besser so.

Etwa eine Stunde vor Sonnenuntergang mache ich mich auf den Weg zum Leuchtturm am Cabo Finisterre. Die Socken für die rituelle Verbrennung habe ich eingepackt, auch das Hemd von Dennis, das er mir zu diesem Zweck mitgegeben hat. Denn er musste früher nach Hause fliegen und hatte deswegen für den Weg nach Finisterre keine Zeit mehr.

Die Sonne versinkt am Cabo Finisterre. Ich spüre, dass der Jakobsweg mich verwandelt hat. Ich werde Lebensmut und Gottvertrauen in den Alltag mitnehmen.

Zu meinem Gepäck gehört auch Wein und ein Stück Empanada zum Feiern. Ein langer Zug von Pilgern ist auf dieser letzten Strecke von drei Kilometern unterwegs. Einige kommen schon zurück, haben ihre Sachen verbrannt. Schon im Mittelalter gab es den Brauch, am westlichsten Punkt der bekannten Welt im Meer zu baden, seine Kleider zu verbrennen und den Sonnenuntergang zu betrachten, um dann am nächsten Morgen als neuer Mensch zu erwachen.
Am Leuchtturm lasse ich mich am Kilometerstein null fotografieren, fest lege ich meine Hände auf ihn. Auf den Felsen neben dem Leuchtturm sitzen Pilger einzeln oder in kleinen Grüppchen, schauen hinaus aufs Meer zur untergehenden Sonne. Ich setze mich dazu. Das also ist das Ende des Wegs, 2000 Kilometer von meinem Ausgangspunkt entfernt. Ich spüre deutlich, dass mich der Jakobsweg so verwandelt hat, dass ich meinen neu gewonnenen Lebensmut, mein Gottvertrauen und die tiefe innere Freude, die mich erfüllt, mit in meinen Alltag nehmen werde. Es ist eine tiefe Dankbarkeit für diese grundlegende Wandlung in mir.
Die Sonne sinkt langsam. Bevor sie im Ozean verschwindet, versteckt sie sich hinter Wolken, die sehr, sehr weit entfernt sein müssen.

Langsam bricht die Nacht herein, einige Deutsche entzünden mit Holz ein Feuer in einer Felsspalte, das ich nutzen darf. In der Nähe ein Grüppchen von vier Pilgern. Die Brasilianerin ist dabei, die ich vor drei Tagen kennengelernt habe, die Frau aus Barcelona, die mit mir ihre Nudeln geteilt hat. Wir setzen uns zusammen, trinken Wein und unterhalten uns über die Bedeutung des Camino für uns, soweit das geht.
Es ist schon fast Vollmond, ein Tag fehlt nur. Es ist eine sanfte, sehr warme Nacht. Während ich die Atmosphäre dieses Endpunktes einatme, wird mir klar, dass ich morgen nicht in Finisterre bleiben werde, sondern nach Santiago zurückkehre. Es ist schon spät, als wir loslaufen. Ich gehe mit der Spanierin und der Brasilianerin talwärts der Stadt entgegen. Ein junger Deutscher stößt zu uns, der sich auf der Matratze vor mir in der Herberge eingerichtet hatte und mit dem ich mich am Nachmittag beim Wäschewaschen schon kurz unterhalten habe. Da er danach fragt, erzähle ich ihm von meinem Aufbruch in Taizé. Er kennt den Ort, war mit den Eltern schon in Ameugny beim Familienprogramm von Taizé.
Mit einem Mal kommt ein Gewitter auf, von einer Minute zur anderen, es fängt an zu regnen und – plötzlich stürze ich. Irgendwie habe ich beim Laufen und Unterhalten den Graben nicht gesehen, der neben der Fahrbahn in Gestalt einer halben Betonröhre verläuft. Ich schlage längs hin, spüre einen scharfen Schmerz an der Nase. Es ist tiefe Nacht, die anderen helfen mir auf. Die Nase blutet stark, wie ich später sehen werde, ist eine Wunde am rechten Nasenflügel. Der linke Ellbogen und das rechte Knie sind aufgeschürft, die Brille aber bis auf zwei winzige Kratzer heil. Nur die vordere Zahnreihe fühlt sich fremd an. Die Lippe schwillt. Später, vor dem Spiegel in der Herberge, sehe ich, dass ein großes Stück des rechten vorderen Schneidezahns abgebrochen ist. So werde ich eine bleibende Erinnerung an diese ersten Kilometer auf dem Camino nach dem Camino mit nach Hause nehmen.
Ich frage mich, was dieser Sturz mir sagen soll, doch ich finde erst keine Antwort. Später fallen mir die Worte wieder ein, die Frère Wolfgang an meinem Abschiedstag in Taizé aus dem Prediger Salomo zitiert hat: „Besser ist es, zwei als einer. Fällt ihrer einer, so hilft ihm der andere auf. Weh dem, der allein ist! Wenn er fällt, so ist kein anderer da, der ihm aufhelfe. Einer mag überwältigt werden, aber zwei mögen widerstehen, eine dreifältige Schnur reißt nicht leicht entzwei."
Mir, der ich mich oft schwertue, Hilfe anzunehmen, standen hier drei Helfer zur Seite. Die Spanierin und die Brasilianerin halfen mir auf, still-

ten unterwegs die Blutung der Wunde. Der junge Deutsche verarztet mich in der Herberge mit Desinfektionsspray, Pflaster und homöopathischen Kügelchen gegen die Schwellung. Dann lege ich mich hin und schlafe überraschend gut.

Dienstag, 28. August

Ich wache beim Hellwerden auf, das Kreischen der Möwen im Ohr. Während ich mich fertig mache, kommt Munique, die Brasilianerin, und erkundigt sich nach meinem Befinden. Später sehe ich, dass sie den gleichen Bus nimmt und setze mich zu ihr.

Ich bin froh, nach Santiago zu kommen. In Finisterre hält mich nichts mehr, die Pilgerreise, das spüre ich deutlich, muss in der Stadt des Apostels abgeschlossen werden.

Der Bus hat eine halbe Stunde nach der Abfahrt eine Panne, sodass wir auf einen Ersatzbus warten müssen. In Santiago angekommen, nehmen Munique und ich herzlich Abschied voneinander. Sie fährt mit dem Bus nach Oporto und fliegt dann nach Rio de Janeiro weiter, ich freue mich auf den Abschiedstag in Santiago.

Als Erstes suche ich die vertraute Unterkunft auf und bekomme ein Zimmer. Gleich frage ich nach Verena. „Si", eine „chica alemana" sei da, bekomme ich als Auskunft. Ich stelle nur kurz den Rucksack ab und eile zur Kathedrale. Ich komme spät für den Pilgergottesdienst, doch noch rechtzeitig genug, um zum zweiten Mal das Schwenken des Botafumero zu erleben. Ich bin gerührt. Welch ein Glück, das auch bei meiner zweiten Ankunft in Santiago zu erleben. Auf dem Rückweg kaufe ich etwas zu essen ein; ich habe den ganzen Tag noch nichts gegessen. Dann suche ich Verena. Sie kommt mir gerade aus ihrem Zimmer entgegen. Sie erschrickt bei meinem Anblick. „Wie siehst du denn aus!?" Wir setzen uns in die Küche, ich koche meinen letzten grünen Tee mit Jasmin, wie ich ihn oft auf dem spanischen Camino den anderen angeboten habe, und erzähle ihr von den letzten vier Tagen und meinem Unfall. Auch sie erzählt, was sie seit unserem Abschied erlebt hat. Sie berichtet auch von Dennis.

„Er hat genau in dem Ort seine Stelle bekommen, wo er es sich gewünscht hat." Sie freut sich mit ihm und auch ich gönne es Dennis von ganzem Herzen. Als sie den Ort nennt, bin ich erstaunt.

Ich kenne mich in jenem Teil der Republik wirklich nicht sehr gut aus, aber in diesem Ort war ich schon, habe ein altes Kloster dort besucht auf einer Reise nach Skandinavien.

Den Nachmittag über streife ich durch die Stadt, erkundige mich, ob mein Flug unverändert ist. Es ist alles in Ordnung. Für den Abend gibt Verena mir den Tipp für ein tunesisches Lokal. Während ich meinen Rucksack im Zimmer umpacke, finde ich auch die Adresse von Angelo wieder, der mich in Taizé gebeten hatte, für ihn am Grab des Apostels Jakobus zu beten und ihm auch eine Karte zu schicken.
Letzteres erledige ich sofort mit meiner letzten Karte und Briefmarke. Dann schlendere ich zur Kathedrale, wo gerade eine Abendmesse beginnt. Ich bleibe und bin froh über diese Zeit der Besinnung. Ich spüre den Impuls, noch einmal zur Statue des heiligen Jakobus hinaufzusteigen und sie, wie der Pilgerritus es will, zu umarmen. Ich fühle deutlich, dass ich den Segen für meinen weiteren Weg will. Also stelle ich mich wieder an, warte geduldig, bin dann im entscheidenden Moment sehr konzentriert. Danach gehe ich zum Essen.
Das tunesische Lokal erweist sich als ein wunderbarer Ort. Der Gastwirt strahlt Liebe aus und eine sanfte Herzlichkeit, die Musik verstärkt diese Empfindung, sodass dieses Abschiedsessen fast eine spirituelle Erfahrung wird. Ich habe das körperliche Gefühl, an einem Ort mit viel positiver Energie zu sein. So schließt sich auch hier ein Kreis. Wahrscheinlich war es der erste Tunesier, den ich beim Pilgern getroffen habe, der mir das negative Erlebnis des Bestohlenwerdens beschert hat. Der zweite Tunesier, den ich treffe, strahlt Liebe und Frieden aus. Ich bin dankbar für diese Abrundung. Als ich gegen 22 Uhr ins Quartier komme, finde ich Verena in der Küche. Ich lade sie zu einem Glas Wein ein und wir unterhalten uns gut. Es geht um Gefühle, darum, ob es hierbei Unterschiede zwischen Männern und Frauen oder Generationenunterschiede bei deren Wahrnehmung und Ausdruck gibt. Wir erzählen einander Prägungen und Wahrnehmungen. Ich spreche dabei aus, was ich immer deutlicher spüre. Ich merke Gefühle seit dem Camino viel differenzierter und direkter als vorher. War es erst der Körper, der empfindsamer wurde, so ist es jetzt die Psyche. In diesem Bereich haben sich die Dumpfheit und die Eintrübung, mit denen ich mich wohl zum Schutz vor allzu vielen trostlosen Erfahrungen im Lauf vieler Jahre eingehüllt hatte, abgebaut. Diese seelische Empfindsamkeit bereichert mich, aber es ist auch anstrengender, meine Gefühle direkter wahrzunehmen.
Müde und dankbar gehe ich zu Bett und schlafe gut.

Mittwoch, 29. August

Die innere Pilgeruhr verstellt sich langsam. Ich wache kurz nach sieben auf. Bald wird es Tag. Während ich mich fertig mache, überlege ich, was mir heute noch wichtig ist zu tun: noch einmal mit Verena reden und von ihr Abschied nehmen und zur Pilgermesse in die Kathedrale gehen. Nach dem Frühstück wird ein letztes Mal der Rucksack gepackt und von allen Tüten befreit, die jetzt nicht mehr gebraucht werden. Als ich damit fertig bin, treffe ich Verena in der Küche. Ich frage sie, ob ich mich zu ihr setzen kann. „Ja", meint sie, „du kannst dich gerne dazusetzen." Während sie frühstückt und ich noch ein Glas Wasser trinke, entwickelt sich ein intensives Gespräch. Es geht um ihre Liebe zu Dennis und wann ich und sie etwas davon gemerkt haben. Sie erinnert sich: „Ist es nicht seltsam, dass Dennis und ich schon in Roncevalles in zwei nebeneinanderliegenden Betten geschlafen haben, in diesem riesigen Saal mit 120 Schlafplätzen?" Und mit Blick auf den gemeinsamen Weg fragt sie: „In Zubiri war doch noch nicht klar, dass wir zusammen laufen werden. Wann hat sich das eigentlich entwickelt?" Ohne lange überlegen zu müssen verweise ich auf Pamplona: „Ich glaube, dass unsere Gespräche über die Bücher, die uns beeinflusst haben, viel dazu beigetragen haben, dass wir voneinander erfuhren, was uns wesentlich und wichtig ist."

„Ja", antwortet sie, „das war auf dem Weg nach Eunate."

Es geht auch um meine Liebe zu ihr, die sie nicht einordnen konnte. Ich erzähle ihr, wie es mir ging damit.

„Das muss für dich auch eine schwierige Zeit gewesen sein", meint sie einfühlsam.

„Ja, das war so", bestätige ich aus tiefem Herzen. „Ich wusste ja, dass uns der große Altersunterschied trennt. Wenn ich dreißig Jahre jünger wäre, hätte ich heftige Anstrengungen unternommen, deine Liebe zu gewinnen." Da lacht sie. „Ich habe da noch eine Tante", schlägt sie mit einem schalkhaften Lächeln vor. „Vielleicht wird es für dich leichter, wenn wir wieder daheim sind. Mach den Weg noch einmal, oder einen anderen. Und vielleicht ist alles ganz anders zu Hause."

Unser Gespräch bricht ab, als eine andere Pilgerin, sie ist Italienerin, zu uns in die Küche kommt.

Wenig später breche ich zum Pilgergottesdienst auf. Die Messe ist heute besonders feierlich. Priester aus vielen Ländern sind dabei. Ich bin dank-

bar, dass so mein Abschiedsgottesdienst ist. Und wieder schwingt zum Abschluss das Botafumero ganz nahe über mir.
Tränen der Rührung stehen mir in den Augen.

Es ist ein Uhr, als ich wieder in der Herberge bin. Ich habe darauf gehofft und es ist so, Verena ist da. Der Abschied ist jetzt unabwendbar gekommen. Ich esse noch ein letztes Brot, um die Zeit noch ein bisschen hinauszuschieben, aber auch diese Minuten verstreichen schnell. Da kommt eine SMS von Dennis an Verena: Hans aus Landshut ist im ZDF am Cabo Finisterre zu sehen. „Merkwürdig, dass Dennis gerade in dem Moment anruft, wo wir uns verabschieden", meint sie nachdenklich. Ich bitte sie, sie segnen zu dürfen und sie willigt ein. Sanft lege ich meine Hände auf ihren Scheitel und spreche, ganz am Beginn mit einem Frosch im Hals:
„Der Herr segne und behüte dich. Er halte seine Hand schützend über dich und gebe dir Liebe und Frieden. Amen."
„Amen", antwortet sie und sagt Danke. Wir fassen einander bei den Händen, schauen uns an.
„Wir hören voneinander", sage ich. Es klingen ein großes Ausrufezeichen und ein kleines Fragezeichen in meiner Stimme mit.
„Ja", bestätigt sie klar. Da kann ich gut gehen.

25 Minuten vor Abfahrt des Busses zum Flughafen bin ich am Busbahnhof. Pilger und Touristen mischen sich. Ich kenne niemanden. Die Busfahrt ist kurz, ein paar gelbe Pfeile, die nach Santiago weisen, kann ich unterwegs erkennen.
Im Flugzeug sitze ich neben einer jungen Frau, mit der ich gleich ins Gespräch komme. Sie ist auch Pilgerin, allerdings nur von León nach Ponferrada, wo es für sie wegen Knieproblemen nur noch mit dem Bus weiterging. Sie heißt Karin, stammt aus Österreich und leitet einen Kinderhort. Es entwickelt sich ein lebhaftes Gespräch mit großer Offenheit. Sie erzählt von ihrer Arbeit, ihrem bevorstehenden Umzug und den damit verbundenen Herausforderungen und natürlich von ihren Camino-Erfahrungen, ich erzähle ihr von meinem Weg und den wichtigsten Erkenntnissen und erläutere meine Arbeit.
Die Zeit bis zur Ankunft in Mallorca vergeht wie im Flug.
Ich staune über das Gespräch, spüre ich doch eine Leichtigkeit der Kontaktaufnahme, die mir in meiner Selbstgefangenheit vor dem Camino fremd war.

Ich bin gespannt, was noch passiert. Denn wieder einmal ist mir ein Engel geschickt worden. Der Abflug von Mallorca verzögert sich. So ist es fast ein Uhr nachts, als ich in Nürnberg mein Gepäck habe.
Die letzte U-Bahn zum Bahnhof ist weg. Da ich erst noch zum Serviceschalter der Fluglinie gehe, versäume ich auch den nächsten Zug und muss dann fast zwei Stunden in der menschenleeren Bahnhofshalle herumstehen. Gleichmut und Gelassenheit werden also gleich auf eine Probe gestellt, und sie bewähren sich.

Donnerstag, 30. August
Um 5.35 Uhr erreiche ich Bamberg. Es ist gerade noch Nacht. Ich laufe die ersten Kilometer meines neuen Camino quer durch die Altstadt nach Hause, in einen Vorort von Bamberg. Als ich mein Haus nach eineinhalb Stunden erreiche, sehe ich kurz vorher an einem Laternenpfahl als Wegweiser eine Jakobsmuschel. Ich wohne am Jakobsweg. Mein Weg geht weiter. Ultreia! Y buen camino!

Danksagung

Danken möchte ich allen, die mir geholfen haben, den Jakobsweg zu gehen: Edith und Martina für ihre Unterstützung am Anfang, Dorothee und Heinrich, die mich nach Taizé mitgenommen haben, all den Herbergsvätern und -müttern, die sich liebevoll der Pilger angenommen haben; den vielen Menschen am und auf dem Weg, die durch ihr Tun oder durch ein aufmunterndes Wort Kraft gaben.
Und besonders den Mitpilgerinnen und Mitpilgern, deren Freundschaft mir zuteil wurde.

Verena und Dennis danke ich auch für ihre Hilfe bei der genauen Rekonstruktion unserer Gespräche und für die Rückenstärkung bei der Entstehung des Buches. Den beiden Michaelas und Sebastian verdanke ich ergänzende Hinweise, Ilona, Uschi und Sabine halfen mit bei der Korrektur des Manuskriptes. Viele andere machten mir Mut.
Durch ihren Zuspruch und ihr Interesse wirkten sie mit, dass das Buch entstehen konnte.

In allen und allem danke ich Gott für die Erfahrung, die Psalm 23 beschreibt:
„Der Herr ist mein Hirte, mir wird nichts mangeln."

Gerhard Mall

Jahrgang 1947, lebt bei Bamberg. Geboren und aufgewachsen in Würzburg, dort auch Studium der Rechtswissenschaft. Zunächst Redakteur und Öffentlichkeitsreferent in Aschaffenburg und Bamberg.
Seit über 20 Jahren freier Bildungsreferent mit den Schwerpunkten Persönlichkeitsbildung und Kommunikation. Stadtführer und Initiator der „Sams"-Führung in Bamberg zu den Schauplätzen des gleichnamigen Films. Im Mai 2007 machte er sich auf den Pilgerweg nach Santiago de Compostela. In „Laufend loslassen" schildert er die Erfahrungen dieser Reise. Seither war er 3000 Kilometer zu Fuß auf Jakobswegen unterwegs.

Ab 2009 übernimmt er auch die spirituelle Begleitung und Leitung von Gruppen auf dem Camino de Santiago.

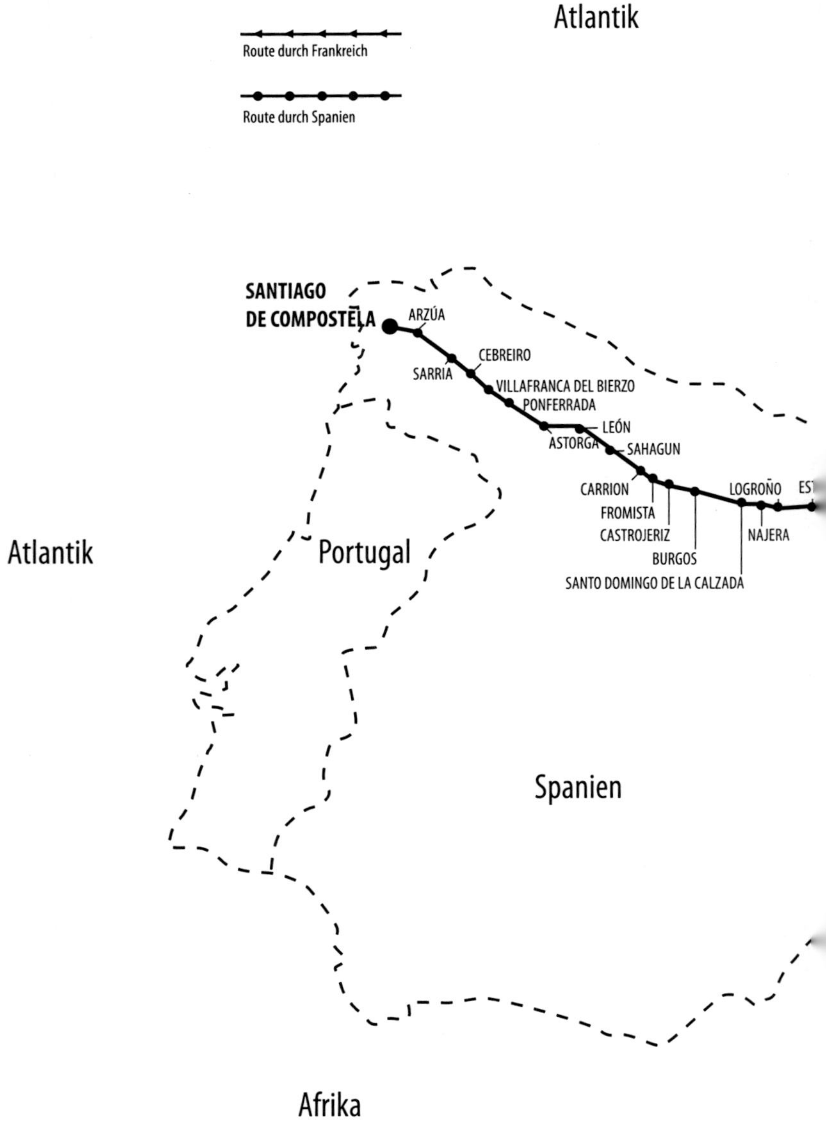

Atlantik
Route durch Frankreich
Route durch Spanien
SANTIAGO DE COMPOSTELA
ARZÚA
CEBREIRO
SARRIA
VILLAFRANCA DEL BIERZO
PONFERRADA
LEÓN
ASTORGA
SAHAGUN
CARRION
FROMISTA
CASTROJERIZ
BURGOS
SANTO DOMINGO DE LA CALZADA
LOGROÑO
NAJERA
Atlantik
Portugal
Spanien
Afrika

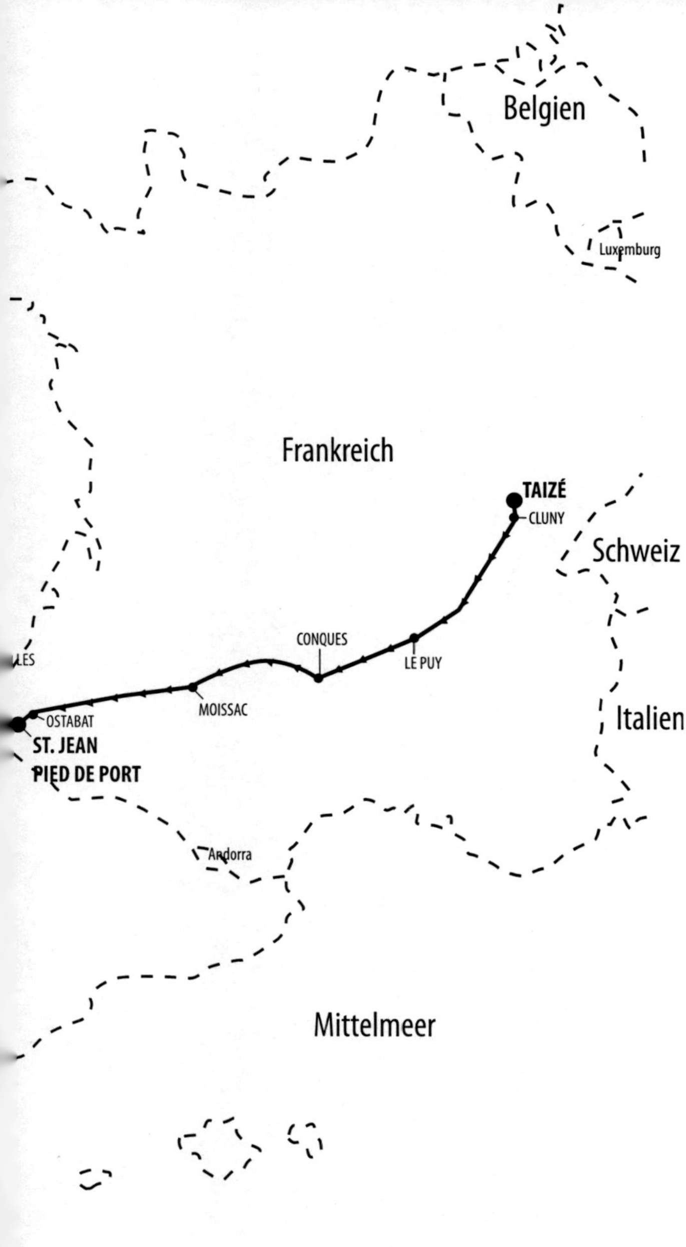

Belgien
Luxemburg
Frankreich
TAIZÉ
CLUNY
Schweiz
CONQUES
LE PUY
LES
MOISSAC
OSTABAT
ST. JEAN
PIED DE PORT
Italien
Andorra
Mittelmeer

Pilgerstempel Mai/Juni 2007

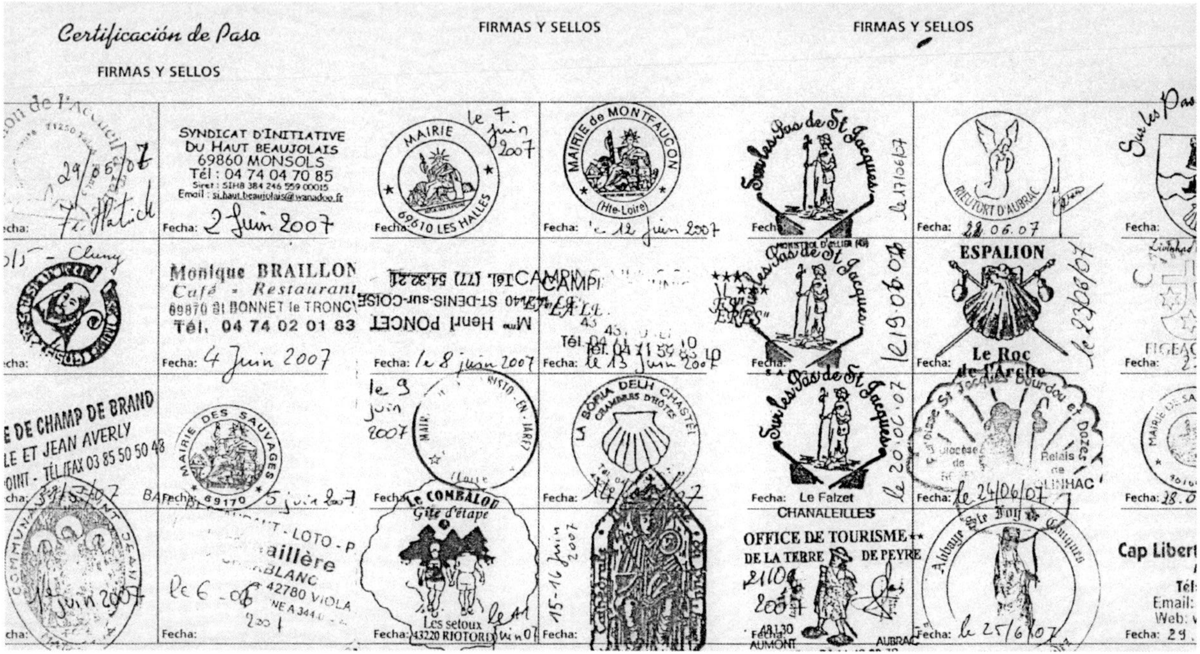

Pilgerstempel August 2007

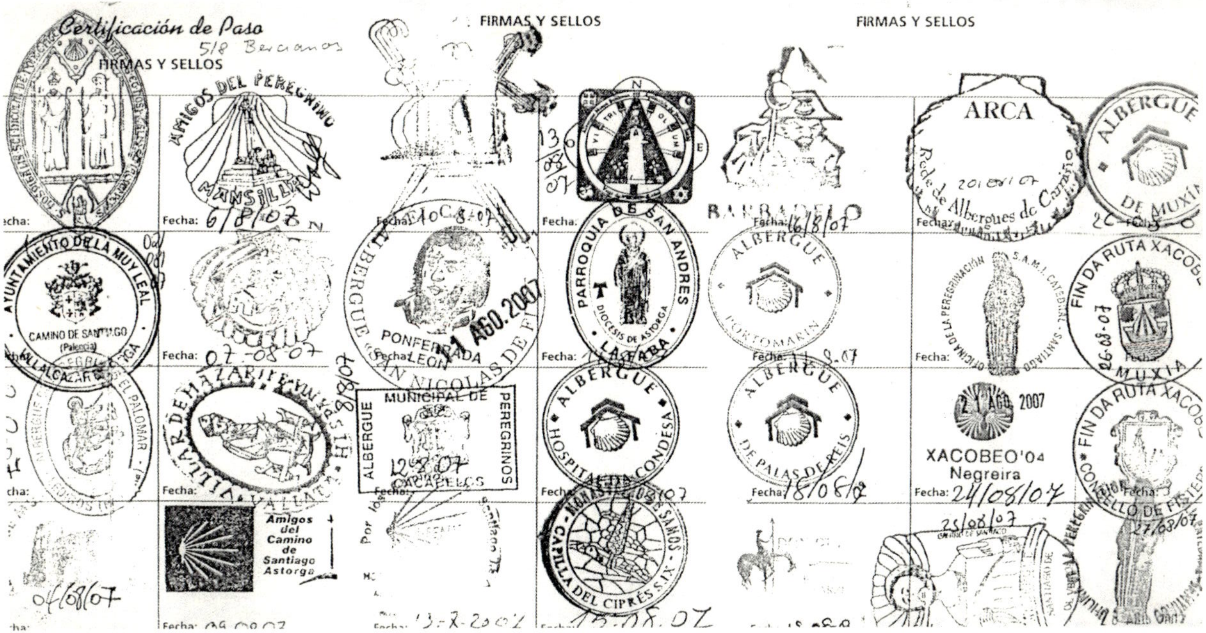

„Entweder gehe ich unter oder ich verordne mir einen radikalen Einschnitt: Den Jakobsweg!"
Gerhard Mall fällt die Entscheidung. Zu Fuß pilgert er von Taizé nach Santiago. Die fast 2000 Kilometer setzen bei ihm einen Prozess in Gang. Er findet aus seiner Lebenskrise nach einer Trennung heraus. Und damit wieder Lebensmut und Gottvertrauen.

Mall beschreibt, wie der Jakobsweg zu einer inneren Wandlung und Heilung führt. Als Pilger erlebt er die Härten und Schönheiten des Wegs und spürt die Intensität der Begegnung mit Menschen auf dem Weg. Er lässt sich ein auf die seelischen Prozesse, die beim Gehen angeregt werden. Aus all dem entwickeln sich spirituelle Impulse, die ihn prägen. Der Autor gibt Leserinnen und Lesern Anteil an seinen Gefühlen und Gedanken auf drei Monaten Pilgerreise. Er nimmt sie mit auf den Weg zur Bewältigung der Krise und zur Wiedererlangung einer positiven Lebenseinstellung.

Preis: 14,90 Euro
9 783866 346543
ISBN 978-3-86634-654-3
www.projekte-verlag.de